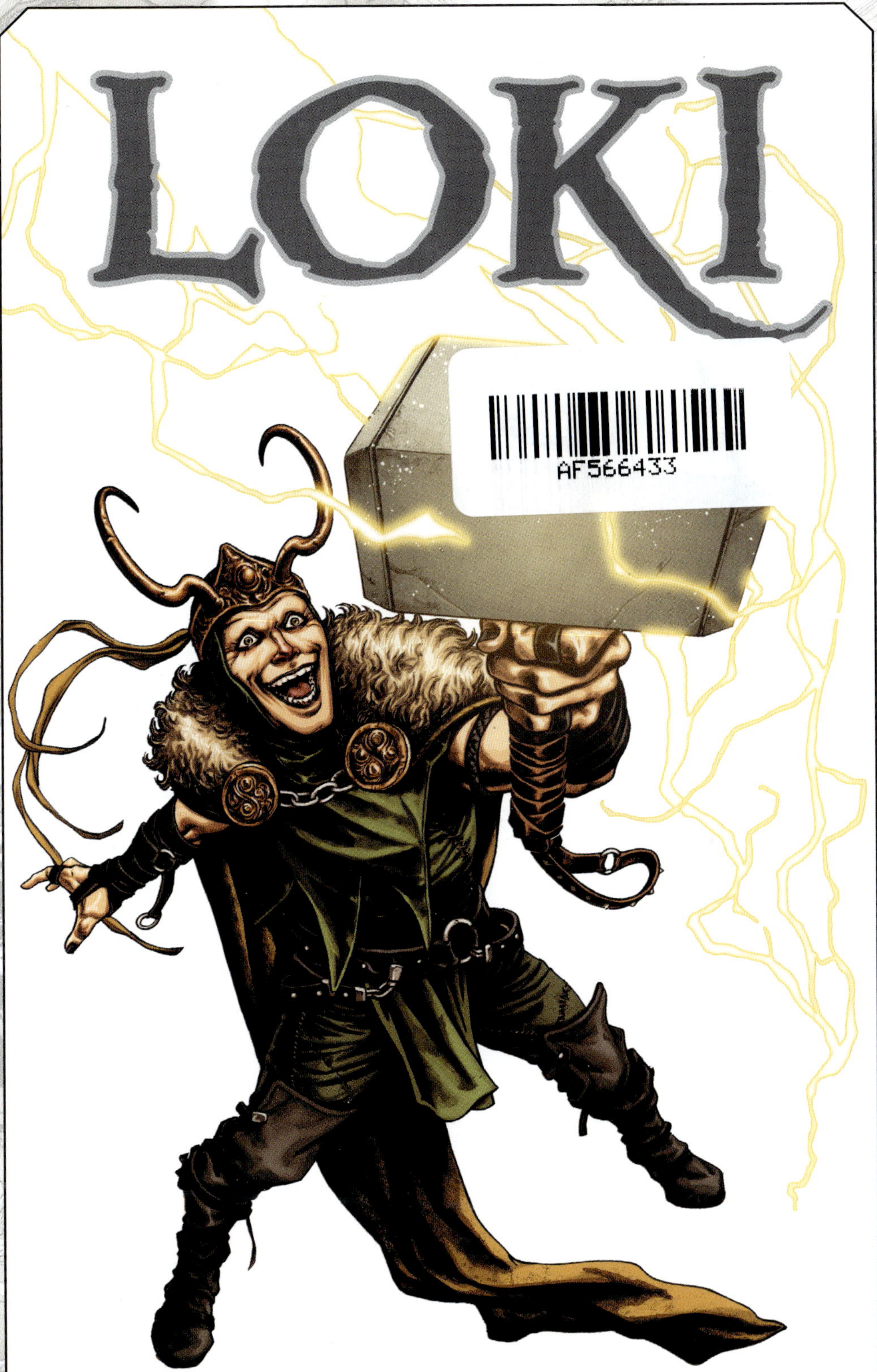
LOKI

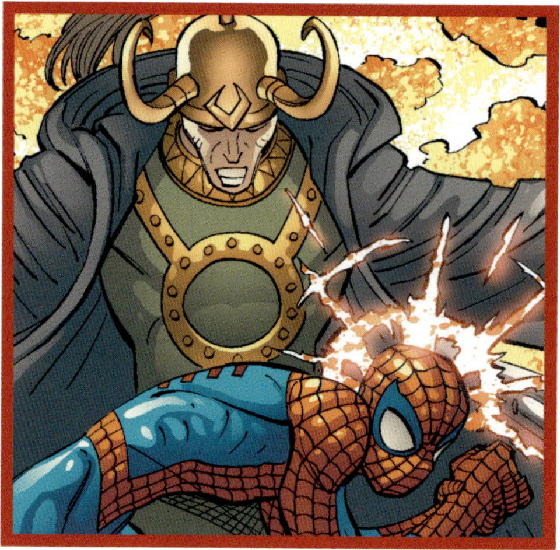

AMAZING SPIDER-MAN (1999) 503

DER DUNKLE SCHATTEN

AUTOREN: **FIONA AVERY** & **J. MICHAEL STRACZYNSKI**
ZEICHNER: **JOHN ROMITA JR.**
TUSCHE: **SCOTT HANNA**
FARBEN: **MATT MILLA**
US-REDAKTION: **AXEL ALONSO** & **WARREN SIMONS**

AMAZING SPIDER-MAN (1999) 504

DAS CHAOS KOMMT

AUTOREN: **FIONA AVERY** & **J. MICHAEL STRACZYNSKI**
ZEICHNER: **JOHN ROMITA JR.**
TUSCHE: **SCOTT HANNA**
FARBEN: **MATT MILLA**
US-REDAKTION: **AXEL ALONSO** & **WARREN SIMONS**

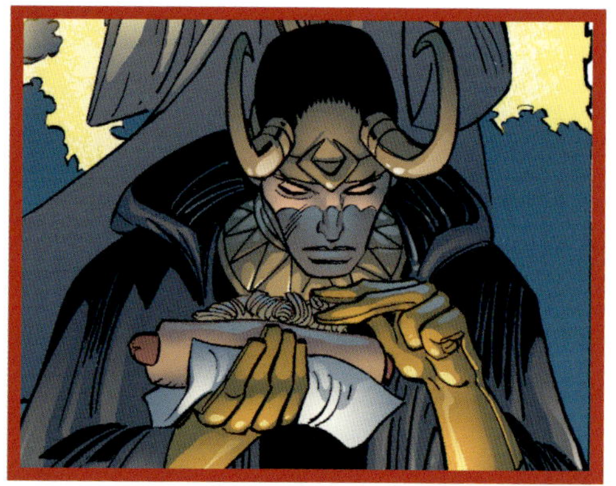

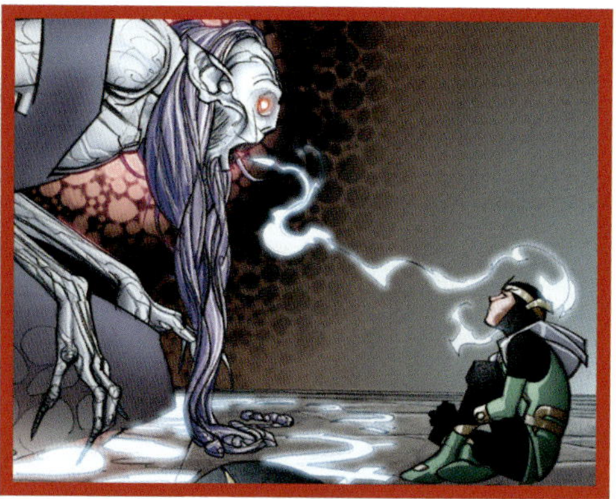

JOURNEY INTO MYSTERY (2011) 626.1

AUTOR: **ROBERT RODI**
ZEICHNER & TUSCHE: **PASQUAL FERRY**
FARBEN: **FRANK D'ARMATA**
US-REDAKTION: **RALPH MACCHIO**

LOKI erscheint bei **PANINI COMICS**, Schloßstraße 76, D-70176 Stuttgart. Druck: Tipografia Gravinese s.n.c., Torino. Pressevertrieb: Stella Distribution GmbH, D-22297 Hamburg. Direkt-Abos auf **www.paninicomics.de.** Anzeigenverkauf: BLAUFEUER VERLAGSVERTRETUNGEN GmbH, info@blaufeuer.com. Es gilt die Anzeigenpreisliste Nr. 18 vom 01.10.2020. Geschäftsführer **Hermann Paul**, Publishing Director Europe **Marco M. Lupoi**, Finanzen **Felix Bauer**, Marketing Director **Holger Wiest**, Marketing **Fabio Cunetto**, Vertrieb **Alexander Bubenheimer**, Logistik **Ronald Schäffer**, PR/Presse **Steffen Volkmer**, Publishing Manager **Lisa Pancaldi**, Redaktion **Harald Gantzberg**, **Matthias Korn**, **Anja Seiffert**, **Ilaria Tavoni**, **Kristina Starschinski**, **Daniela Uhlmann**, **Thomas Witzler**, Übersetzung **Stefan Pannor**, **Alexander Rösch**, **Reinhard Schweizer**, **Michael Strittmatter**, Proofreading **ENZA**, Lettering **Astarte Design**, **BIT**, **Fabio Ciacci**, **Walproject**, grafische Gestaltung **Marco Paroli**, **Antonio D'Achille**, Art Director **Mario Corticelli**, Redaktion Panini Comics **Annalisa Califano**, **Beatrice Doti**, Prepress **Cristina Bedini**, **Andrea Lusoli**, **Nicola Soressi**, Repro/Packager **Alessandro Nalli** (coordinator), **Mario Da Rin Zanco**, **Valentina Esposito**, **Luca Ficarelli**, **Linda Leporati**. Deutsche Edition bei Panini Verlags-GmbH unter Lizenz von Marvel Characters B.V. Cover von **Frank Cho**, *Loki: Agent of Asgard* (2014) 1 Variant-Cover-Edition.

Bibliografische Information der Deutschen Nationalbibliothek
Die Deutsche Nationalbibliothek verzeichnet diese Publikation in der Deutschen Nationalbibliografie; detaillierte bibliografische Daten sind im Internet über dnb.d-nb.de abrufbar.

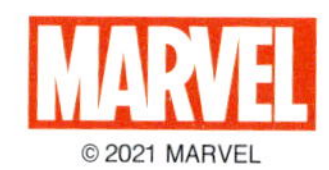

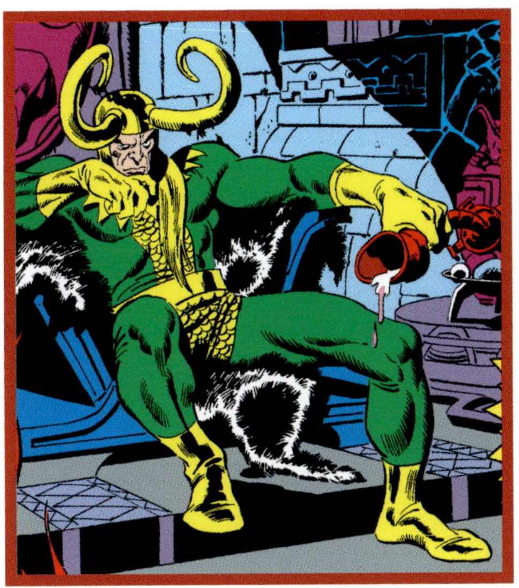

SILVER SURFER (1968) 4 (I)

EIN GOTT MUSS FALLEN!

AUTOR: **STAN LEE**
ZEICHNER: **JOHN BUSCEMA**
TUSCHE: **SAL BUSCEMA**
US-REDAKTION: **STAN LEE**

AVENGERS (1963) 300 (II)

DIE PLAGE DER ELENDEN RÄCHER!

AUTOR: **RALPH MACCHIO**
ZEICHNER & TUSCHE: **WALT SIMONSON**
FARBEN: **GREGORY WRIGHT**
US-REDAKTION: **MARK GRUENWALD**

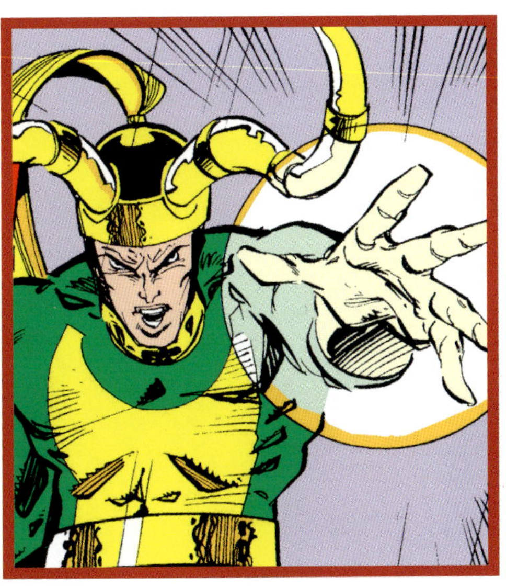

STEFAN PANNOR (Silver Surfer 4)
ALEXANDER RÖSCH (Avengers 300)
REINHARD SCHWEIZER (JIM 626.1)
MICHAEL STRITTMATTER (ASM 503-504)
ÜBERSETZUNG

ASTARTE DESIGN (Avengers 300)
BIT (Silver Surfer 4)
FABIO CIACCI (ASM 503-504)
WALPROJECT (JIM 626.1)
LETTERING

C. B. CEBULSKI
CHEFREDAKTEUR USA

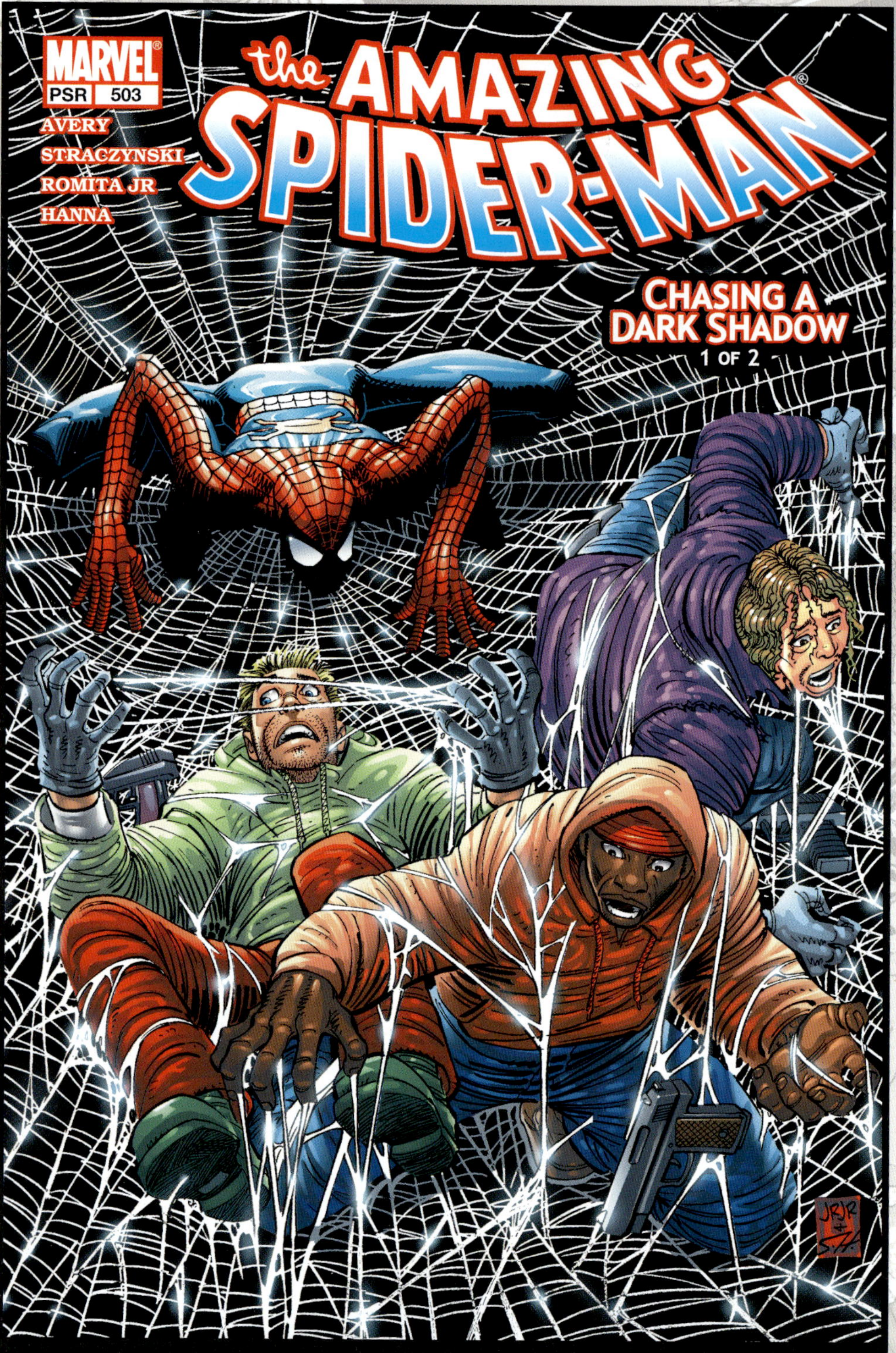

AMAZING SPIDER-MAN (1999) 503

In New York geschieht etwas Seltsames: ein übernatürliches Ereignis, in das Spider-Man, Loki und ein scheinbar ganz normales Mädchen verwickelt sind.

COVER VON **JOHN ROMITA JR.**

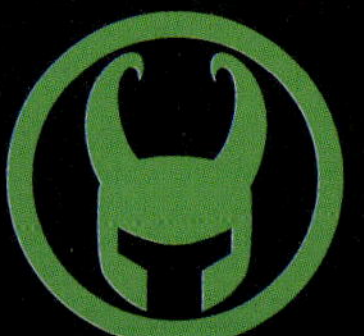

CHASING A DARK SHADOW*

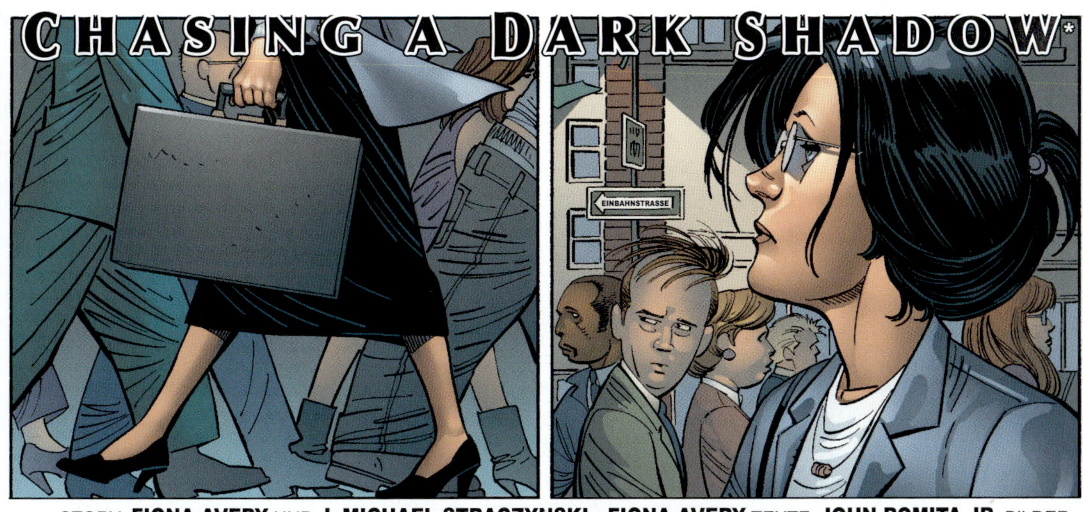

STORY **FIONA AVERY** UND **J. MICHAEL STRACZYNSKI** • **FIONA AVERY** TEXTE **JOHN ROMITA JR.** BILDER

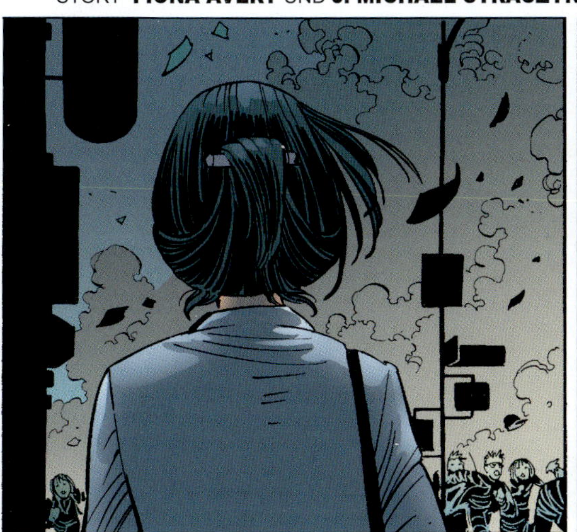

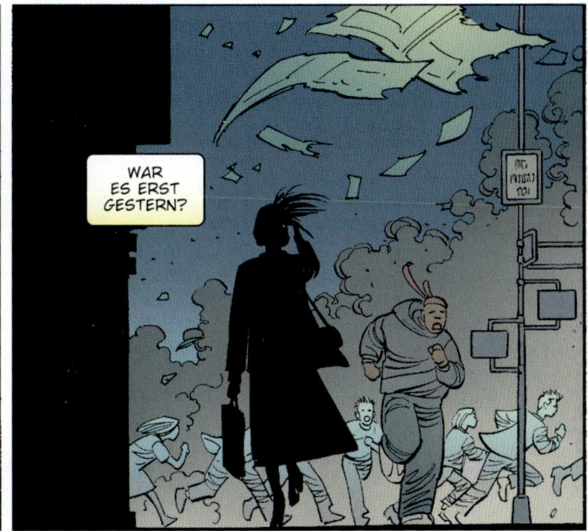

SCOTT HANNA TUSCHE • **MATT MILLA** FARBEN • **FABIO** LETTERMAN • **MIKE** DEUTSCH

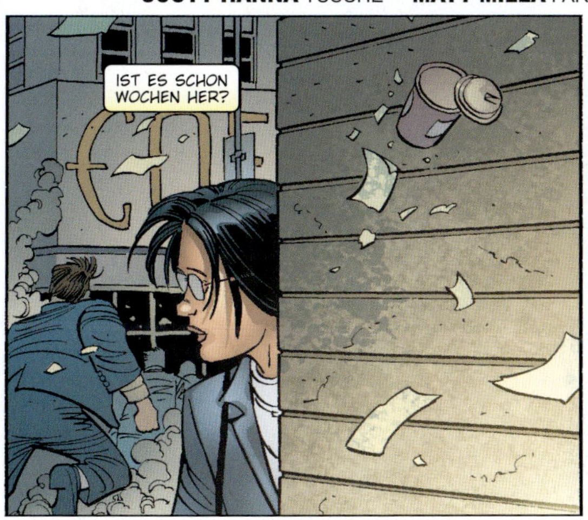

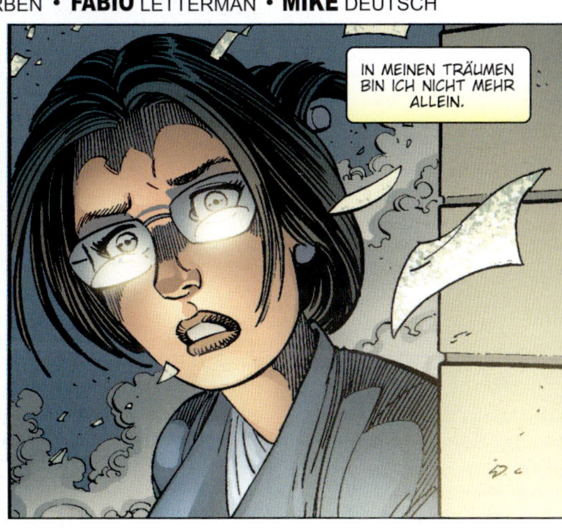

* DER DUNKLE SCHATTEN

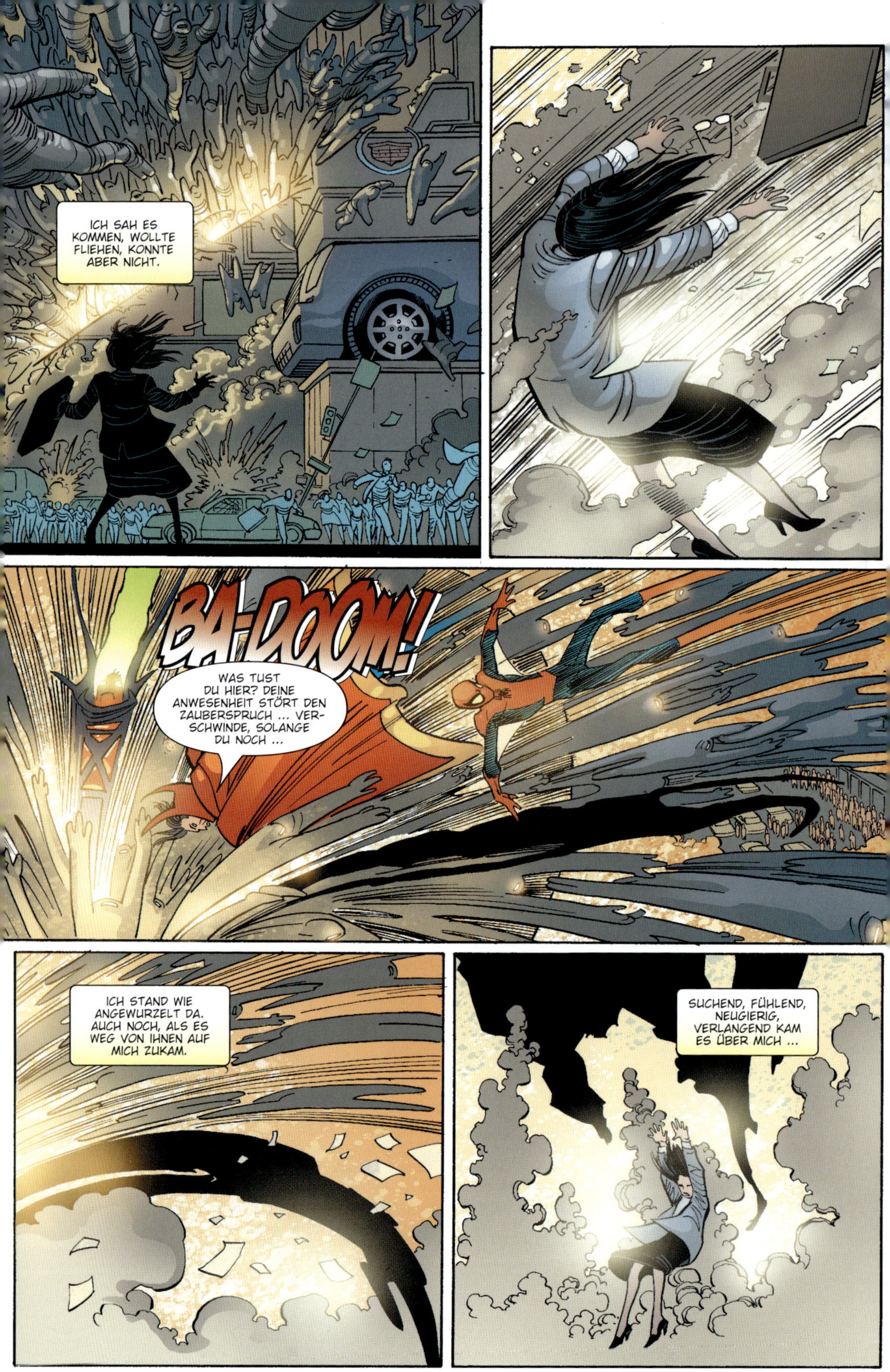

ICH SAH ES KOMMEN, WOLLTE FLIEHEN, KONNTE ABER NICHT.

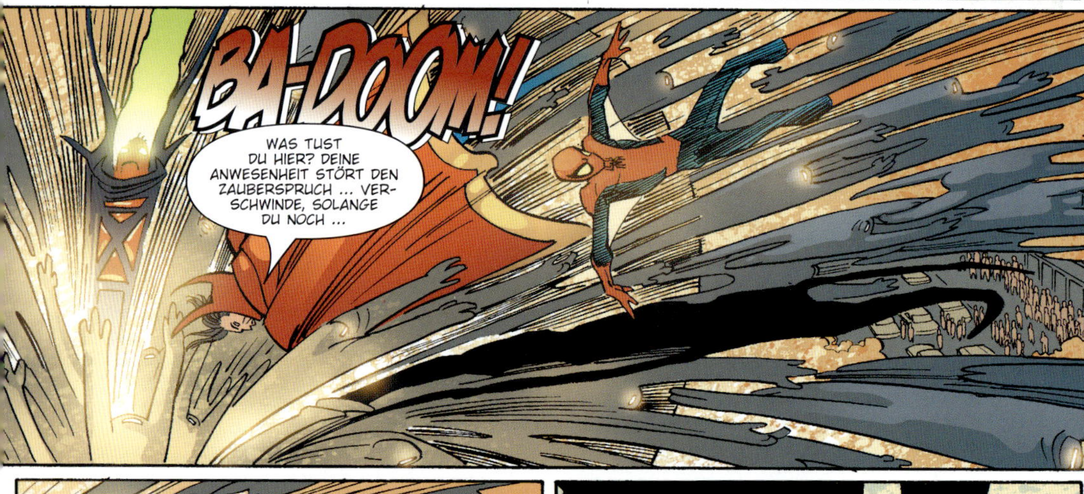

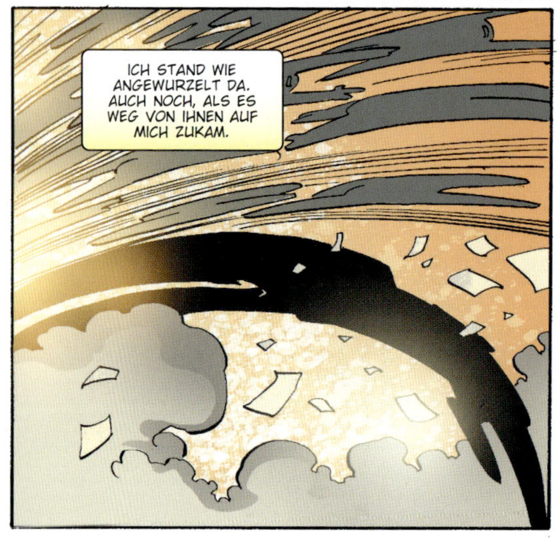

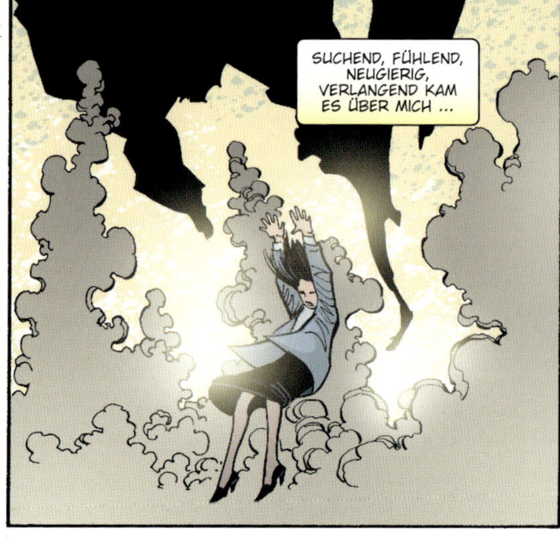

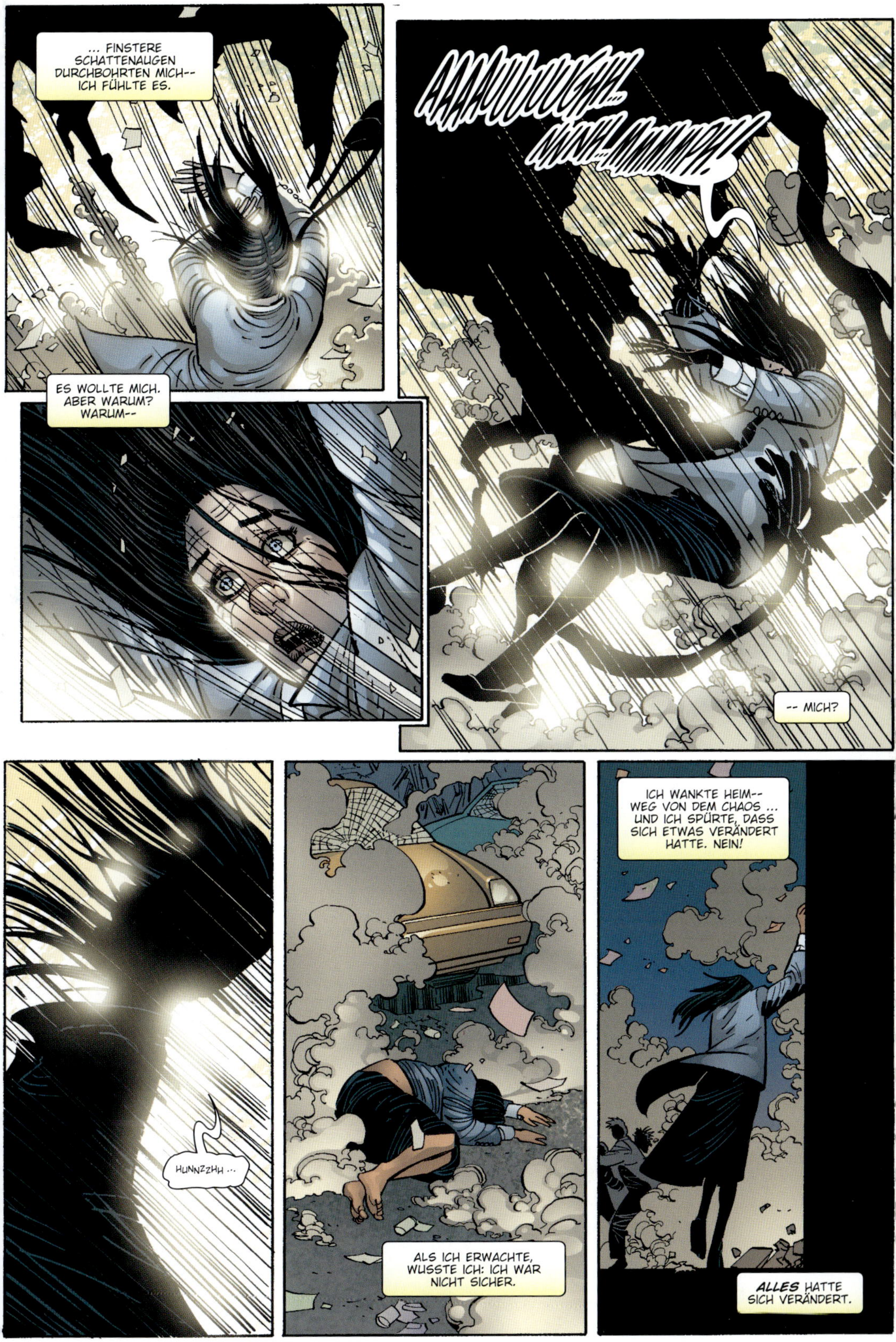

... FINSTERE SCHATTENAUGEN DURCHBOHRTEN MICH-- ICH FÜHLTE ES.

AAAAUUUUGH..
NNNH--MMMMPH!

ES WOLLTE MICH. ABER WARUM? WARUM--

-- MICH?

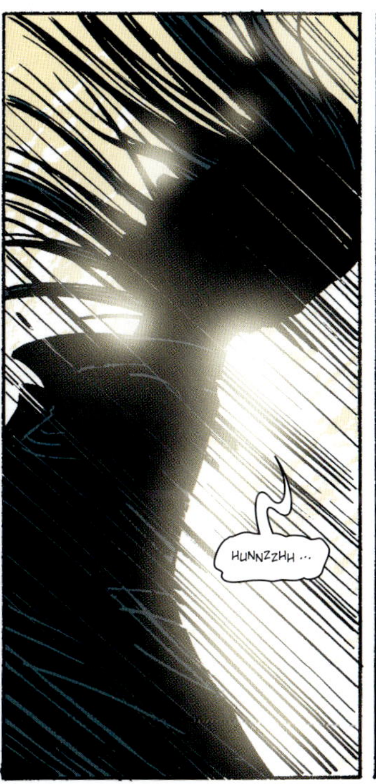

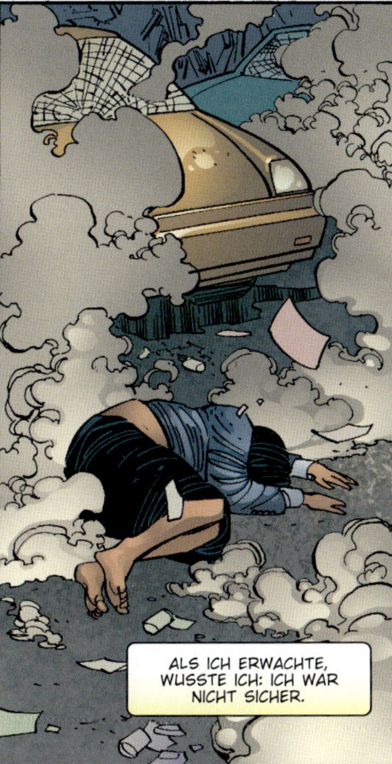

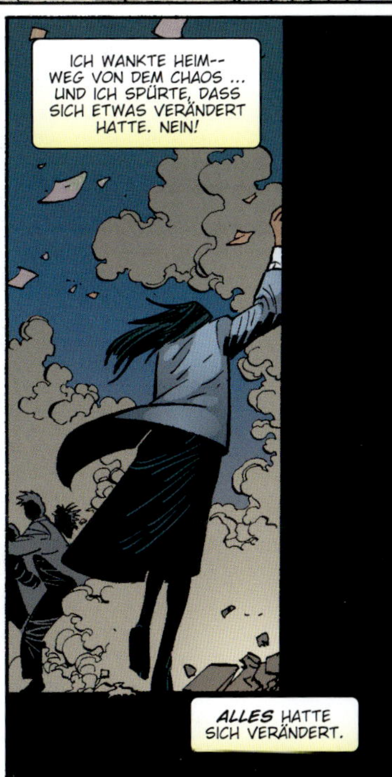

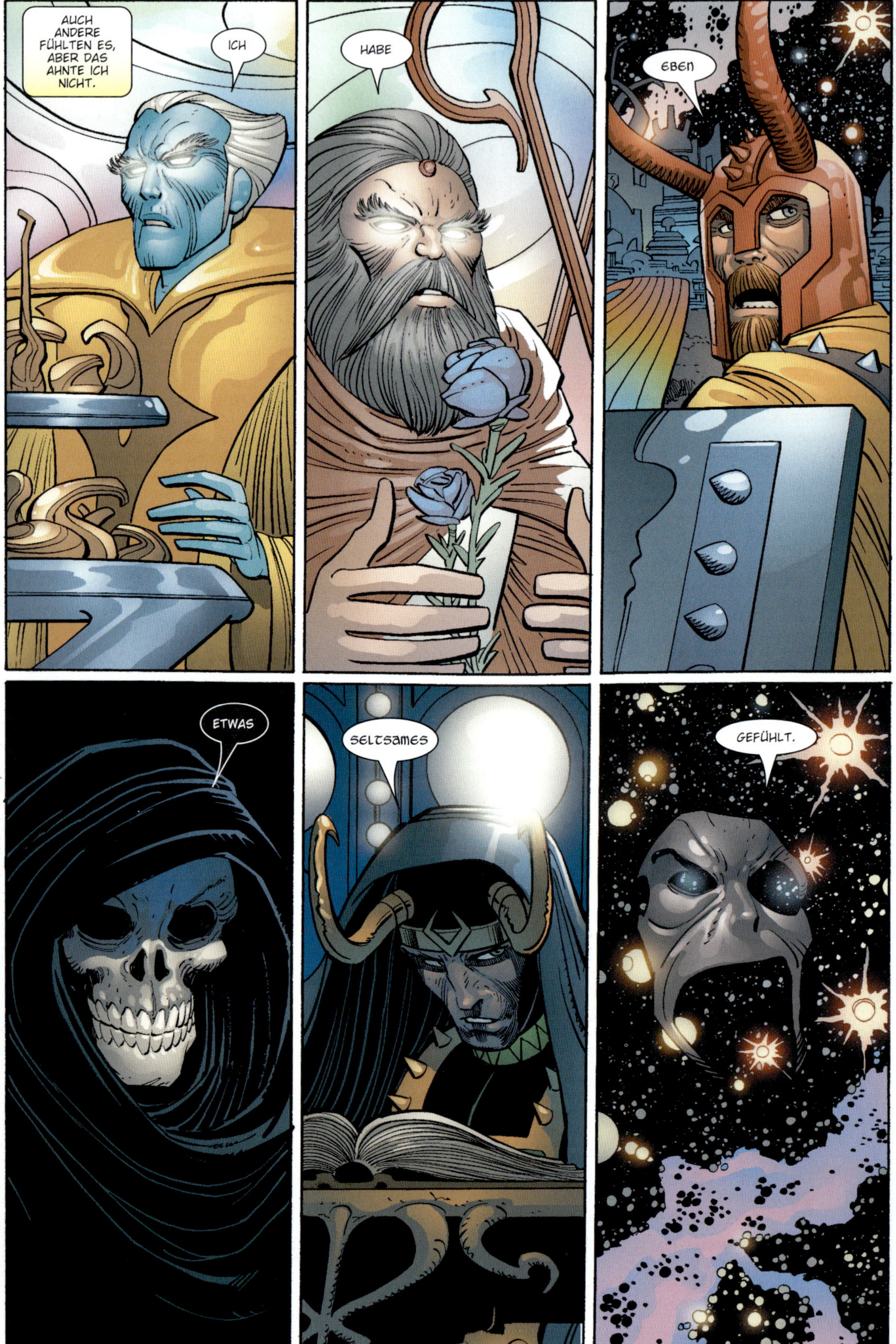
AUCH ANDERE FÜHLTEN ES, ABER DAS AHNTE ICH NICHT.
ICH
HABE
EBEN
ETWAS
SELTSAMES
GEFÜHLT.

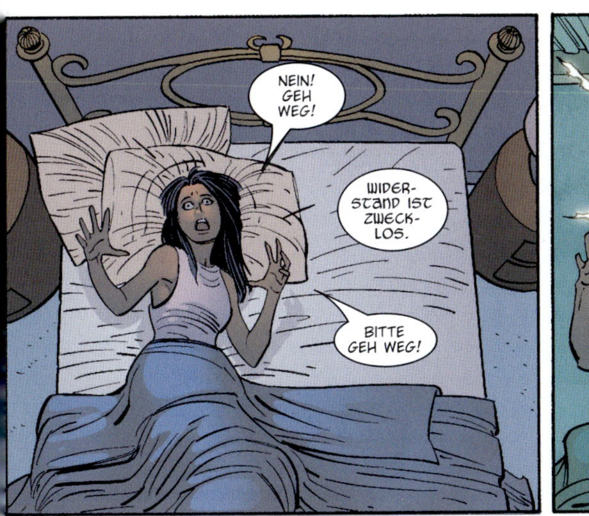
NEIN! GEH WEG!
WIDER-STAND IST ZWECK-LOS.
BITTE GEH WEG!

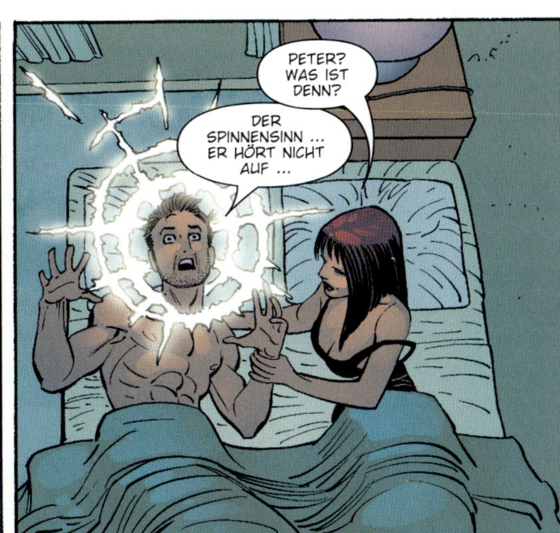
PETER? WAS IST DENN?
DER SPINNENSINN ... ER HÖRT NICHT AUF ...

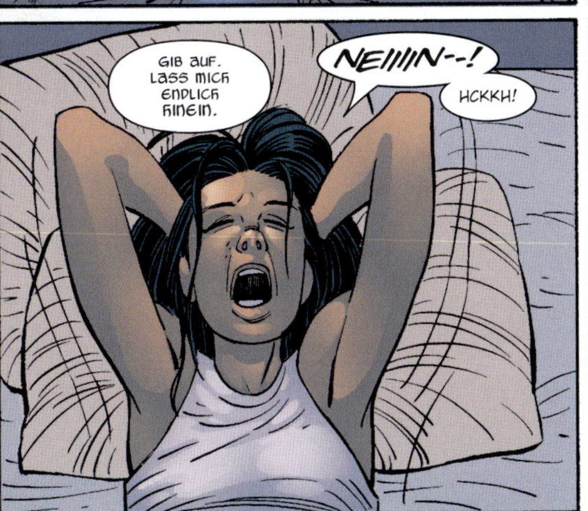
GIB AUF. LASS MICH ENDLICH HINEIN.
NEIIIIN--!
HCKKH!

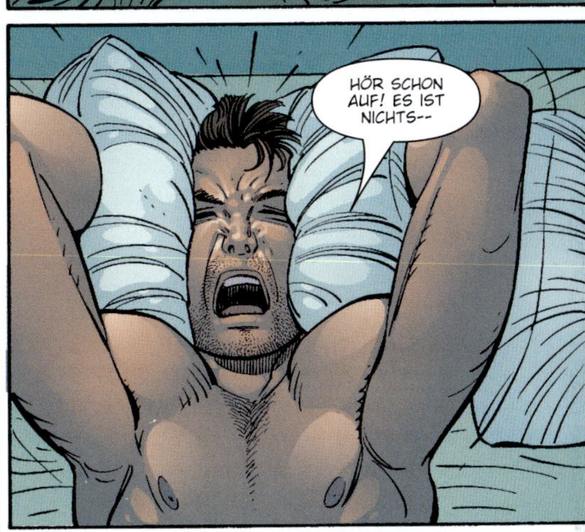
HÖR SCHON AUF! ES IST NICHTS--

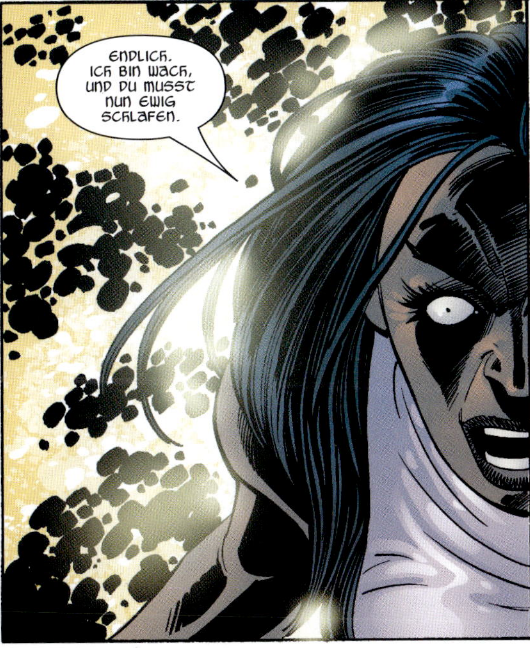
ENDLICH. ICH BIN WACH, UND DU MUSST NUN EWIG SCHLAFEN.

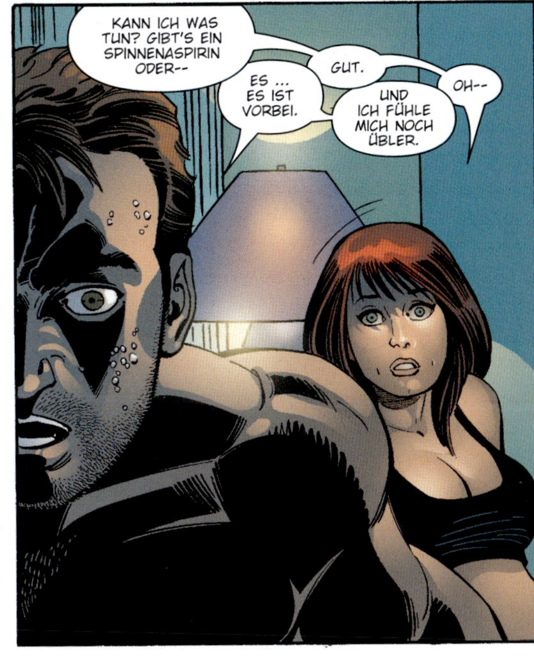
KANN ICH WAS TUN? GIBT'S EIN SPINNENASPIRIN ODER--
ES ... ES IST VORBEI.
GUT.
UND ICH FÜHLE MICH NOCH ÜBLER.
OH--

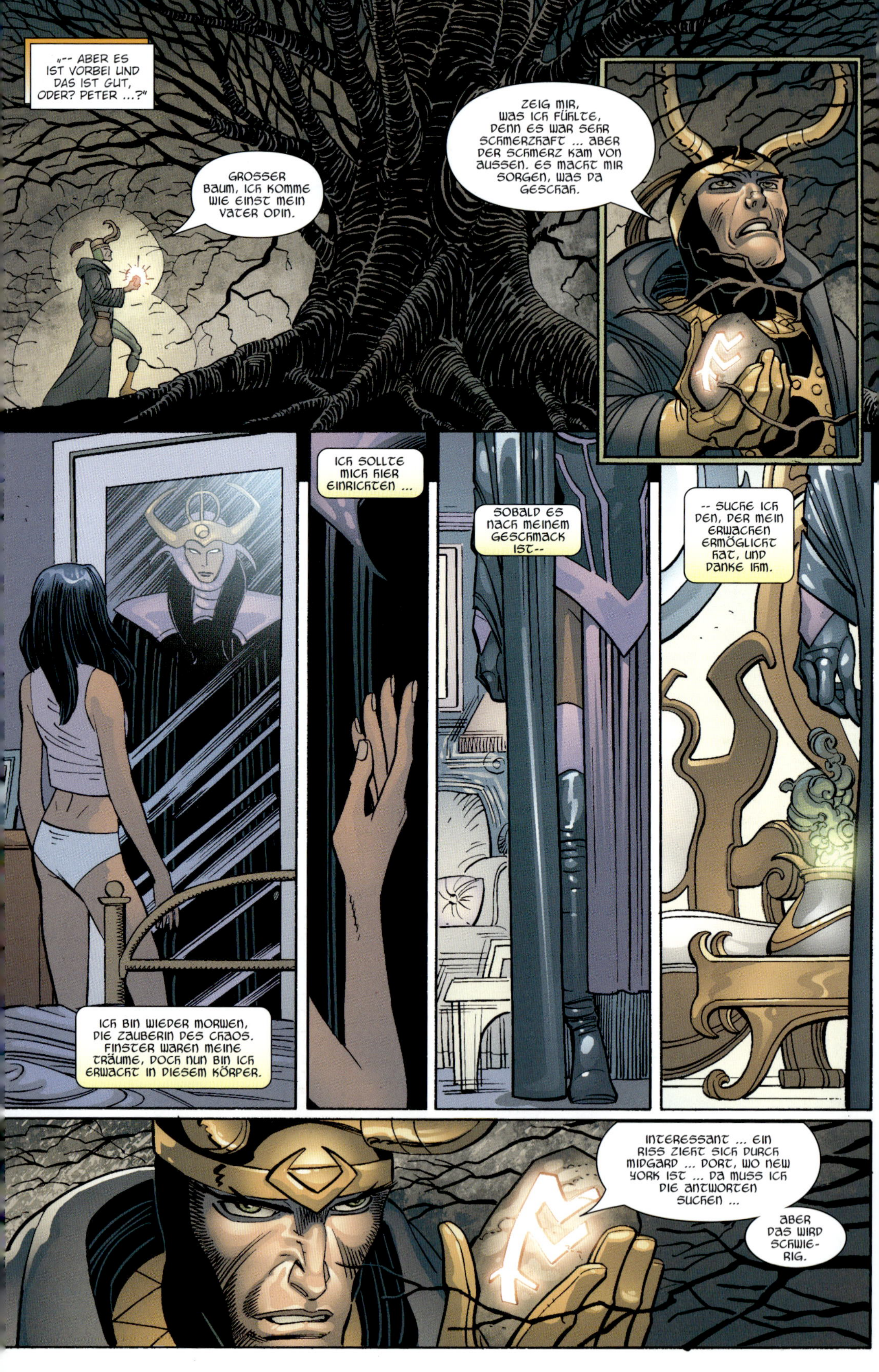
„-- ABER ES IST VORBEI UND DAS IST GUT, ODER? PETER ...?"
GROSSER BAUM, ICH KOMME WIE EINST MEIN VATER ODIN.
ZEIG MIR, WAS ICH FÜHLTE, DENN ES WAR SEHR SCHMERZHAFT ... ABER DER SCHMERZ KAM VON AUSSEN. ES MACHT MIR SORGEN, WAS DA GESCHAH.
ICH BIN WIEDER MORWEN, DIE ZAUBERIN DES CHAOS. FINSTER WAREN MEINE TRÄUME, DOCH NUN BIN ICH ERWACHT IN DIESEM KÖRPER.
ICH SOLLTE MICH HIER EINRICHTEN ...
SOBALD ES NACH MEINEM GESCHMACK IST--
-- SUCHE ICH DEN, DER MEIN ERWACHEN ERMÖGLICHT HAT, UND DANKE IHM.
INTERESSANT ... EIN RISS ZIEHT SICH DURCH MIDGARD ... DORT, WO NEW YORK IST ... DA MUSS ICH DIE ANTWORTEN SUCHEN ...
ABER DAS WIRD SCHWIE-RIG.

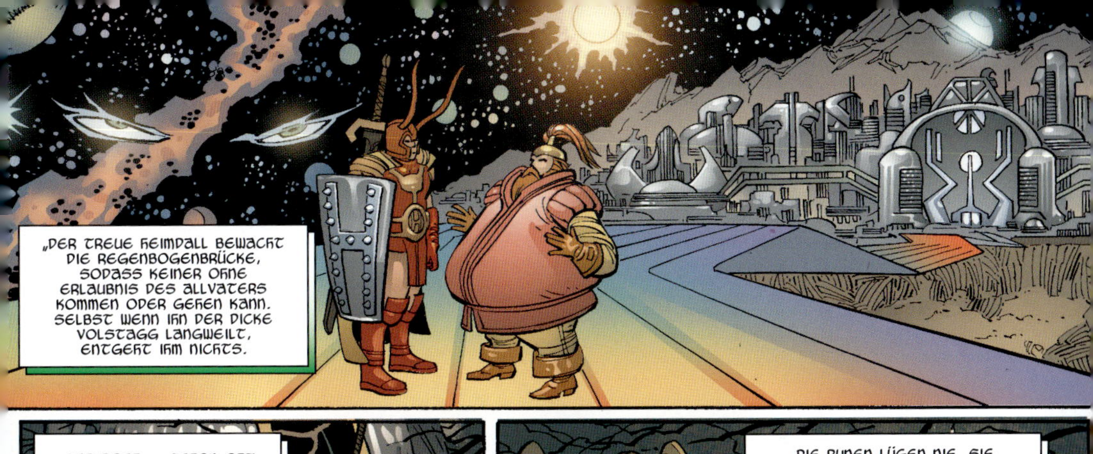
„Der treue Heimdall bewacht die Regenbogenbrücke, sodass keiner ohne Erlaubnis des Allvaters kommen oder gehen kann. Selbst wenn ihn der dicke Volstagg langweilt, entgeht ihm nichts.

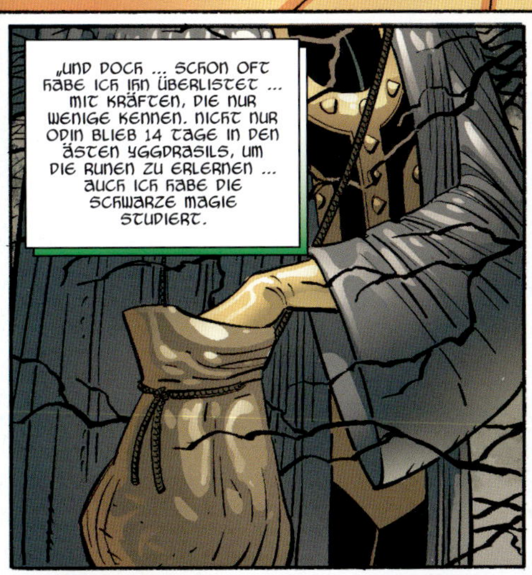
„Und doch ... schon oft habe ich ihn überlistet ... mit Kräften, die nur wenige kennen. Nicht nur Odin blieb 14 Tage in den Ästen Yggdrasils, um die Runen zu erlernen ... auch ich habe die schwarze Magie studiert.

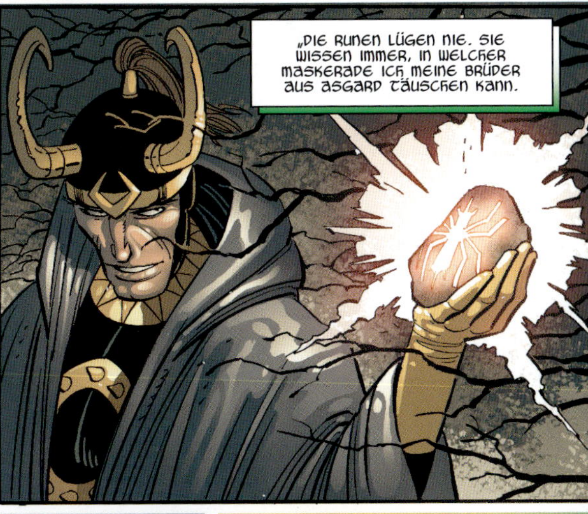
„Die Runen lügen nie. Sie wissen immer, in welcher Maskerade ich meine Brüder aus Asgard täuschen kann.

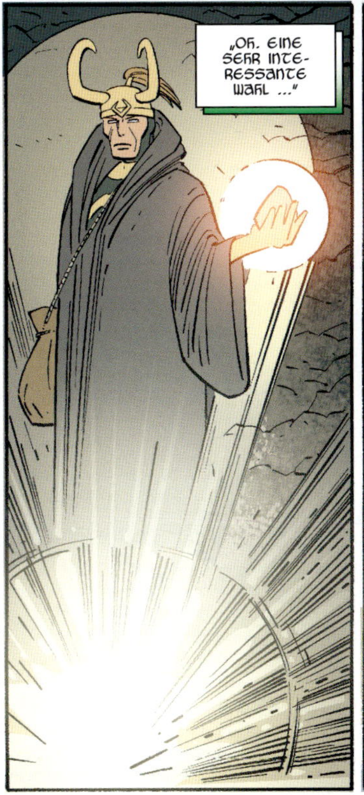
„Oh. Eine sehr inte-ressante Wahl ..."

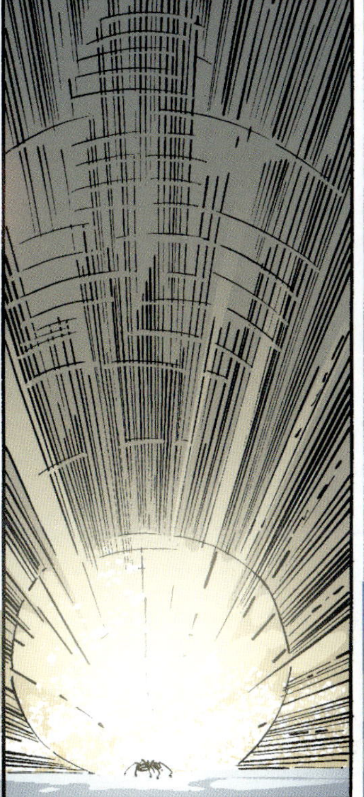

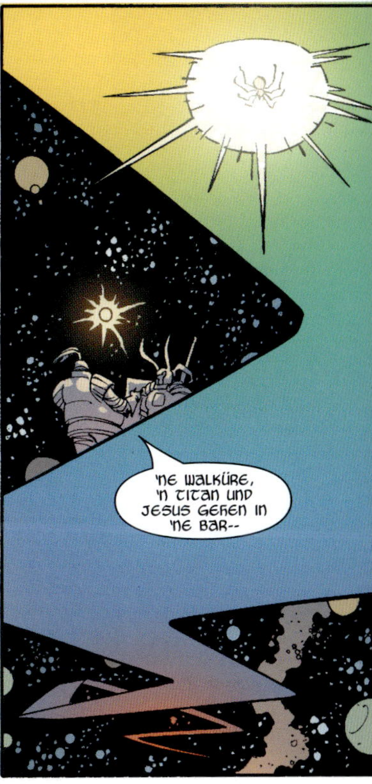
'ne Walküre, 'n Titan und Jesus gehen in 'ne Bar--

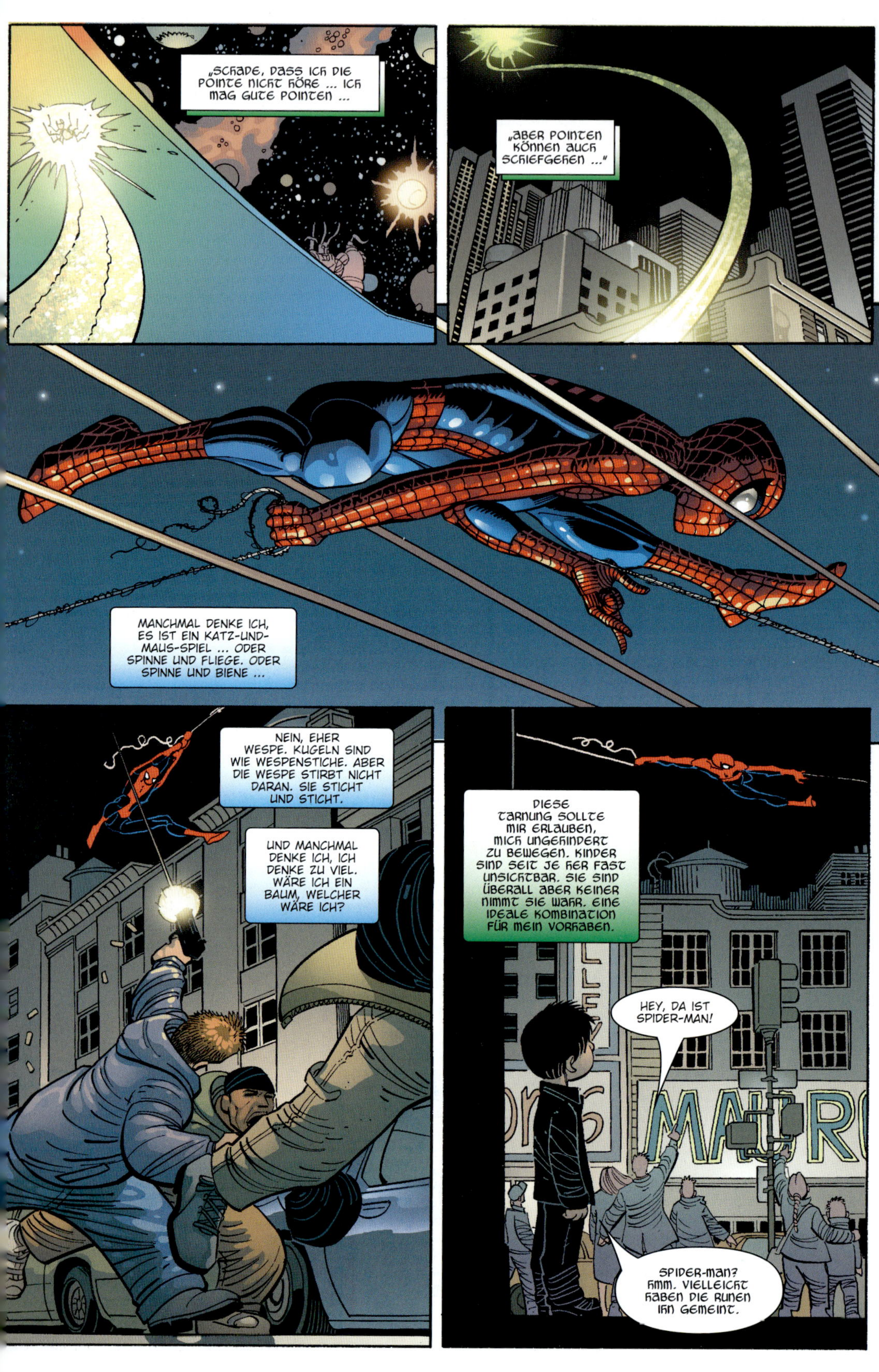
„SCHADE, DASS ICH DIE POINTE NICHT HÖRE ... ICH MAG GUTE POINTEN ...
„ABER POINTEN KÖNNEN AUCH SCHIEFGEHEN ...“
MANCHMAL DENKE ICH, ES IST EIN KATZ-UND-MAUS-SPIEL ... ODER SPINNE UND FLIEGE. ODER SPINNE UND BIENE ...
NEIN, EHER WESPE. KUGELN SIND WIE WESPENSTICHE. ABER DIE WESPE STIRBT NICHT DARAN. SIE STICHT UND STICHT.
UND MANCHMAL DENKE ICH, ICH DENKE ZU VIEL. WÄRE ICH EIN BAUM, WELCHER WÄRE ICH?
DIESE TARNUNG SOLLTE MIR ERLAUBEN, MICH UNGEHINDERT ZU BEWEGEN. KINDER SIND SEIT JE HER FAST UNSICHTBAR. SIE SIND ÜBERALL ABER KEINER NIMMT SIE WAHR. EINE IDEALE KOMBINATION FÜR MEIN VORHABEN.
HEY, DA IST SPIDER-MAN!
SPIDER-MAN? HMM. VIELLEICHT HABEN DIE RUNEN IHN GEMEINT.

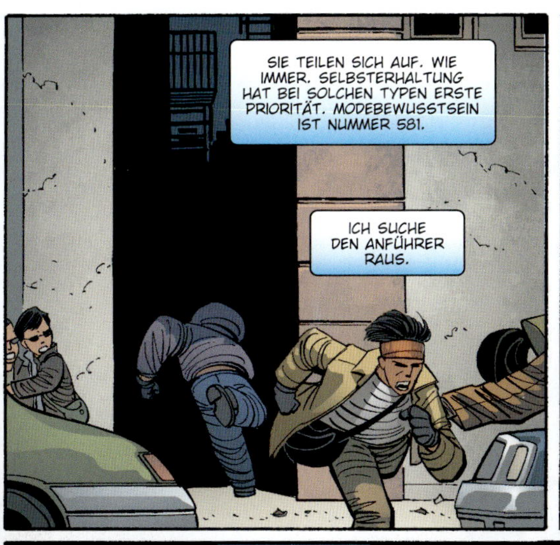
SIE TEILEN SICH AUF. WIE IMMER. SELBSTERHALTUNG HAT BEI SOLCHEN TYPEN ERSTE PRIORITÄT. MODEBEWUSSTSEIN IST NUMMER 581.
ICH SUCHE DEN ANFÜHRER RAUS.
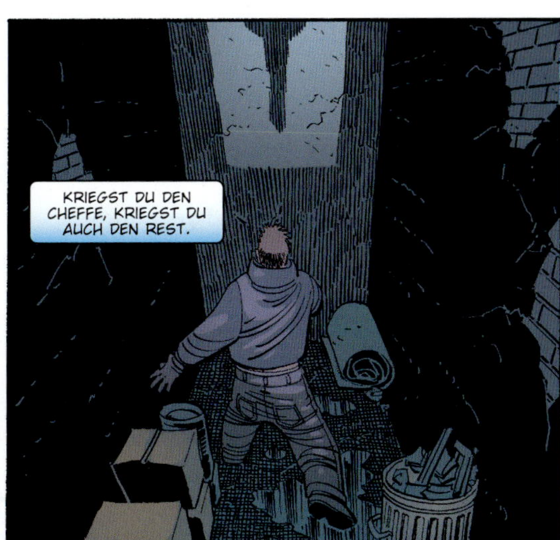
KRIEGST DU DEN CHEFFE, KRIEGST DU AUCH DEN REST.
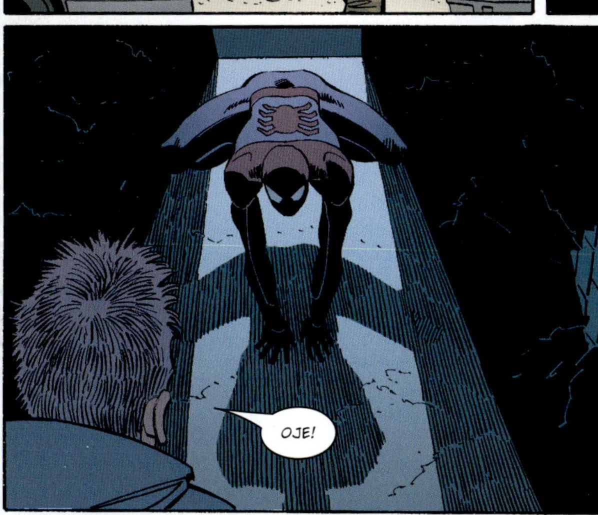
OJE!
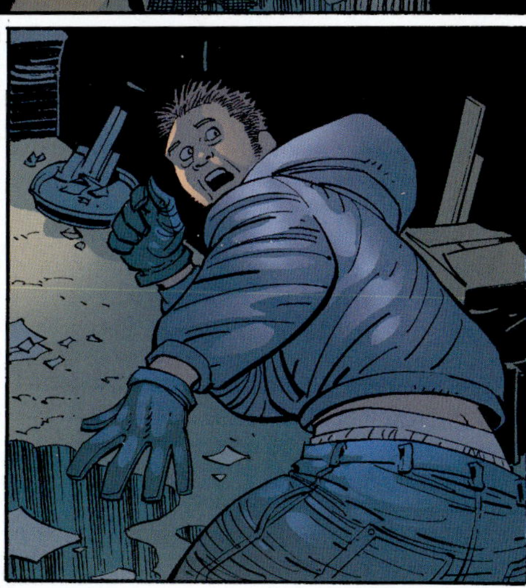
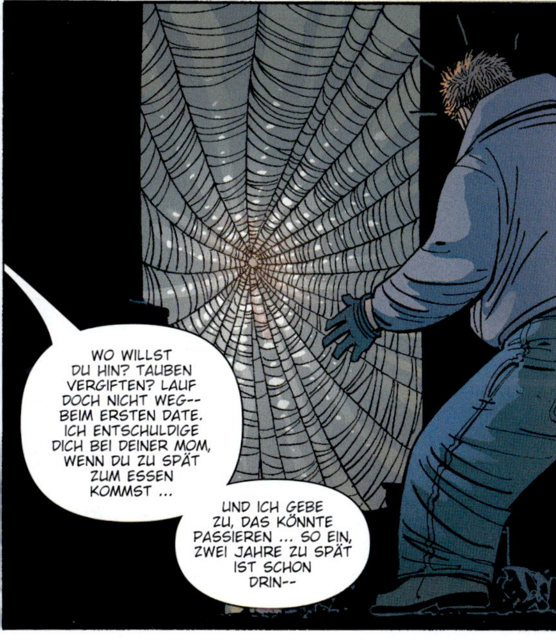
WO WILLST DU HIN? TAUBEN VERGIFTEN? LAUF DOCH NICHT WEG-- BEIM ERSTEN DATE. ICH ENTSCHULDIGE DICH BEI DEINER MOM, WENN DU ZU SPÄT ZUM ESSEN KOMMST ...
UND ICH GEBE ZU, DAS KÖNNTE PASSIEREN ... SO EIN, ZWEI JAHRE ZU SPÄT IST SCHON DRIN--
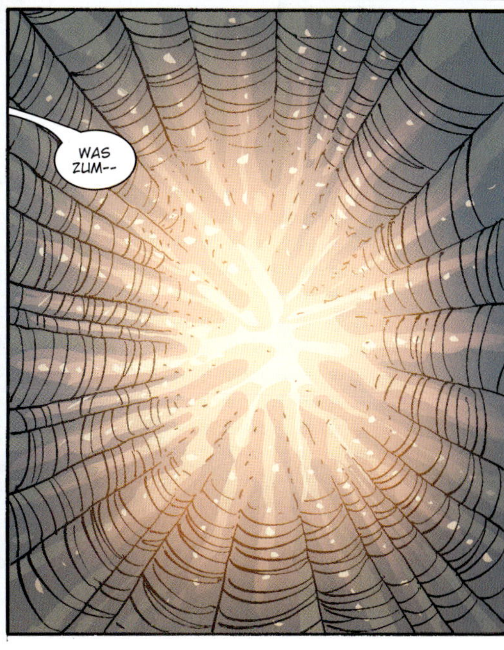
WAS ZUM--

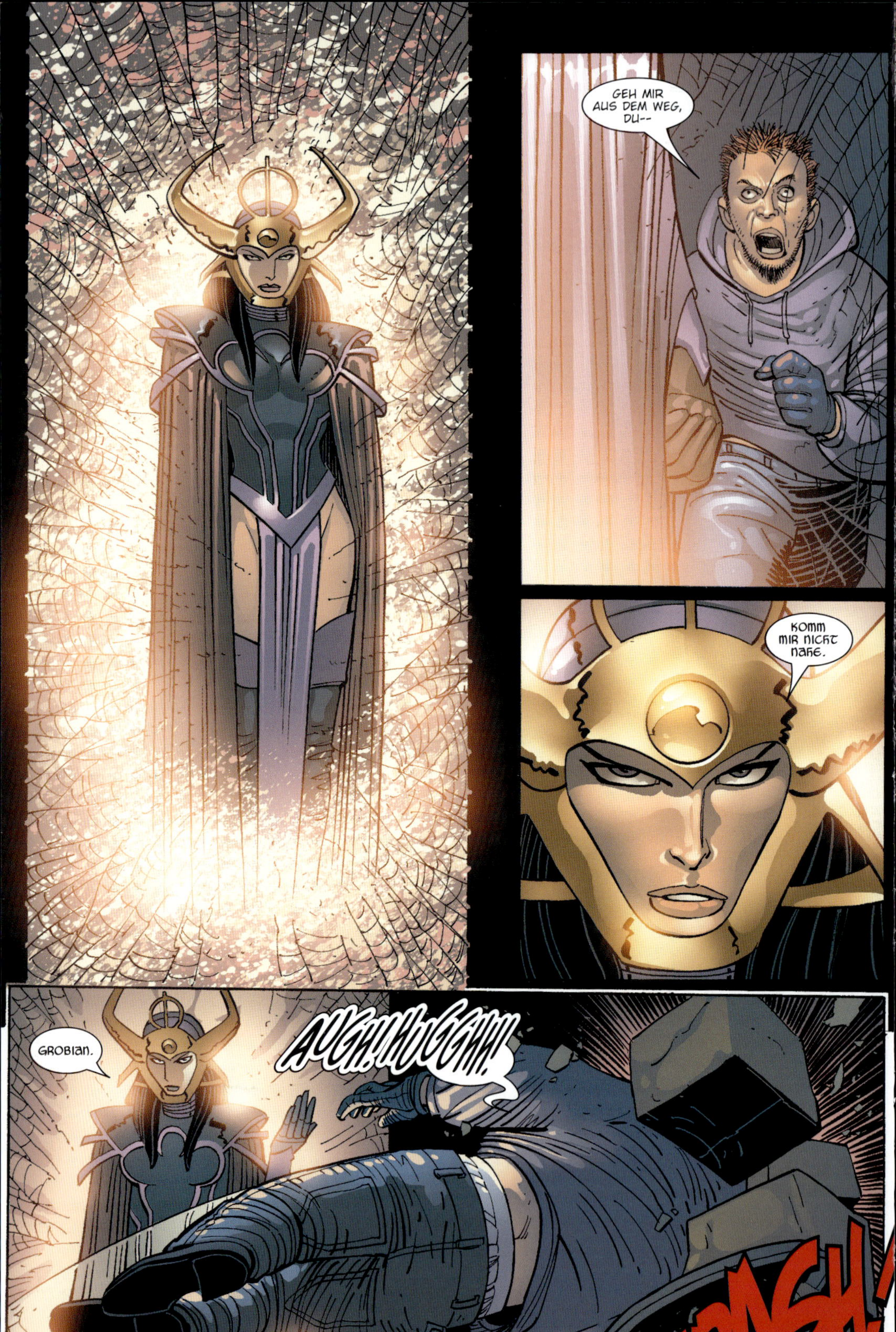
GEH MIR AUS DEM WEG, DU--
KOMM MIR NICHT NAHE.
GROBIAN.
AUGH! UUGGHH!
CRASH

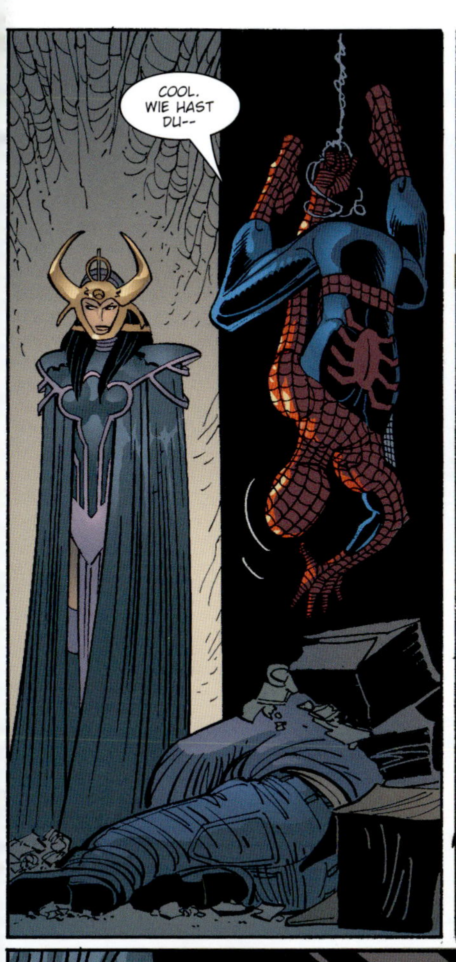
COOL.
WIE HAST
DU--
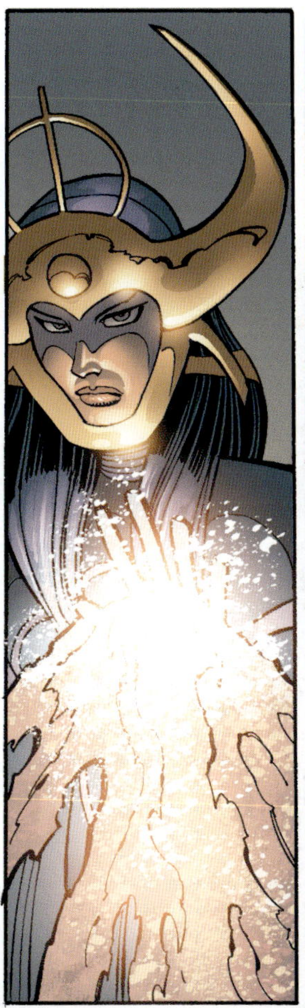
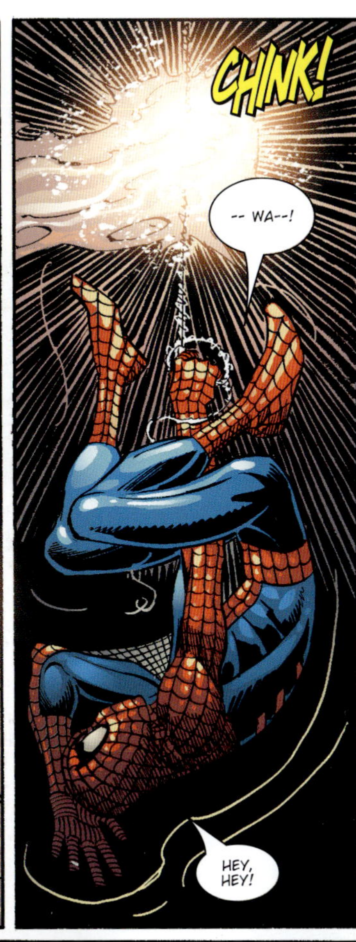
CHINK!
-- WA--!
HEY,
HEY!
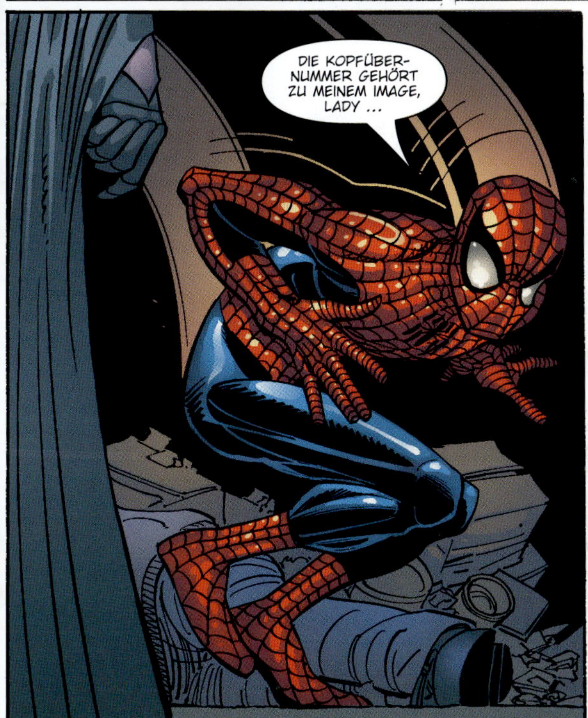
DIE KOPFÜBER-
NUMMER GEHÖRT
ZU MEINEM IMAGE,
LADY ...
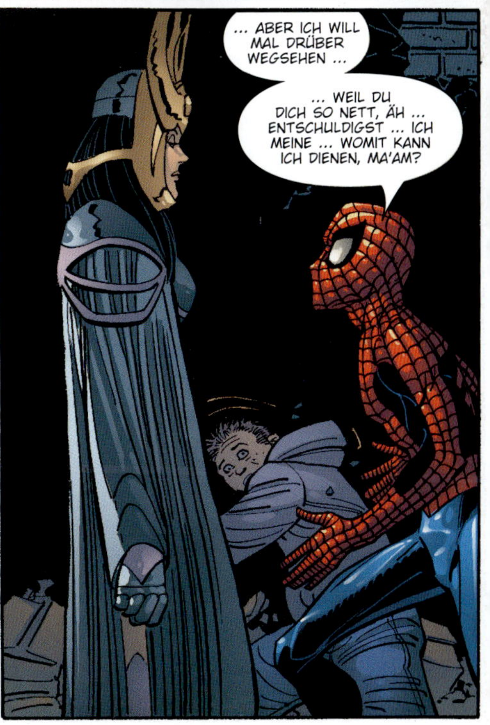
... ABER ICH WILL
MAL DRÜBER
WEGSEHEN ...
... WEIL DU
DICH SO NETT, ÄH ...
ENTSCHULDIGST ... ICH
MEINE ... WOMIT KANN
ICH DIENEN, MA'AM?

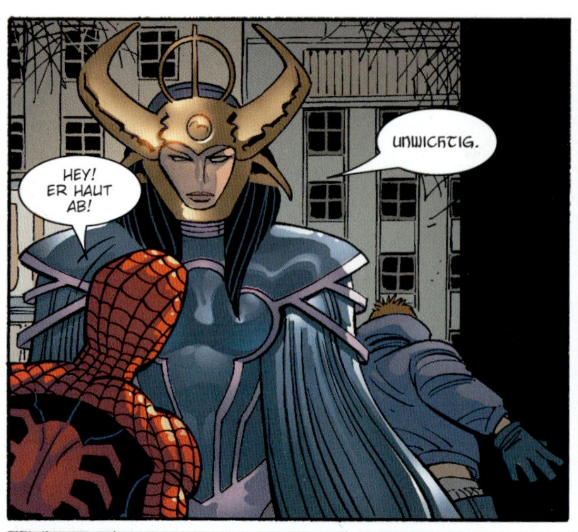
HEY!
ER HAUT
AB!
UNWICHTIG.

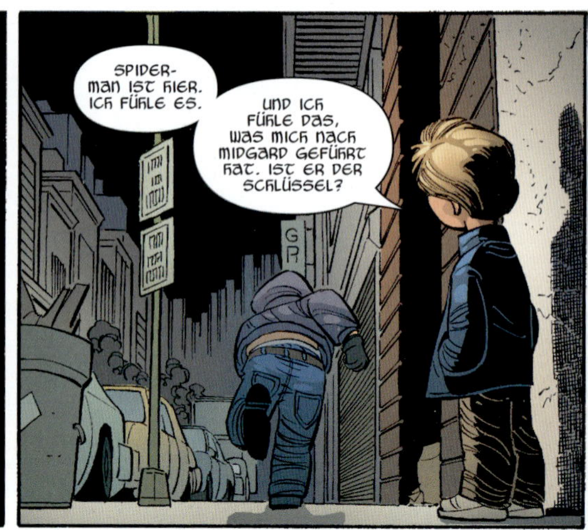
SPIDER-
MAN IST HIER.
ICH FÜHLE ES.
UND ICH
FÜHLE DAS,
WAS MICH NACH
MIDGARD GEFÜHRT
HAT. IST ER DER
SCHLÜSSEL?

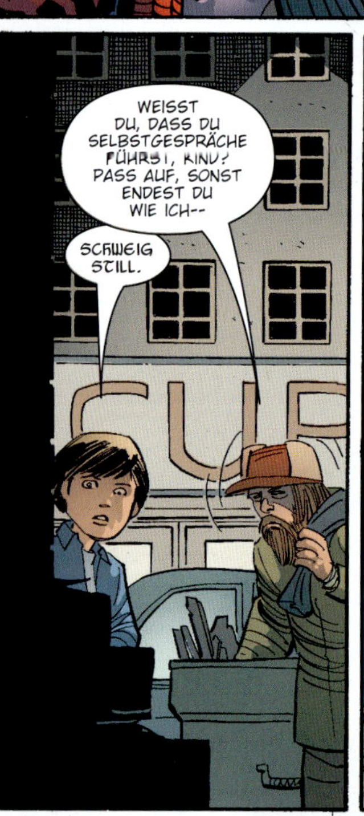
WEISST
DU, DASS DU
SELBSTGESPRÄCHE
FÜHRST, KIND?
PASS AUF, SONST
ENDEST DU
WIE ICH--
SCHWEIG
STILL.

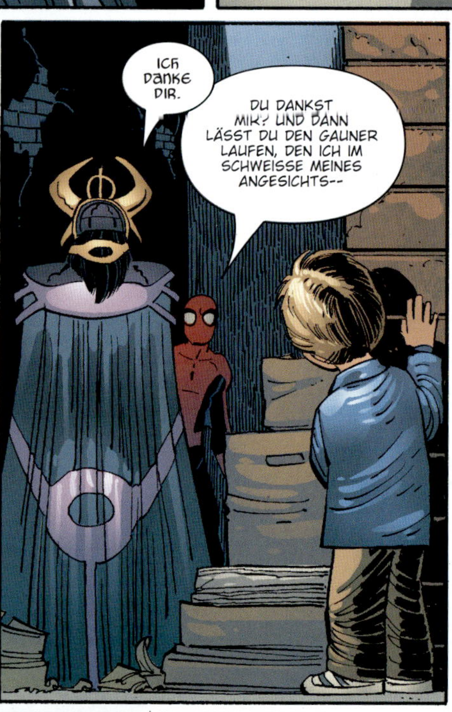
ICH
DANKE
DIR.
DU DANKST
MIR? UND DANN
LÄSST DU DEN GAUNER
LAUFEN, DEN ICH IM
SCHWEISSE MEINES
ANGESICHTS--

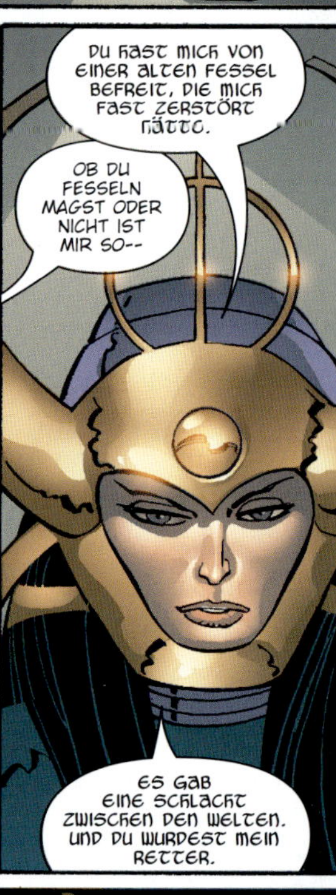
DU HAST MICH VON
EINER ALTEN FESSEL
BEFREIT, DIE MICH
FAST ZERSTÖRT
HÄTTE.
OB DU
FESSELN
MAGST ODER
NICHT IST
MIR SO--
ES GAB
EINE SCHLACHT
ZWISCHEN DEN WELTEN.
UND DU WURDEST MEIN
RETTER.

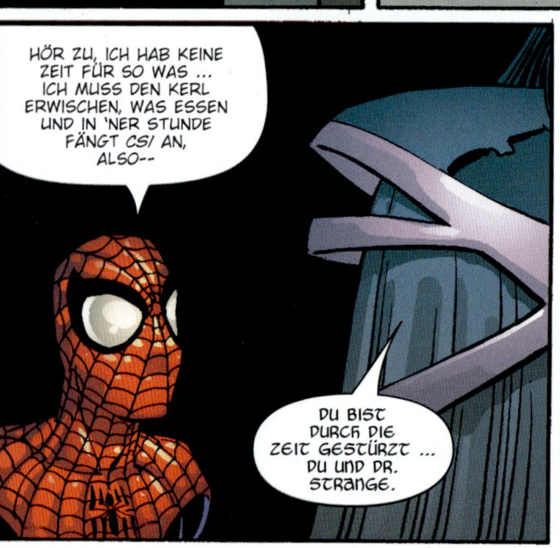
HÖR ZU, ICH HAB KEINE
ZEIT FÜR SO WAS ...
ICH MUSS DEN KERL
ERWISCHEN, WAS ESSEN
UND IN 'NER STUNDE
FÄNGT CSI AN,
ALSO--
DU BIST
DURCH DIE
ZEIT GESTÜRZT ...
DU UND DR.
STRANGE.

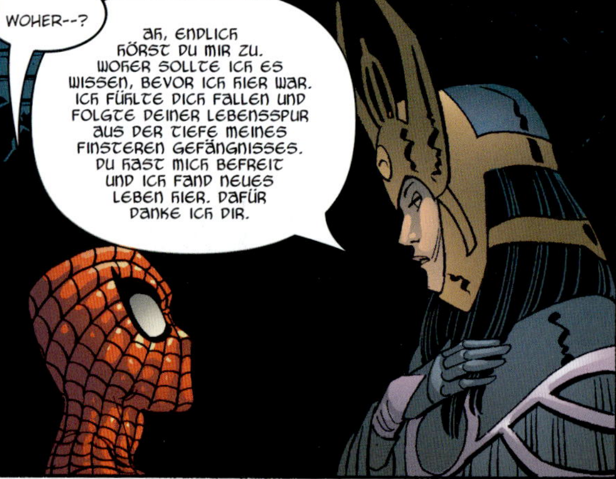
WOHER--?
AH, ENDLICH
HÖRST DU MIR ZU.
WOHER SOLLTE ICH ES
WISSEN, BEVOR ICH HIER WAR.
ICH FÜHLTE DICH FALLEN UND
FOLGTE DEINER LEBENSSPUR
AUS DER TIEFE MEINES
FINSTEREN GEFÄNGNISSES.
DU HAST MICH BEFREIT
UND ICH FAND NEUES
LEBEN HIER. DAFÜR
DANKE ICH DIR.

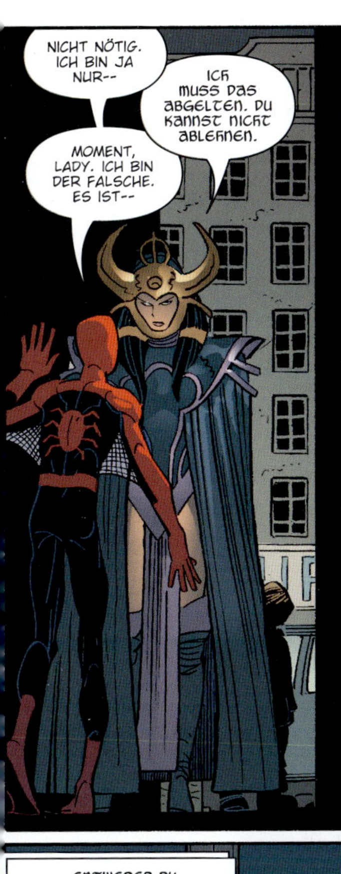
NICHT NÖTIG. ICH BIN JA NUR--
ICH MUSS DAS ABGELTEN. DU KANNST NICHT ABLEHNEN.
MOMENT, LADY. ICH BIN DER FALSCHE. ES IST--

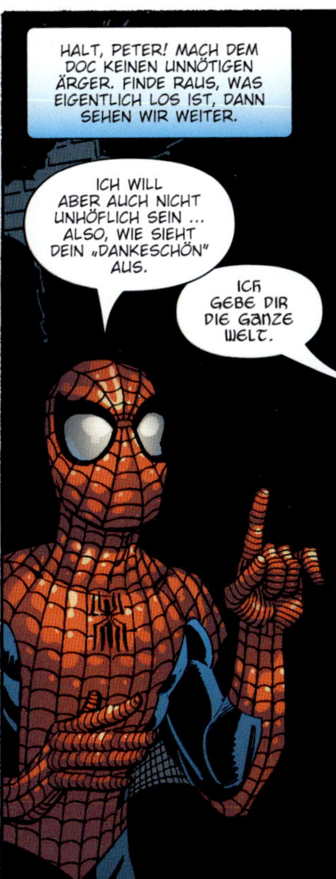
HALT, PETER! MACH DEM DOC KEINEN UNNÖTIGEN ÄRGER. FINDE RAUS, WAS EIGENTLICH LOS IST, DANN SEHEN WIR WEITER.
ICH WILL ABER AUCH NICHT UNHÖFLICH SEIN ... ALSO, WIE SIEHT DEIN „DANKESCHÖN" AUS.
ICH GEBE DIR DIE GANZE WELT.

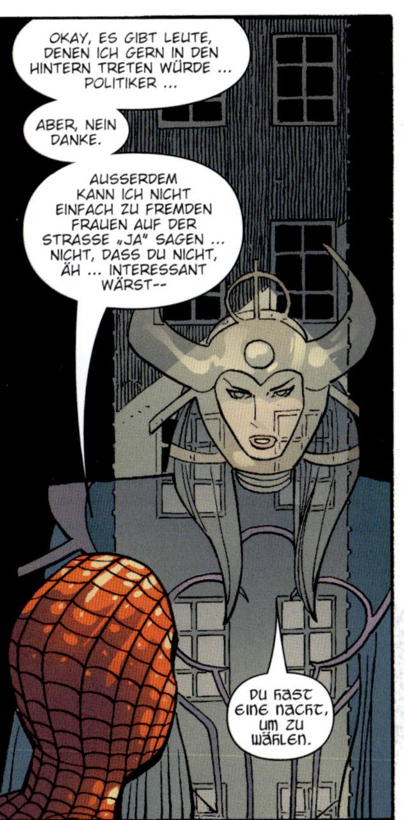
OKAY, ES GIBT LEUTE, DENEN ICH GERN IN DEN HINTERN TRETEN WÜRDE ... POLITIKER ...
ABER, NEIN DANKE.
AUSSERDEM KANN ICH NICHT EINFACH ZU FREMDEN FRAUEN AUF DER STRASSE „JA" SAGEN ... NICHT, DASS DU NICHT, ÄH ... INTERESSANT WÄRST--
DU HAST EINE NACHT, UM ZU WÄHLEN.

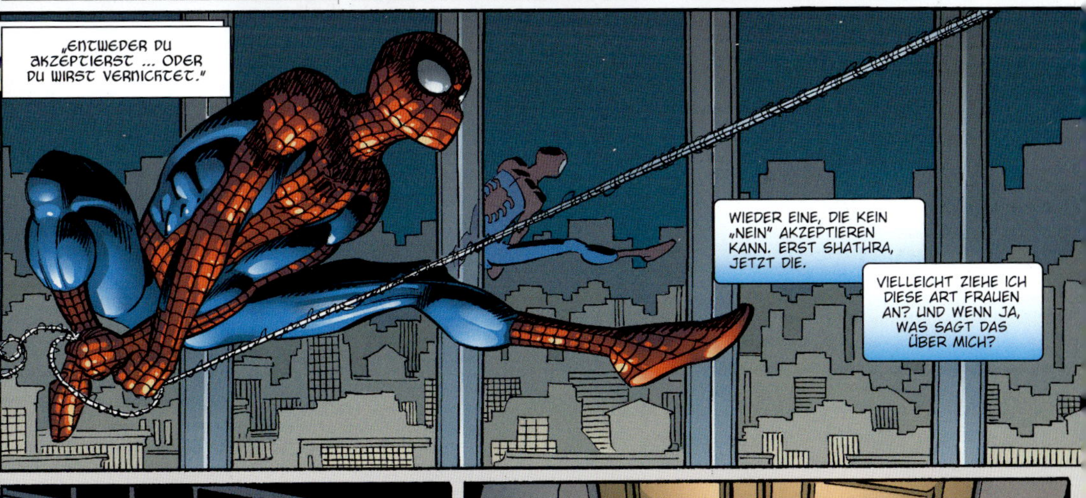
„ENTWEDER DU AKZEPTIERST ... ODER DU WIRST VERNICHTET."
WIEDER EINE, DIE KEIN „NEIN" AKZEPTIEREN KANN. ERST SHATHRA, JETZT DIE.
VIELLEICHT ZIEHE ICH DIESE ART FRAUEN AN? UND WENN JA, WAS SAGT DAS ÜBER MICH?

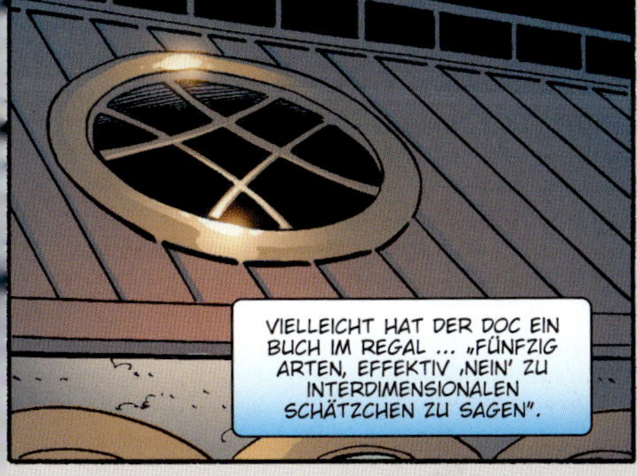
VIELLEICHT HAT DER DOC EIN BUCH IM REGAL ... „FÜNFZIG ARTEN, EFFEKTIV ‚NEIN' ZU INTERDIMENSIONALEN SCHÄTZCHEN ZU SAGEN".

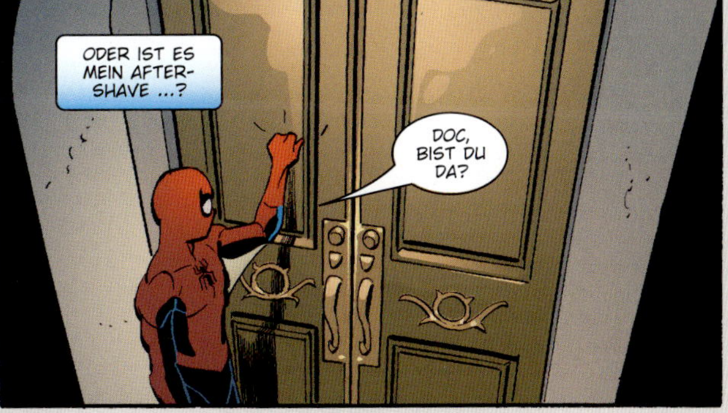
ODER IST ES MEIN AFTER-SHAVE ...?
DOC, BIST DU DA?

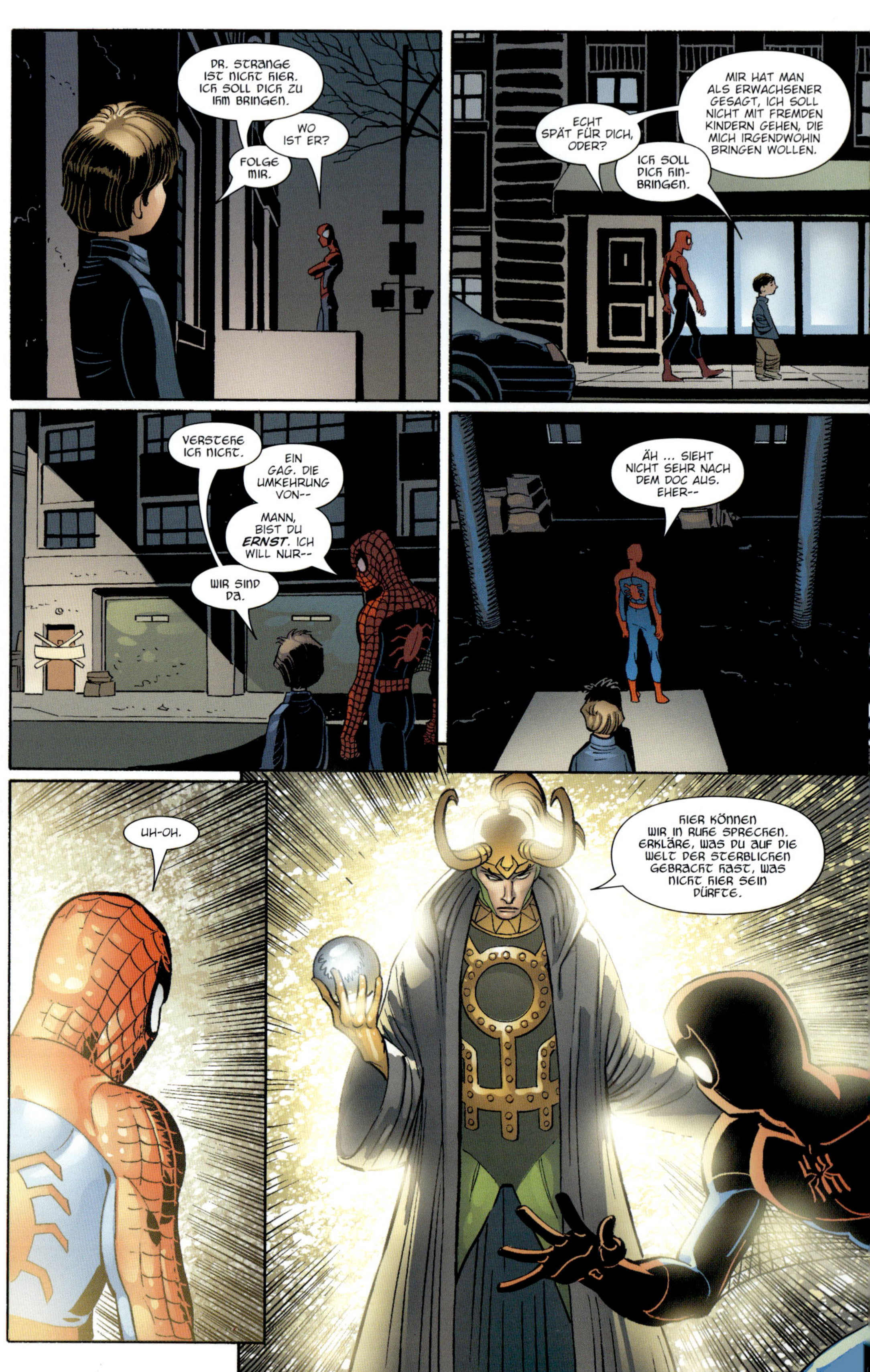
DR. STRANGE IST NICHT HIER. ICH SOLL DICH ZU IHM BRINGEN.
WO IST ER?
FOLGE MIR.
ECHT SPÄT FÜR DICH, ODER?
MIR HAT MAN ALS ERWACHSENER GESAGT, ICH SOLL NICHT MIT FREMDEN KINDERN GEHEN, DIE MICH IRGENDWOHIN BRINGEN WOLLEN.
ICH SOLL DICH HINBRINGEN.
VERSTEHE ICH NICHT.
EIN GAG. DIE UMKEHRUNG VON--
MANN, BIST DU *ERNST*. ICH WILL NUR--
WIR SIND DA.
ÄH ... SIEHT NICHT SEHR NACH DEM DOC AUS. EHER--
UH-OH.
HIER KÖNNEN WIR IN RUHE SPRECHEN. ERKLÄRE, WAS DU AUF DIE WELT DER STERBLICHEN GEBRACHT HAST, WAS NICHT HIER SEIN DÜRFTE.

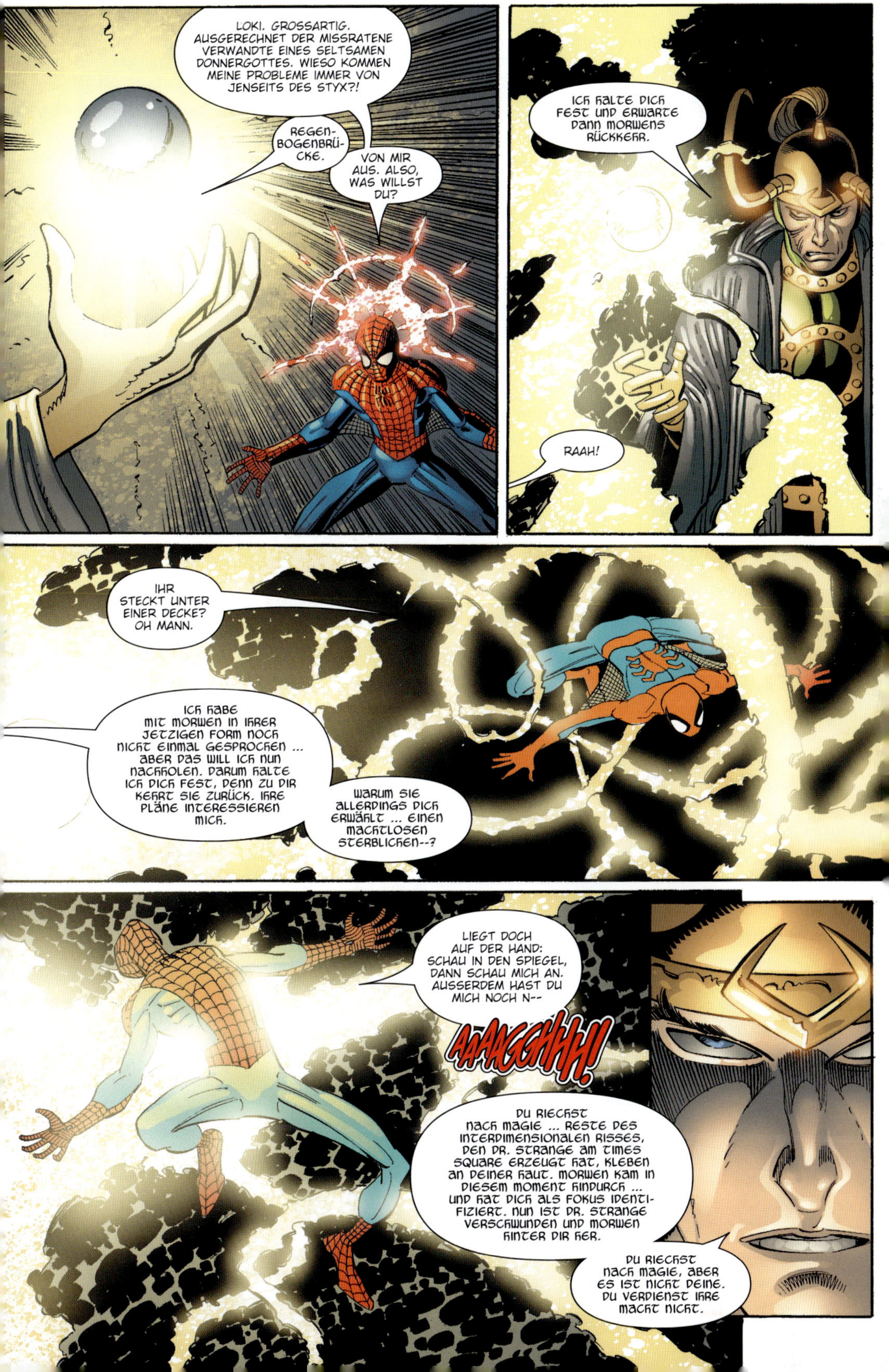

LOKI. GROSSARTIG. AUSGERECHNET DER MISSRATENE VERWANDTE EINES SELTSAMEN DONNERGOTTES. WIESO KOMMEN MEINE PROBLEME IMMER VON JENSEITS DES STYX?!

REGENBOGENBRÜCKE.

VON MIR AUS. ALSO, WAS WILLST DU?

ICH HALTE DICH FEST UND ERWARTE DANN MORWENS RÜCKKEHR.

RAAH!

IHR STECKT UNTER EINER DECKE? OH MANN.

ICH HABE MIT MORWEN IN IHRER JETZIGEN FORM NOCH NICHT EINMAL GESPROCHEN ... ABER DAS WILL ICH NUN NACHHOLEN. DARUM HALTE ICH DICH FEST, DENN ZU DIR KEHRT SIE ZURÜCK. IHRE PLÄNE INTERESSIEREN MICH.

WARUM SIE ALLERDINGS DICH ERWÄHLT ... EINEN MACHTLOSEN STERBLICHEN--?

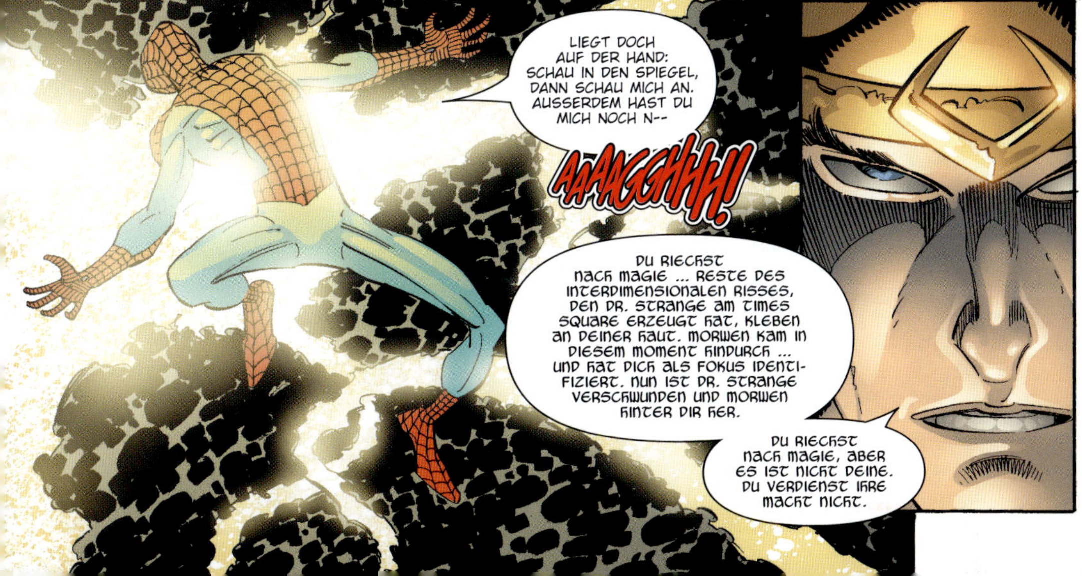

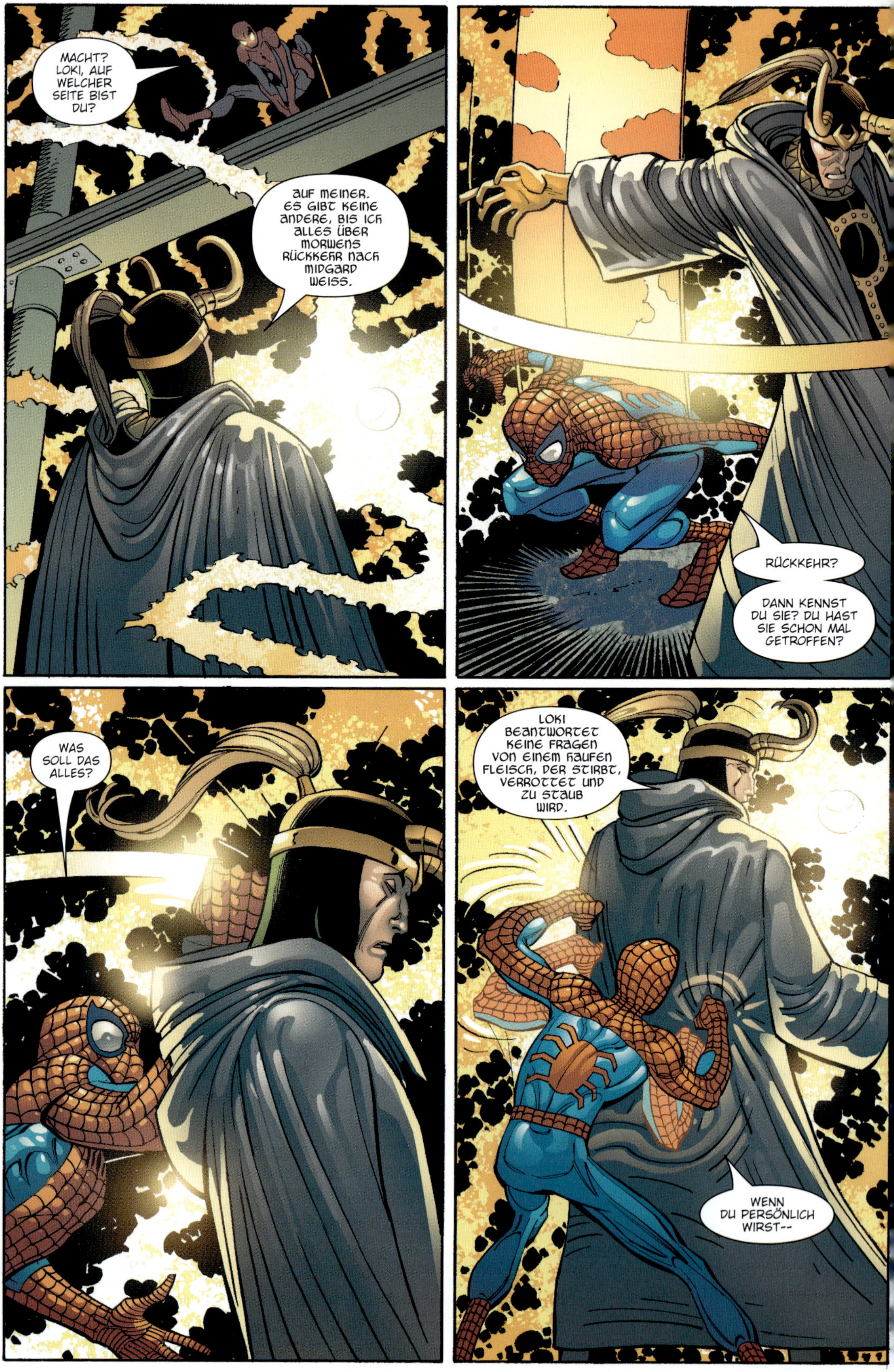

MACHT? LOKI, AUF WELCHER SEITE BIST DU?
AUF MEINER. ES GIBT KEINE ANDERE, BIS ICH ALLES ÜBER MORWENS RÜCKKEHR NACH MIDGARD WEISS.

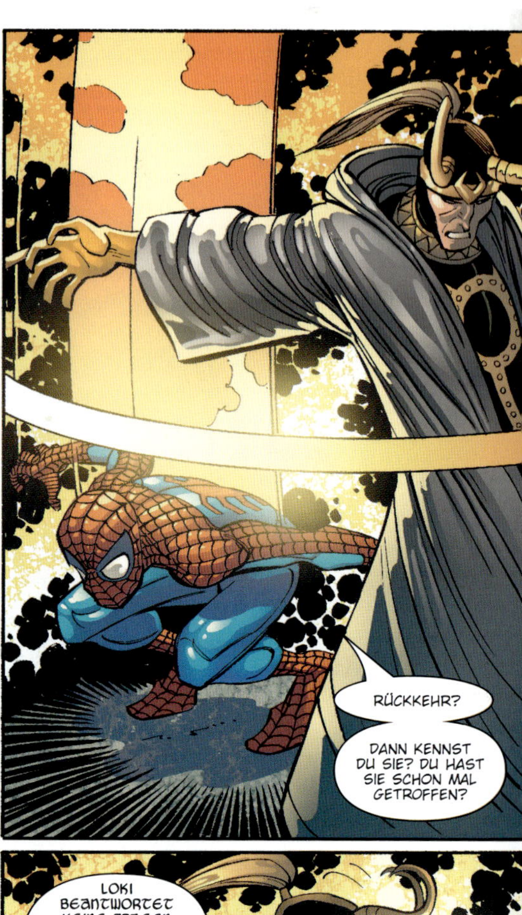

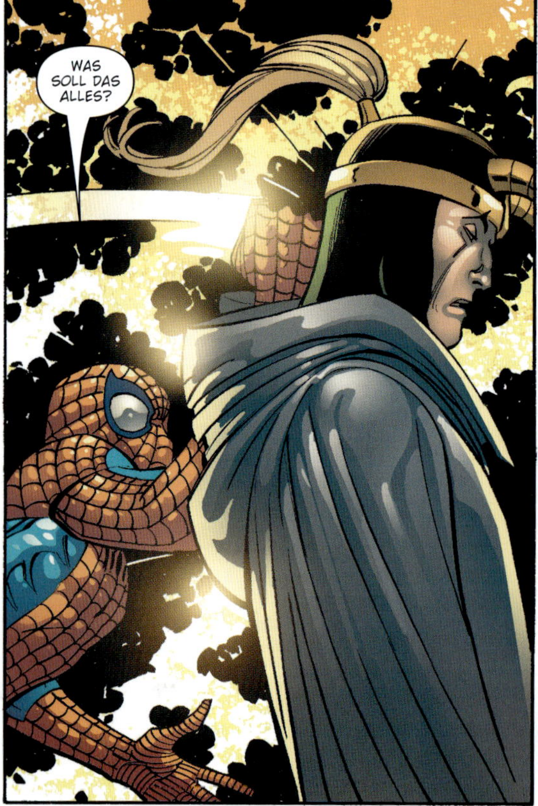

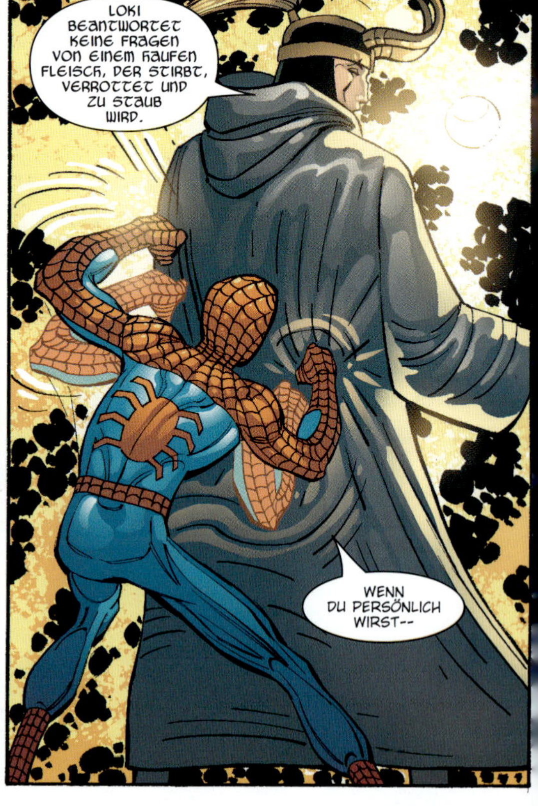

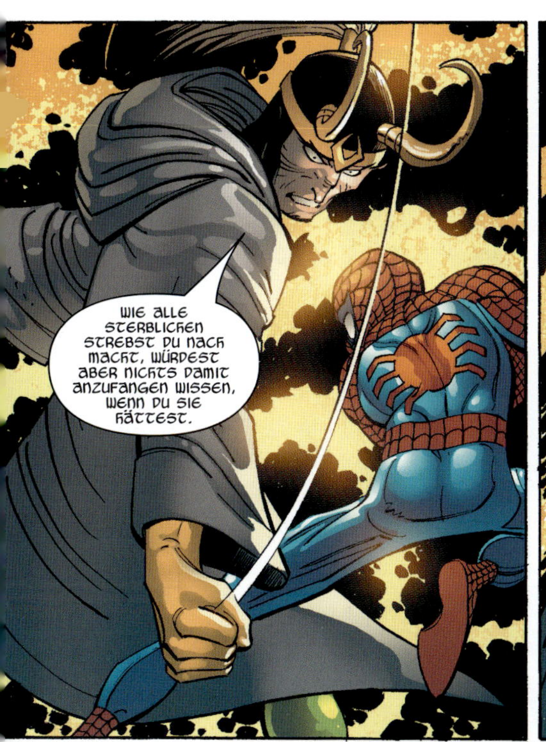
WIE ALLE STERBLICHEN STREBST DU NACH MACHT, WÜRDEST ABER NICHTS DAMIT ANZUFANGEN WISSEN, WENN DU SIE HÄTTEST.

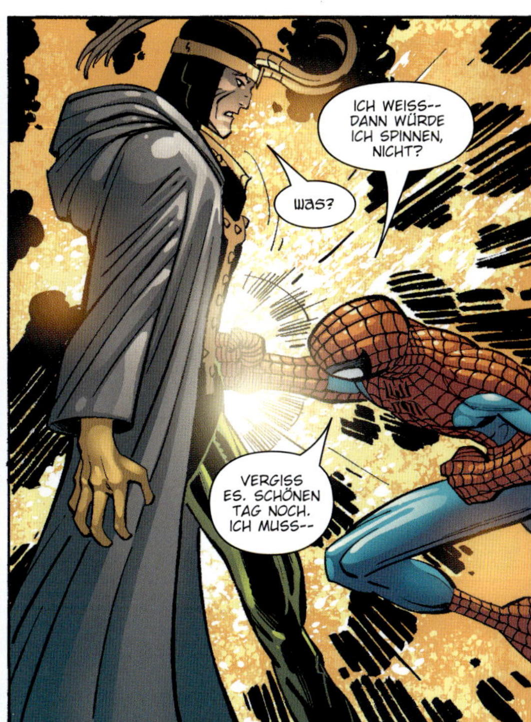
ICH WEISS-- DANN WÜRDE ICH SPINNEN, NICHT?
WAS?
VERGISS ES. SCHÖNEN TAG NOCH. ICH MUSS--

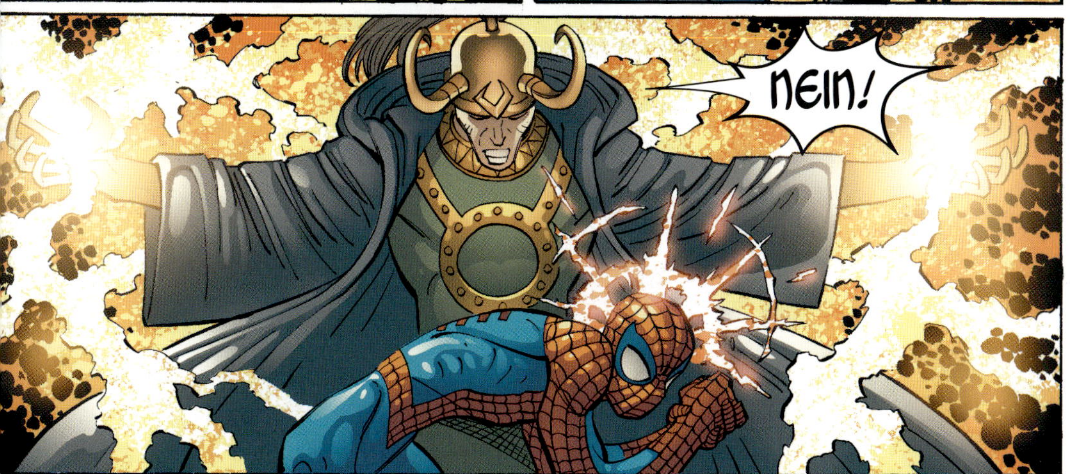
NEIN!

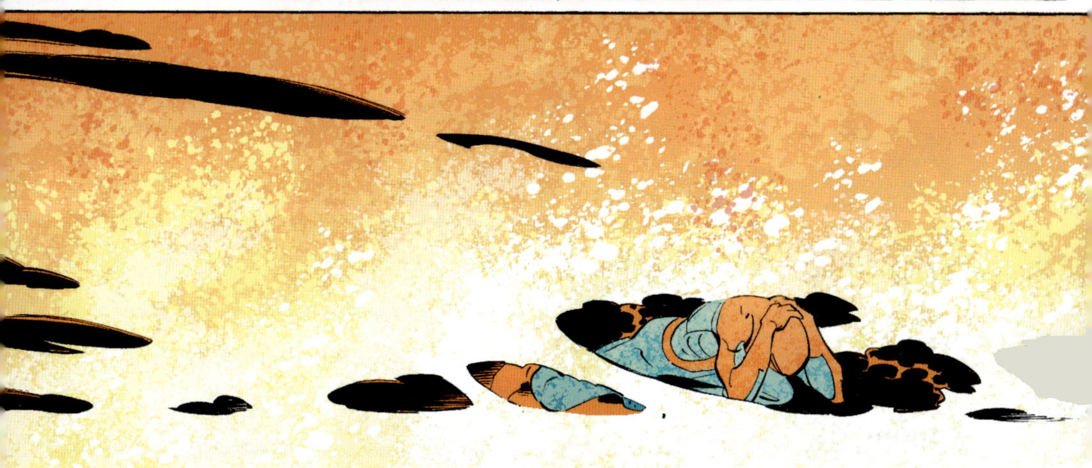

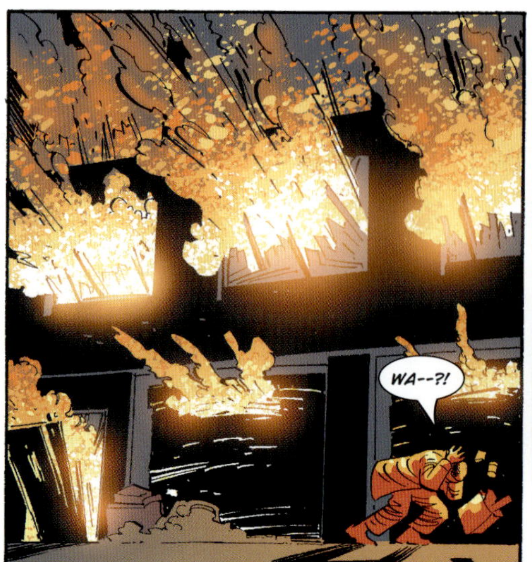
WA--?!

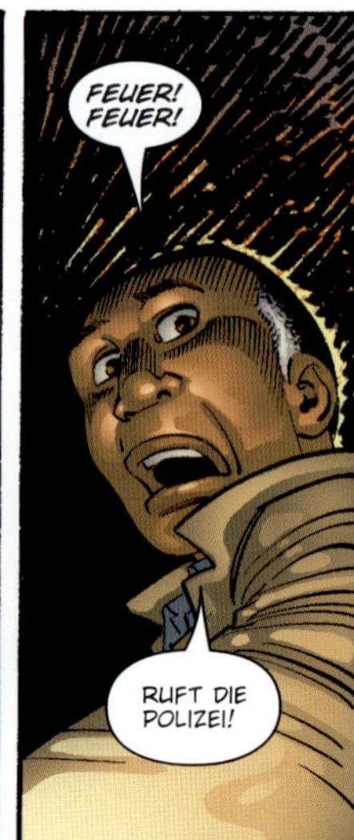
FEUER! FEUER!
RUFT DIE POLIZEI!

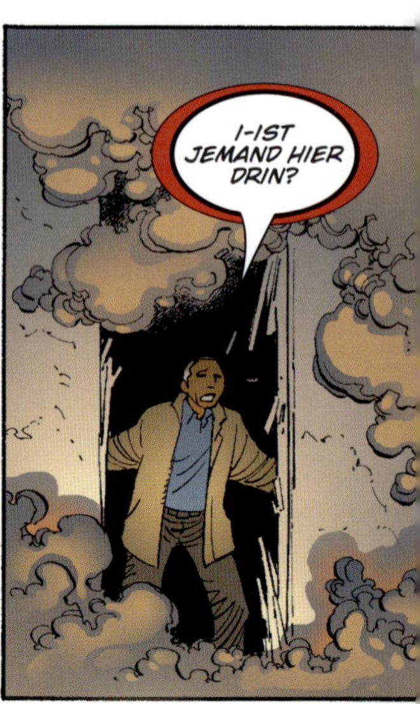
I-IST JEMAND HIER DRIN?

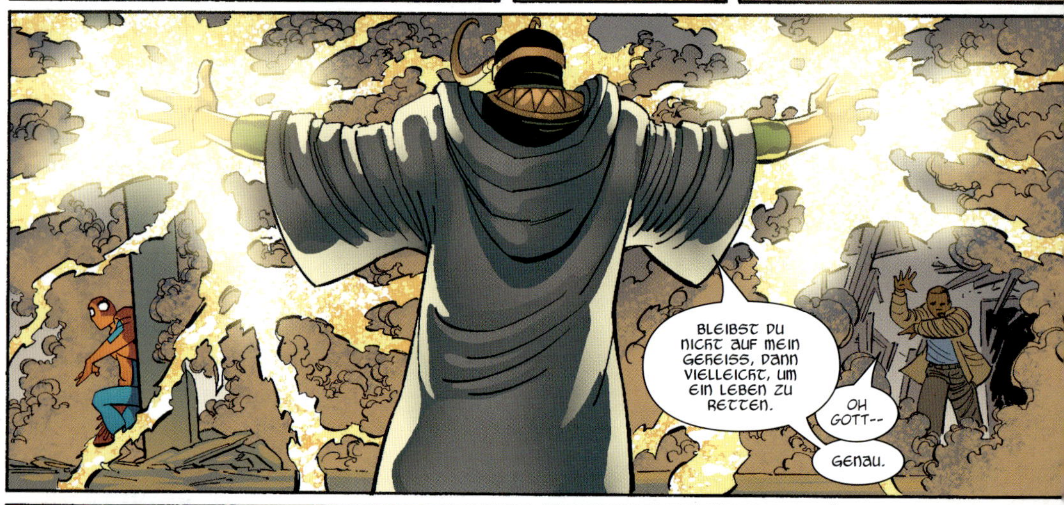
BLEIBST DU NICHT AUF MEIN GEHEISS, DANN VIELLEICHT, UM EIN LEBEN ZU RETTEN.
OH GOTT--
GENAU.

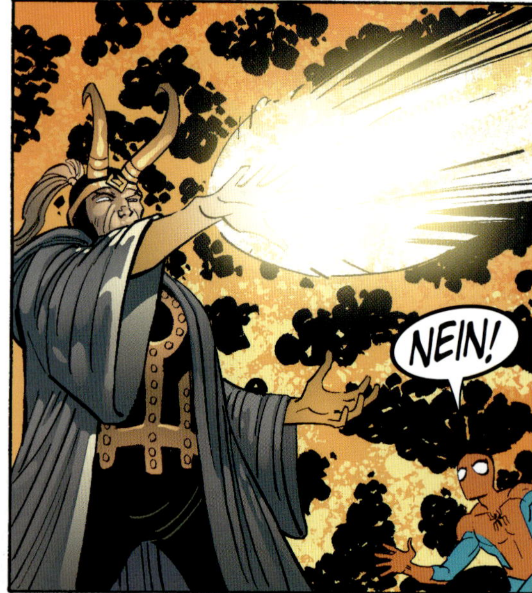
NEIN!

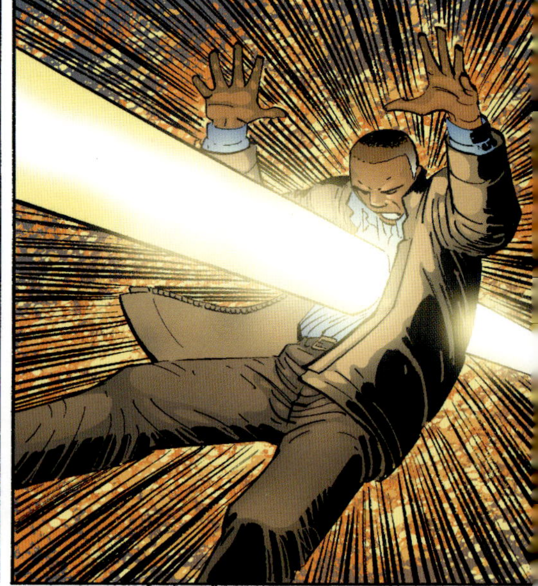

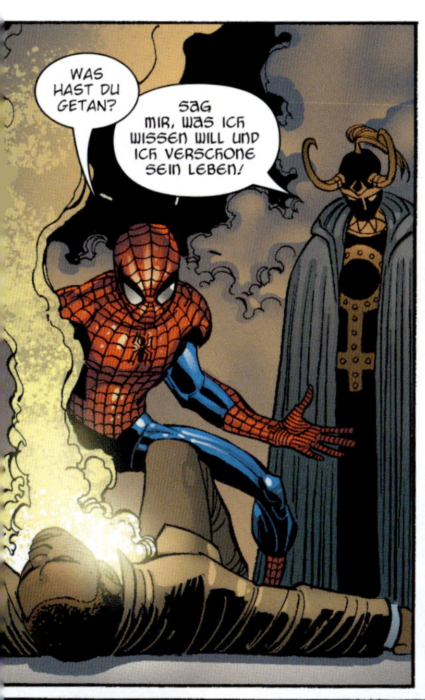
WAS HAST DU GETAN?
SAG MIR, WAS ICH WISSEN WILL UND ICH VERSCHONE SEIN LEBEN!

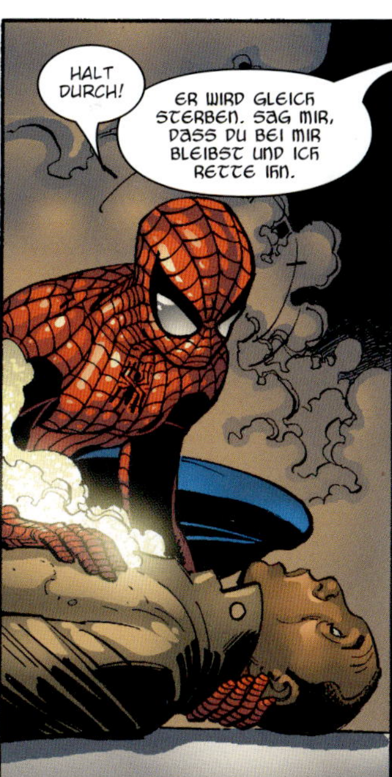
HALT DURCH!
ER WIRD GLEICH STERBEN. SAG MIR, DASS DU BEI MIR BLEIBST UND ICH RETTE IHN.

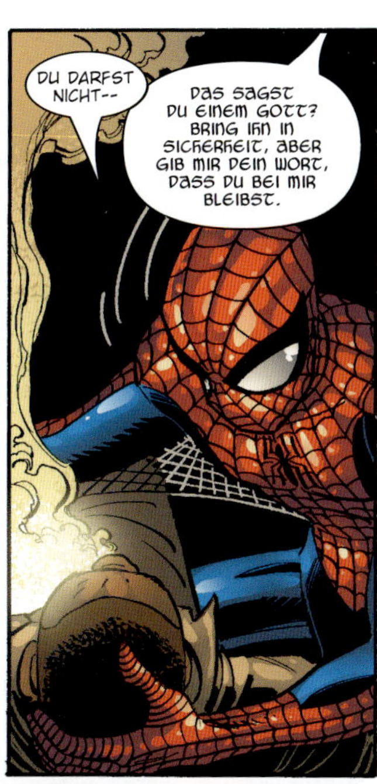
DU DARFST NICHT--
DAS SAGST DU EINEM GOTT? BRING IHN IN SICHERHEIT, ABER GIB MIR DEIN WORT, DASS DU BEI MIR BLEIBST.

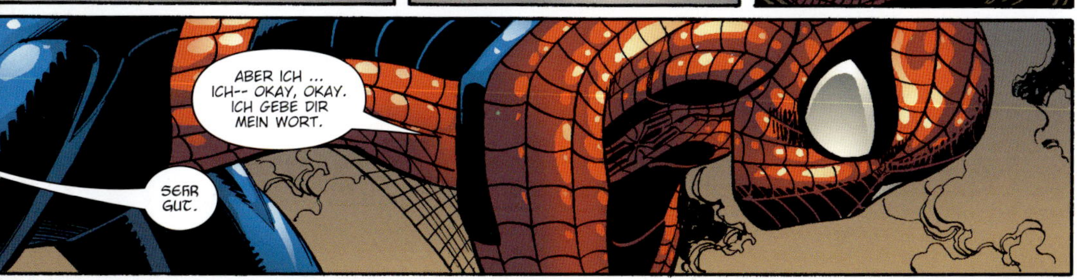
ABER ICH ... ICH-- OKAY, OKAY. ICH GEBE DIR MEIN WORT.
SEHR GUT.

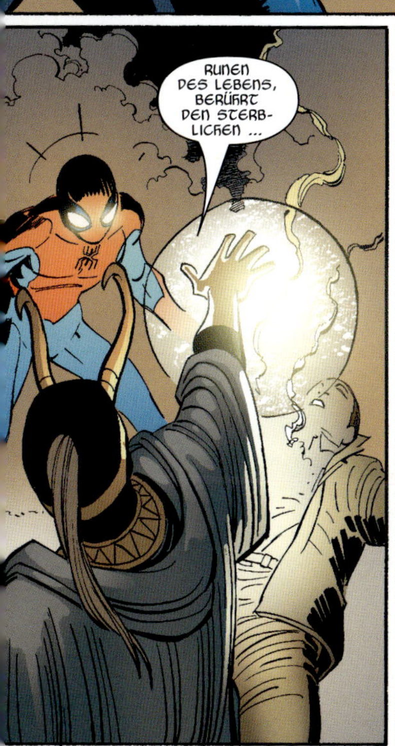
RUNEN DES LEBENS, BERÜHRT DEN STERB-LICHEN ...

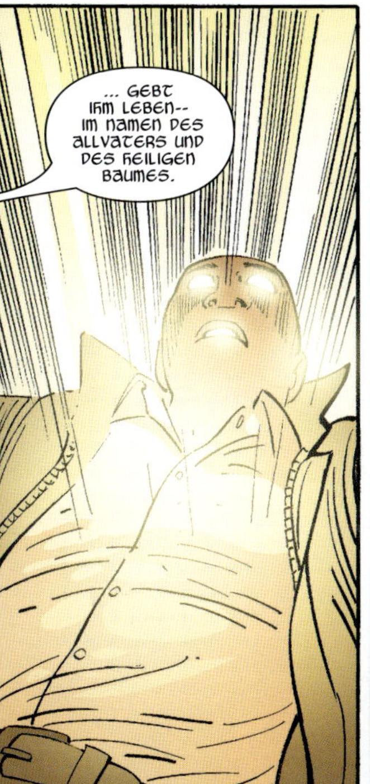
... GEBT IHM LEBEN-- IM NAMEN DES ALLVATERS UND DES HEILIGEN BAUMES.

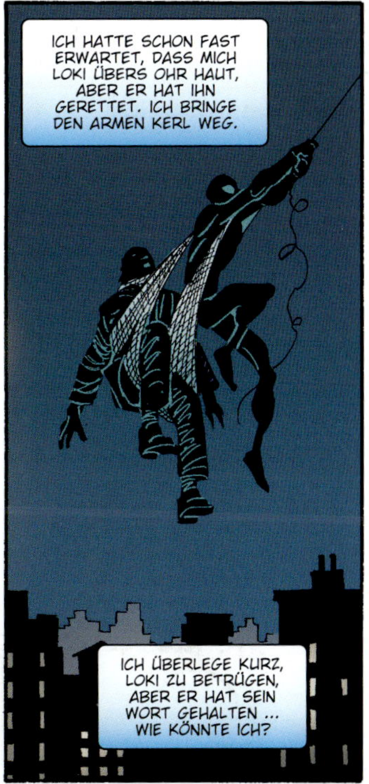
ICH HATTE SCHON FAST ERWARTET, DASS MICH LOKI ÜBERS OHR HAUT, ABER ER HAT IHN GERETTET. ICH BRINGE DEN ARMEN KERL WEG.
ICH ÜBERLEGE KURZ, LOKI ZU BETRÜGEN, ABER ER HAT SEIN WORT GEHALTEN ... WIE KÖNNTE ICH?

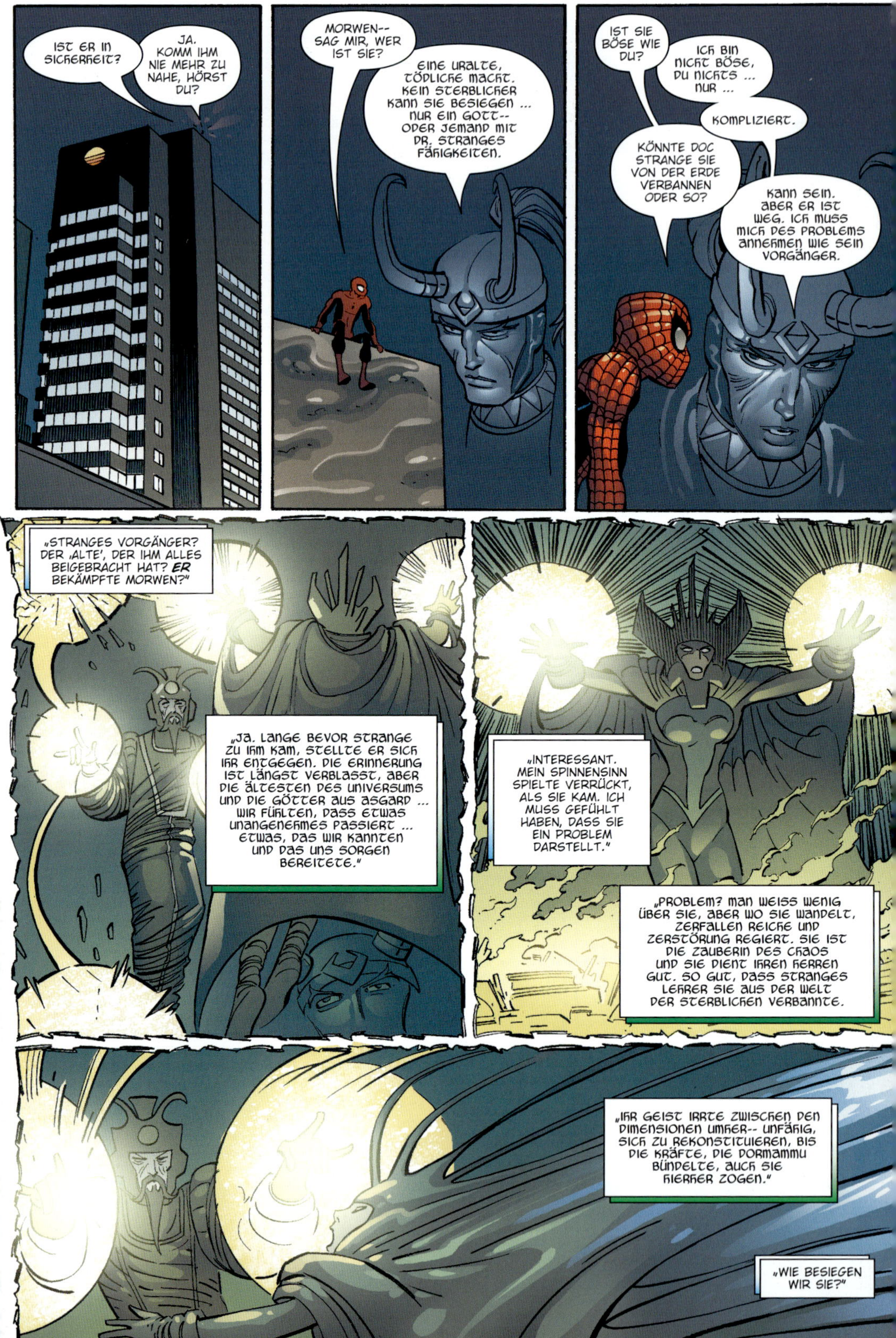
IST ER IN SICHERHEIT?
JA. KOMM IHM NIE MEHR ZU NAHE, HÖRST DU?
MORWEN-- SAG MIR, WER IST SIE?
EINE URALTE, TÖDLICHE MACHT. KEIN STERBLICHER KANN SIE BESIEGEN ... NUR EIN GOTT-- ODER JEMAND MIT DR. STRANGES FÄHIGKEITEN.
IST SIE BÖSE WIE DU?
ICH BIN NICHT BÖSE, DU NICHTS ... NUR ...
KOMPLIZIERT.
KÖNNTE DOC STRANGE SIE VON DER ERDE VERBANNEN ODER SO?
KANN SEIN. ABER ER IST WEG. ICH MUSS MICH DES PROBLEMS ANNEHMEN WIE SEIN VORGÄNGER.
„STRANGES VORGÄNGER? DER ‚ALTE', DER IHM ALLES BEIGEBRACHT HAT? *ER* BEKÄMPFTE MORWEN?"
„JA. LANGE BEVOR STRANGE ZU IHM KAM, STELLTE ER SICH IHR ENTGEGEN. DIE ERINNERUNG IST LÄNGST VERBLASST, ABER DIE ÄLTESTEN DES UNIVERSUMS UND DIE GÖTTER AUS ASGARD ... WIR FÜHLTEN, DASS ETWAS UNANGENEHMES PASSIERT ... ETWAS, DAS WIR KANNTEN UND DAS UNS SORGEN BEREITETE."
„INTERESSANT. MEIN SPINNENSINN SPIELTE VERRÜCKT, ALS SIE KAM. ICH MUSS GEFÜHLT HABEN, DASS SIE EIN PROBLEM DARSTELLT."
„PROBLEM? MAN WEISS WENIG ÜBER SIE, ABER WO SIE WANDELT, ZERFALLEN REICHE UND ZERSTÖRUNG REGIERT. SIE IST DIE ZAUBERIN DES CHAOS UND SIE DIENT IHREN HERREN GUT. SO GUT, DASS STRANGES LEHRER SIE AUS DER WELT DER STERBLICHEN VERBANNTE.
„IHR GEIST IRRTE ZWISCHEN DEN DIMENSIONEN UMHER-- UNFÄHIG, SICH ZU REKONSTITUIEREN, BIS DIE KRÄFTE, DIE DORMAMMU BÜNDELTE, AUCH SIE HIERHER ZOGEN."
„WIE BESIEGEN WIR SIE?"

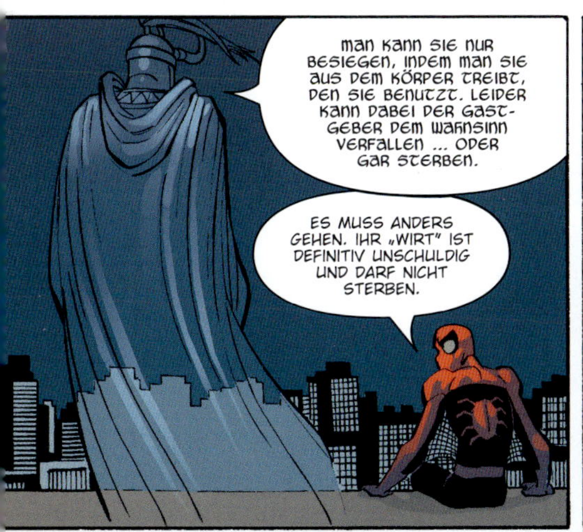
MAN KANN SIE NUR BESIEGEN, INDEM MAN SIE AUS DEM KÖRPER TREIBT, DEN SIE BENUTZT. LEIDER KANN DABEI DER GASTGEBER DEM WAHNSINN VERFALLEN ... ODER GAR STERBEN.
ES MUSS ANDERS GEHEN. IHR „WIRT“ IST DEFINITIV UNSCHULDIG UND DARF NICHT STERBEN.

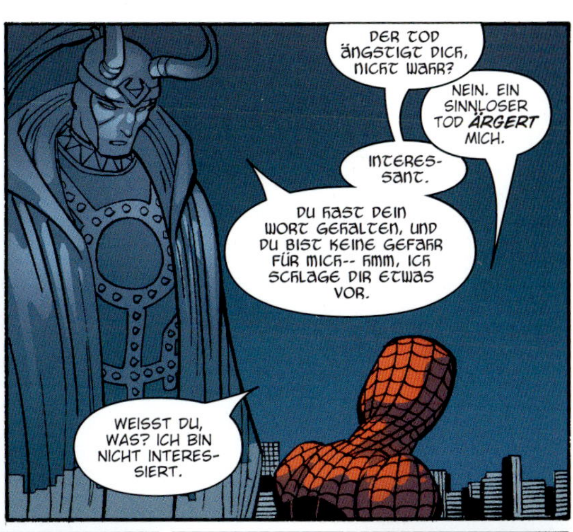
DER TOD ÄNGSTIGT DICH, NICHT WAHR?
NEIN. EIN SINNLOSER TOD ÄRGERT MICH.
INTERESSANT.
DU HAST DEIN WORT GEHALTEN, UND DU BIST KEINE GEFAHR FÜR MICH-- HMM, ICH SCHLAGE DIR ETWAS VOR.
WEISST DU, WAS? ICH BIN NICHT INTERESSIERT.

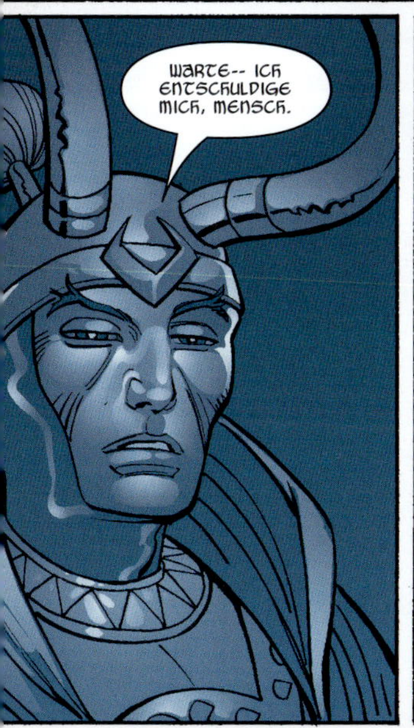
WARTE-- ICH ENTSCHULDIGE MICH, MENSCH.

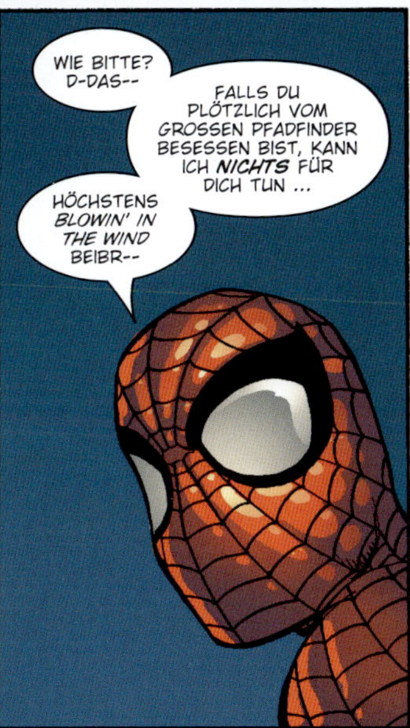
WIE BITTE? D-DAS--
FALLS DU PLÖTZLICH VOM GROSSEN PFADFINDER BESESSEN BIST, KANN ICH NICHTS FÜR DICH TUN ...
HÖCHSTENS BLOWIN' IN THE WIND BEIBR--

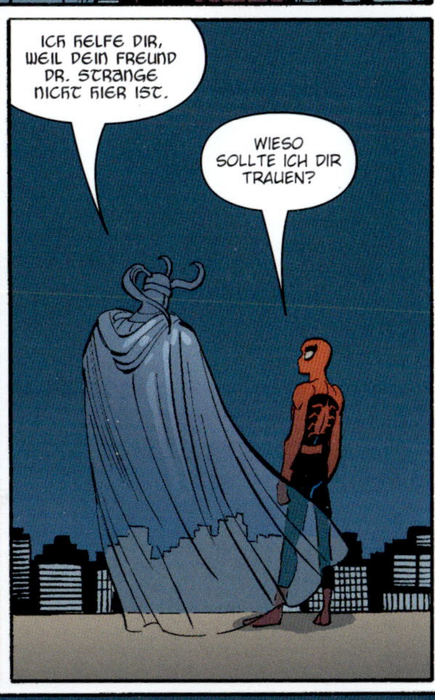
ICH HELFE DIR, WEIL DEIN FREUND DR. STRANGE NICHT HIER IST.
WIESO SOLLTE ICH DIR TRAUEN?

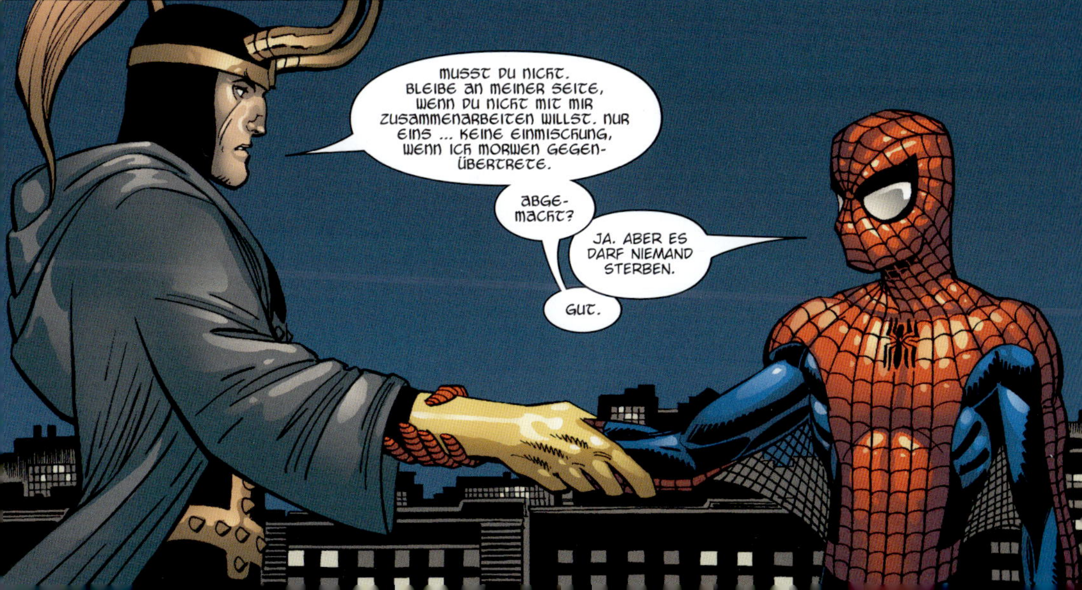
MUSST DU NICHT. BLEIBE AN MEINER SEITE, WENN DU NICHT MIT MIR ZUSAMMENARBEITEN WILLST. NUR EINS ... KEINE EINMISCHUNG, WENN ICH MORWEN GEGENÜBERTRETE.
ABGEMACHT?
JA. ABER ES DARF NIEMAND STERBEN.
GUT.

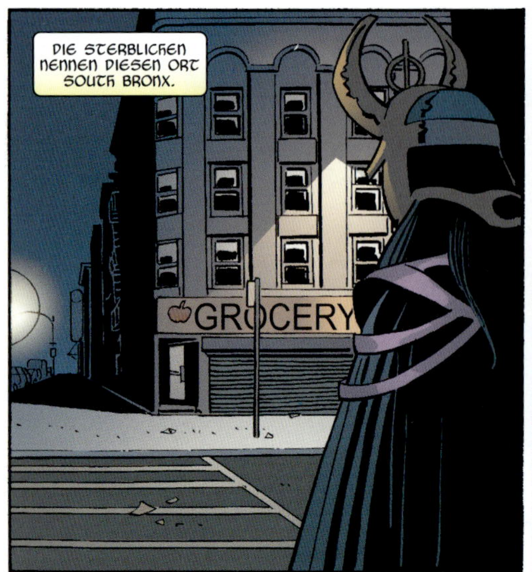
DIE STERBLICHEN NENNEN DIESEN ORT SOUTH BRONX.
GROCERY

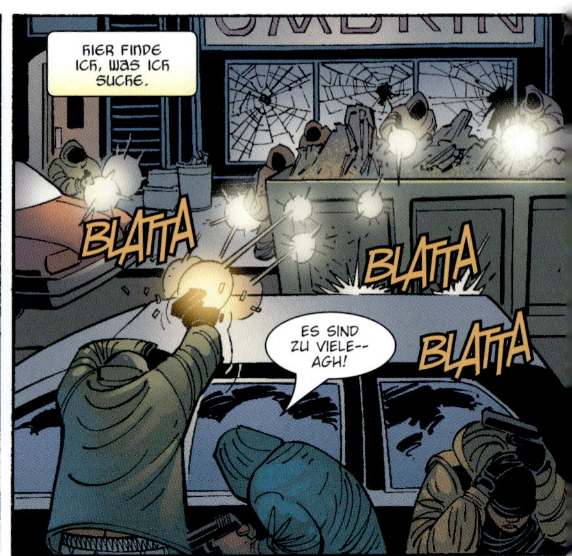
HIER FINDE ICH, WAS ICH SUCHE.
BLATTA
BLATTA
BLATTA
ES SIND ZU VIELE-- AGH!

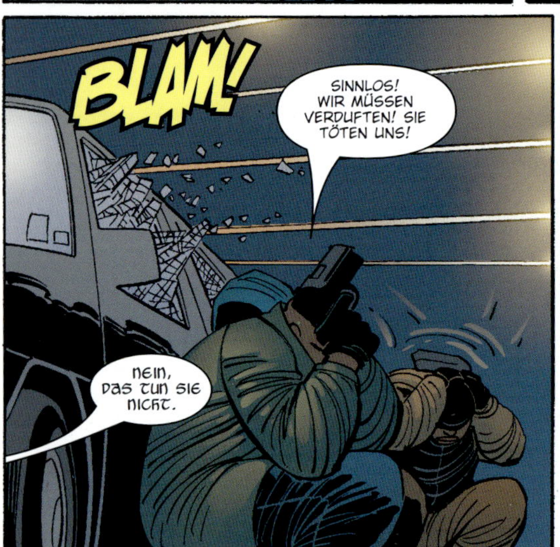
BLAM!
SINNLOS! WIR MÜSSEN VERDUFTEN! SIE TÖTEN UNS!
NEIN, DAS TUN SIE NICHT.

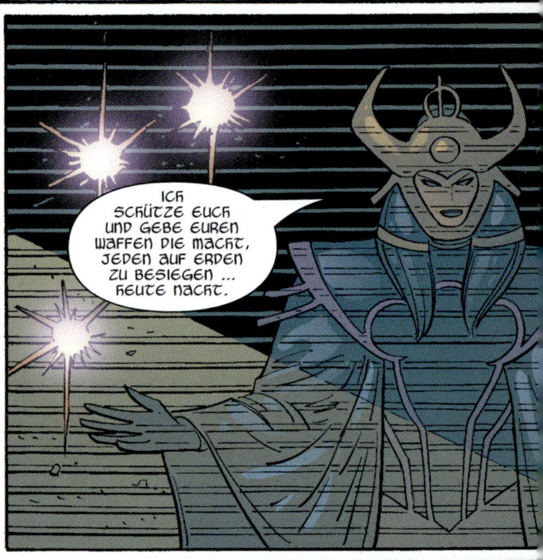
ICH SCHÜTZE EUCH UND GEBE EUREN WAFFEN DIE MACHT, JEDEN AUF ERDEN ZU BESIEGEN ... HEUTE NACHT.

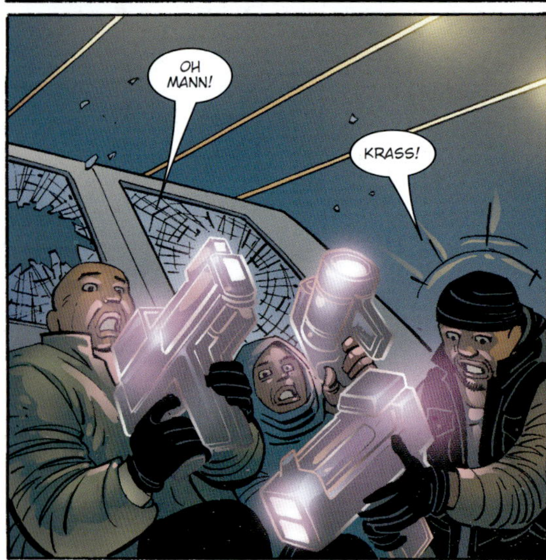
OH MANN!
KRASS!

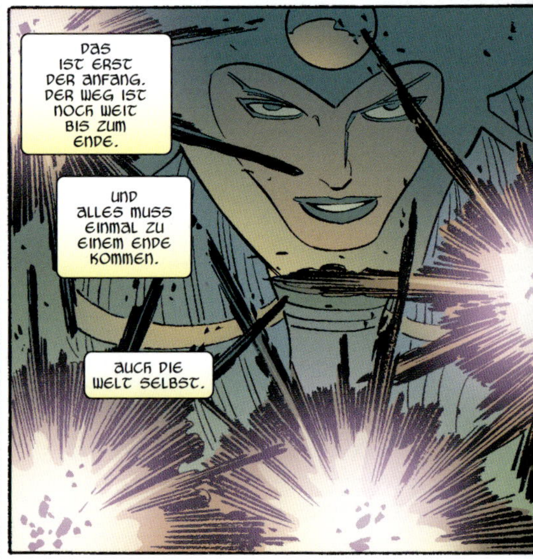
DAS IST ERST DER ANFANG. DER WEG IST NOCH WEIT BIS ZUM ENDE.
UND ALLES MUSS EINMAL ZU EINEM ENDE KOMMEN.
AUCH DIE WELT SELBST.

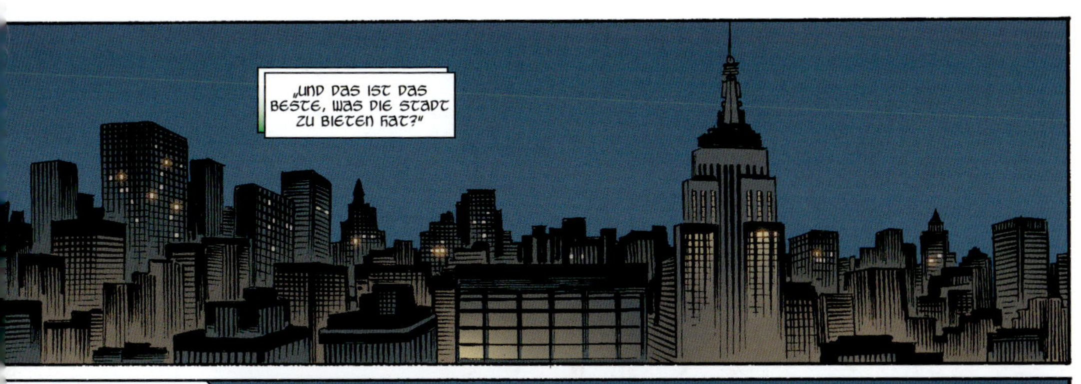

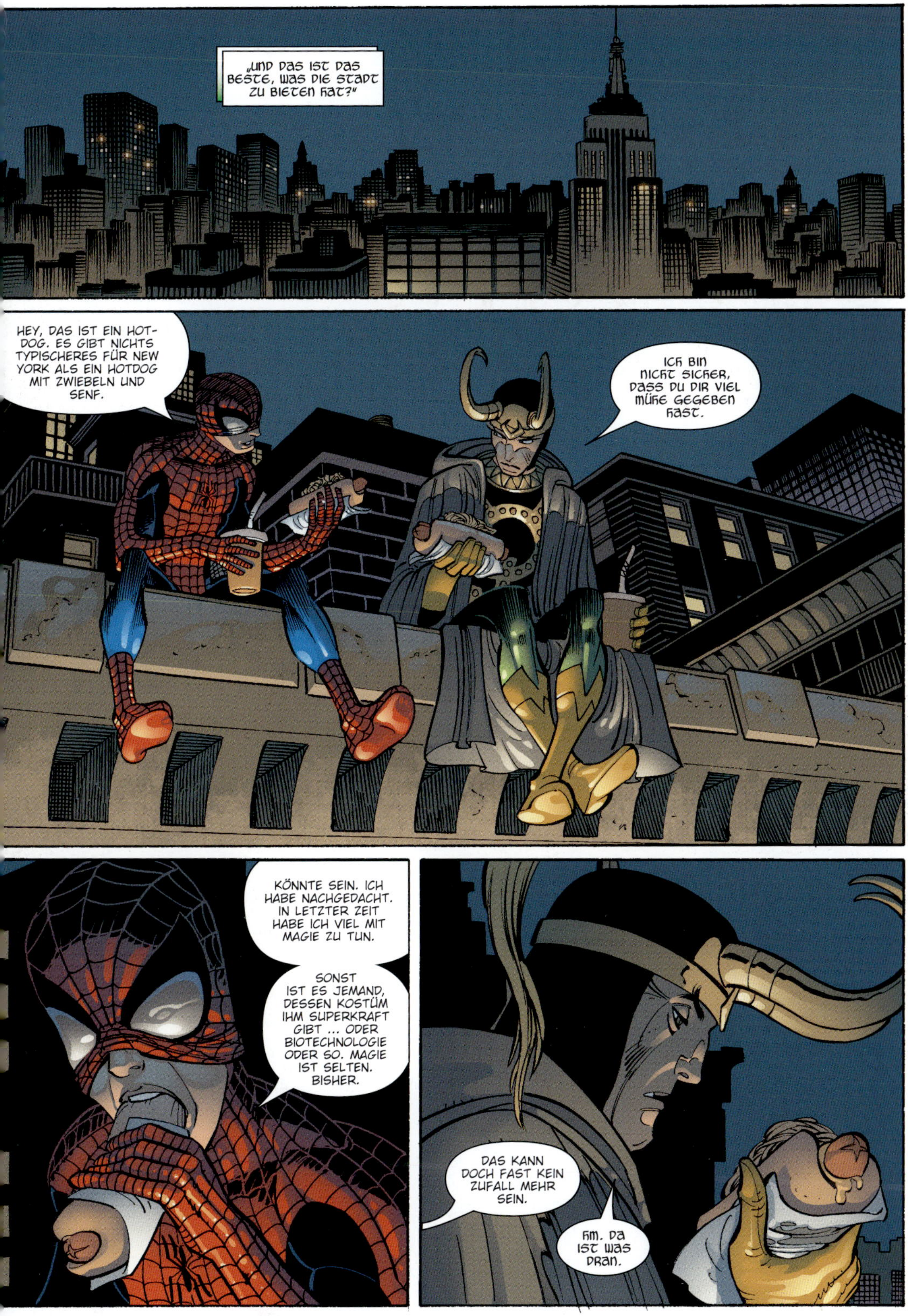

HEY, DAS IST EIN HOT-DOG. ES GIBT NICHTS TYPISCHERES FÜR NEW YORK ALS EIN HOTDOG MIT ZWIEBELN UND SENF.

ICH BIN NICHT SICHER, DASS DU DIR VIEL MÜHE GEGEBEN HAST.

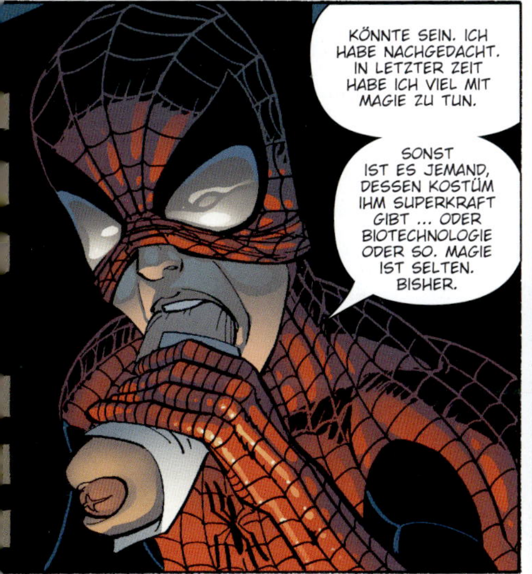

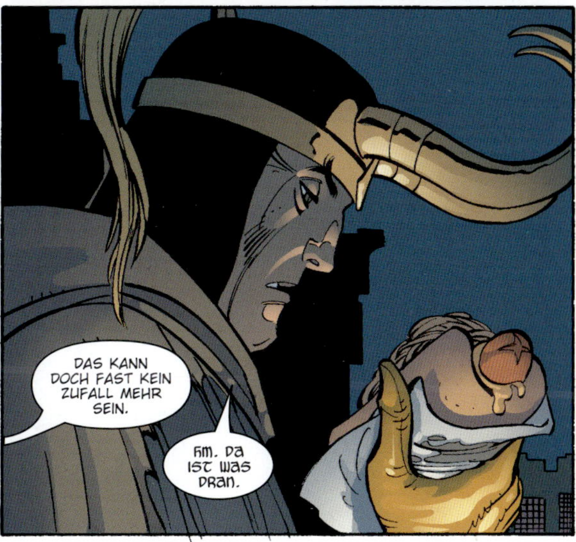

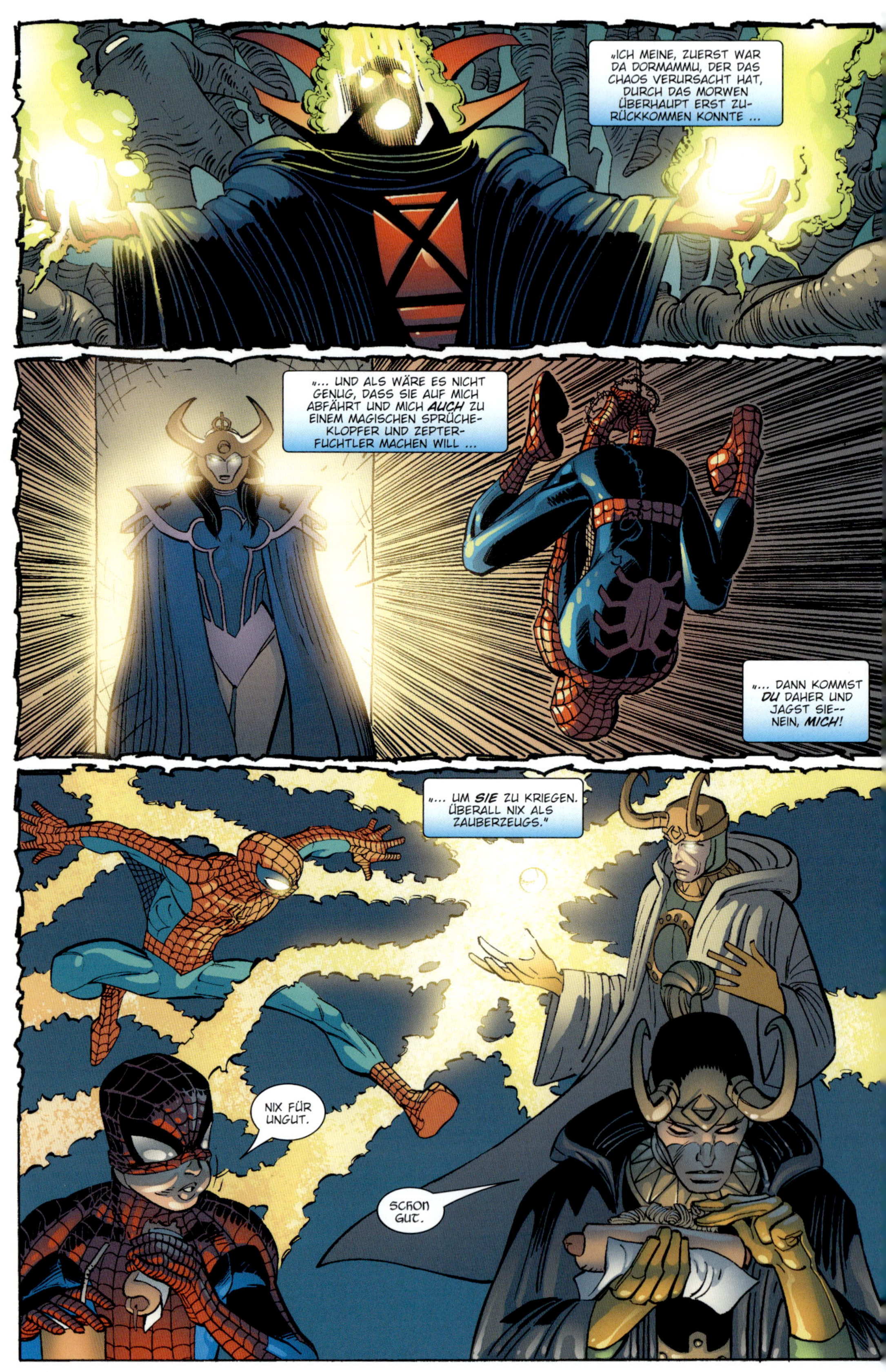
„ICH MEINE, ZUERST WAR DA DORMAMMU, DER DAS CHAOS VERURSACHT HAT, DURCH DAS MORWEN ÜBERHAUPT ERST ZURÜCKKOMMEN KONNTE ...
„... UND ALS WÄRE ES NICHT GENUG, DASS SIE AUF MICH ABFÄHRT UND MICH AUCH ZU EINEM MAGISCHEN SPRÜCHEKLOPFER UND ZEPTERFUCHTLER MACHEN WILL ...
„... DANN KOMMST DU DAHER UND JAGST SIE-- NEIN, MICH!
„... UM SIE ZU KRIEGEN. ÜBERALL NIX ALS ZAUBERZEUGS."
NIX FÜR UNGUT.
SCHON GUT.

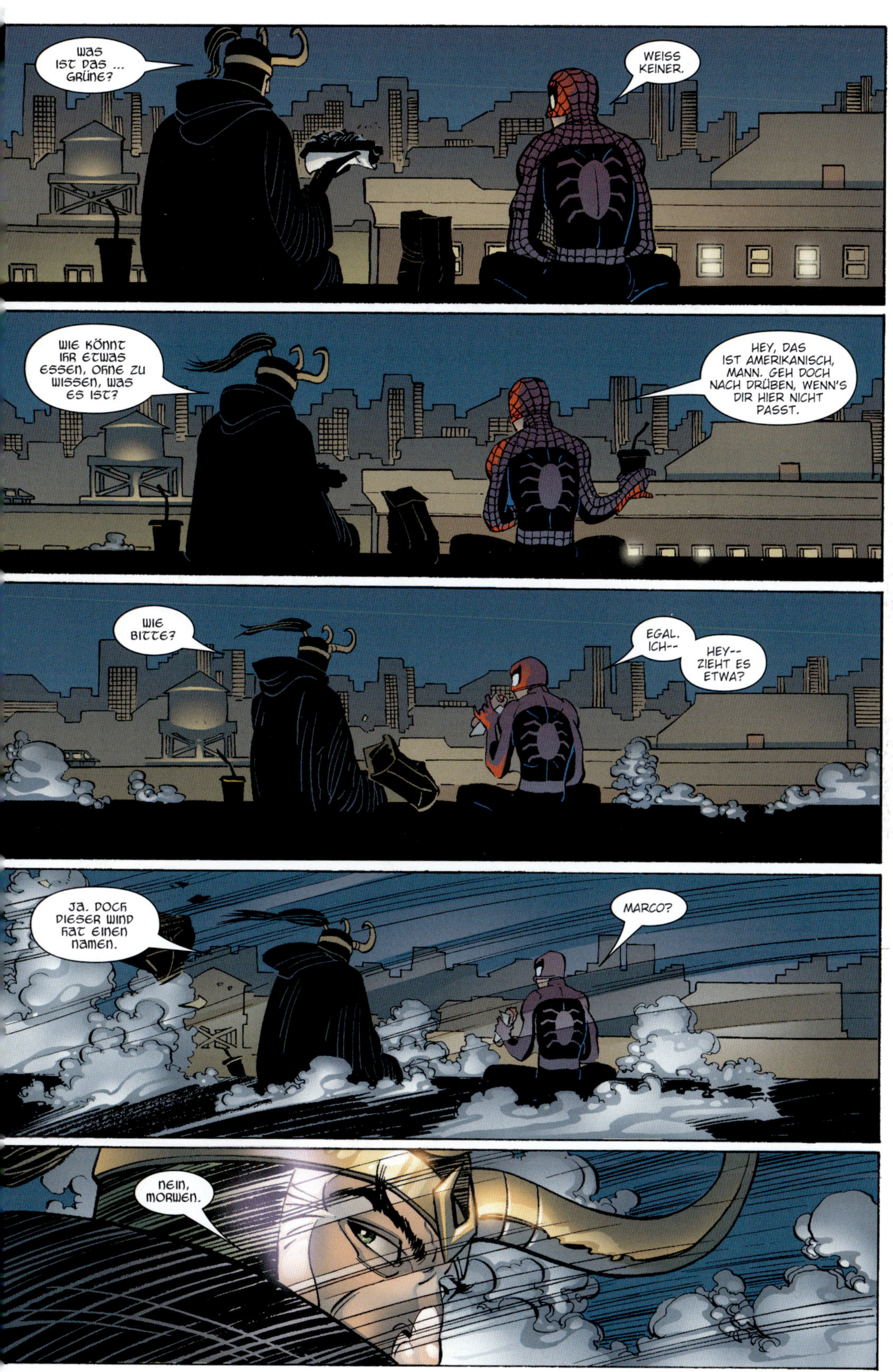
WAS IST DAS ... GRÜNE?
WEISS KEINER.
WIE KÖNNT IHR ETWAS ESSEN, OHNE ZU WISSEN, WAS ES IST?
HEY, DAS IST AMERIKANISCH, MANN. GEH DOCH NACH DRÜBEN, WENN'S DIR HIER NICHT PASST.
WIE BITTE?
EGAL. ICH--
HEY-- ZIEHT ES ETWA?
JA. DOCH DIESER WIND HAT EINEN NAMEN.
MARCO?
NEIN, MORWEN.

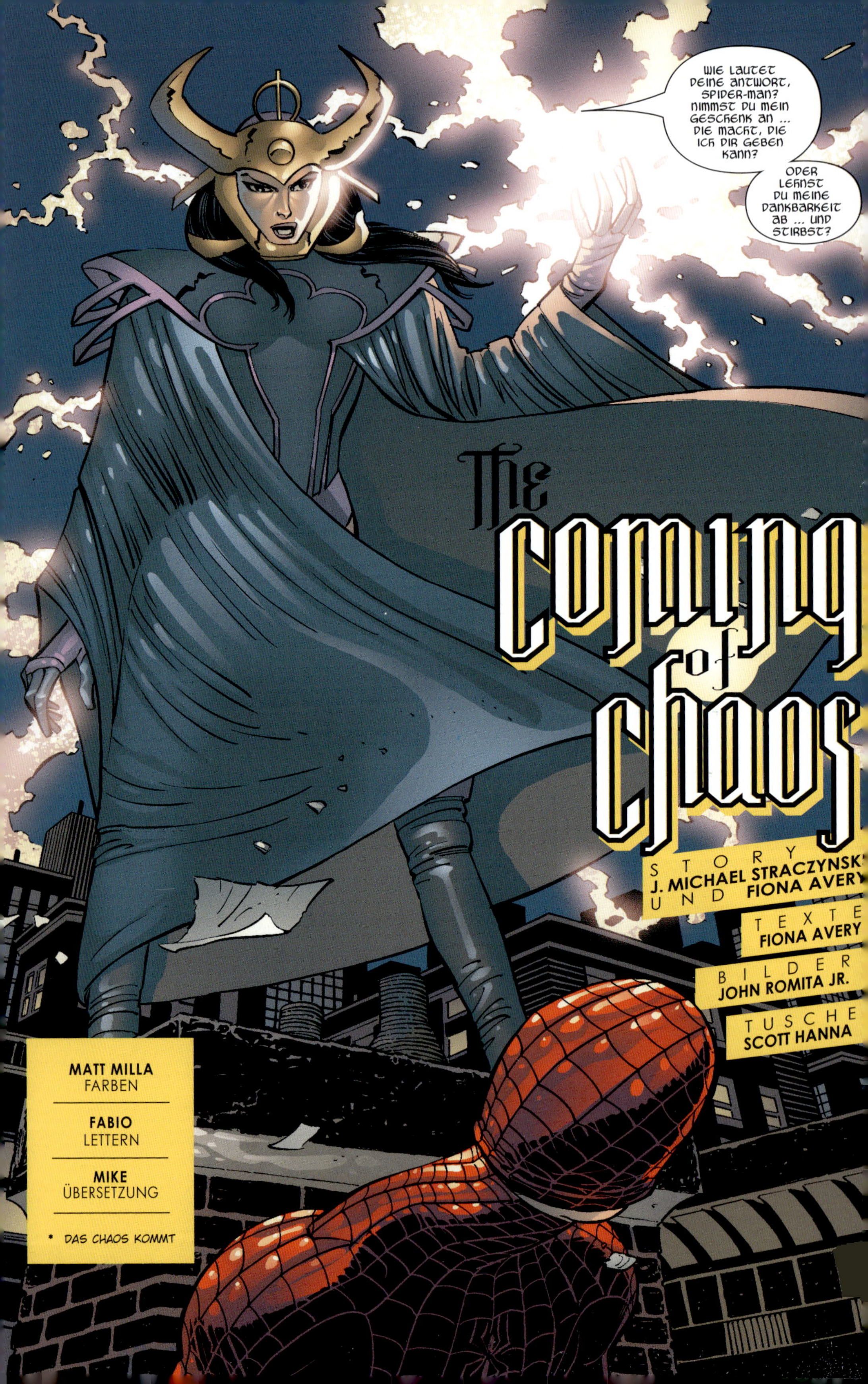
WIE LAUTET DEINE ANTWORT, SPIDER-MAN? NIMMST DU MEIN GESCHENK AN ... DIE MACHT, DIE ICH DIR GEBEN KANN?
ODER LEHNST DU MEINE DANKBARKEIT AB ... UND STIRBST?
The Coming of Chaos
STORY J. MICHAEL STRACZYNSKI UND FIONA AVERY
TEXTE FIONA AVERY
BILDER JOHN ROMITA JR.
TUSCHE SCOTT HANNA
MATT MILLA FARBEN
FABIO LETTERN
MIKE ÜBERSETZUNG
* DAS CHAOS KOMMT

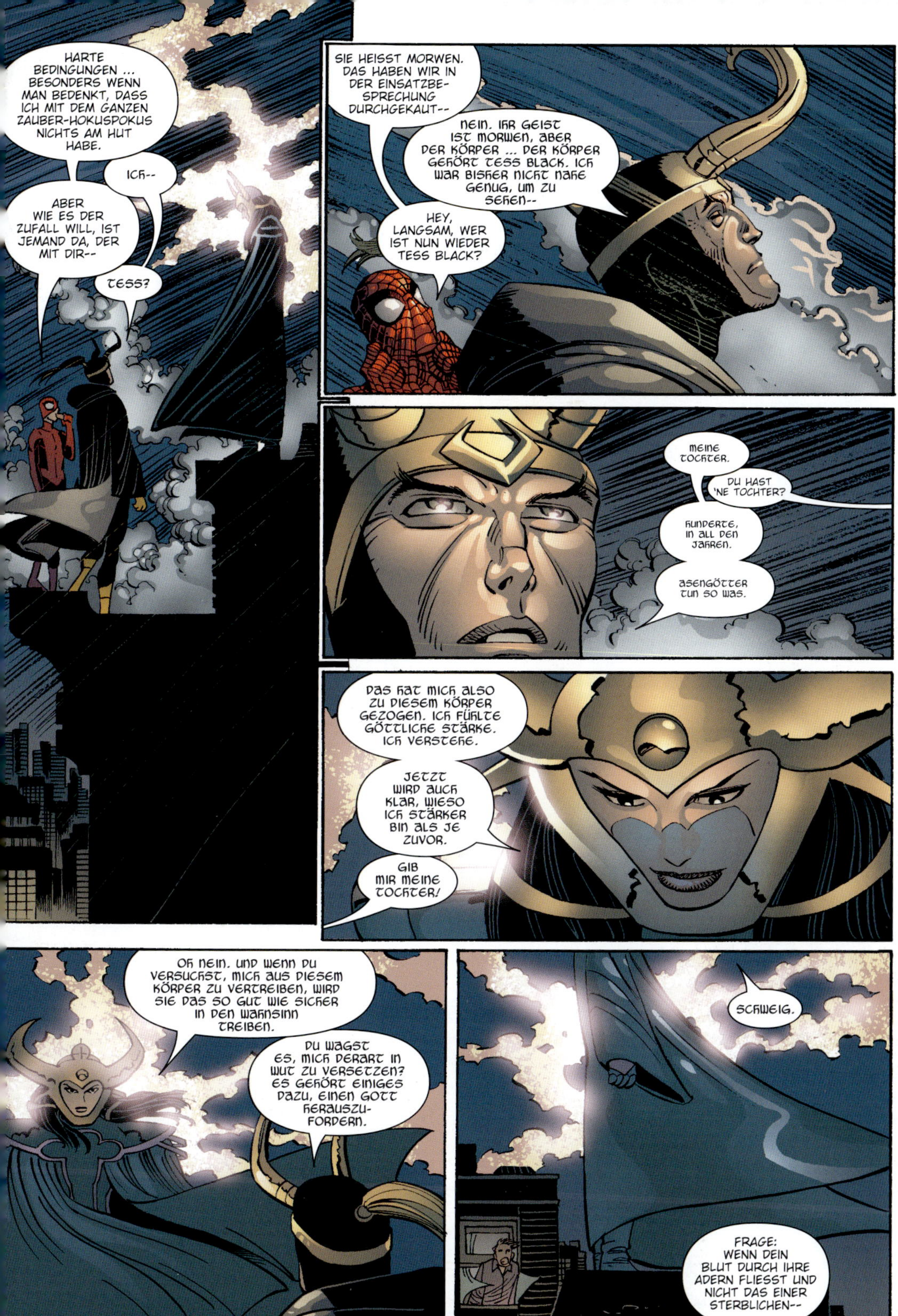

HARTE BEDINGUNGEN ... BESONDERS WENN MAN BEDENKT, DASS ICH MIT DEM GANZEN ZAUBER-HOKUSPOKUS NICHTS AM HUT HABE.
ICH--
ABER WIE ES DER ZUFALL WILL, IST JEMAND DA, DER MIT DIR--
TESS?
SIE HEISST MORWEN. DAS HABEN WIR IN DER EINSATZBE-SPRECHUNG DURCHGEKAUT--
NEIN. IHR GEIST IST MORWEN, ABER DER KÖRPER ... DER KÖRPER GEHÖRT TESS BLACK. ICH WAR BISHER NICHT NAHE GENUG, UM ZU SEHEN--
HEY, LANGSAM, WER IST NUN WIEDER TESS BLACK?
MEINE TOCHTER.
DU HAST 'NE TOCHTER?
HUNDERTE, IN ALL DEN JAHREN.
ASENGÖTTER TUN SO WAS.
DAS HAT MICH ALSO ZU DIESEM KÖRPER GEZOGEN. ICH FÜHLTE GÖTTLICHE STÄRKE. ICH VERSTEHE.
JETZT WIRD AUCH KLAR, WIESO ICH STÄRKER BIN ALS JE ZUVOR.
GIB MIR MEINE TOCHTER!
OH NEIN. UND WENN DU VERSUCHST, MICH AUS DIESEM KÖRPER ZU VERTREIBEN, WIRD SIE DAS SO GUT WIE SICHER IN DEN WAHNSINN TREIBEN.
DU WAGST ES, MICH DERART IN WUT ZU VERSETZEN? ES GEHÖRT EINIGES DAZU, EINEN GOTT HERAUSZU-FORDERN.
PSST ... HEY, SIR POSE-A-LOT ...
SCHWEIG.
FRAGE: WENN DEIN BLUT DURCH IHRE ADERN FLIESST UND NICHT DAS EINER STERBLICHEN--

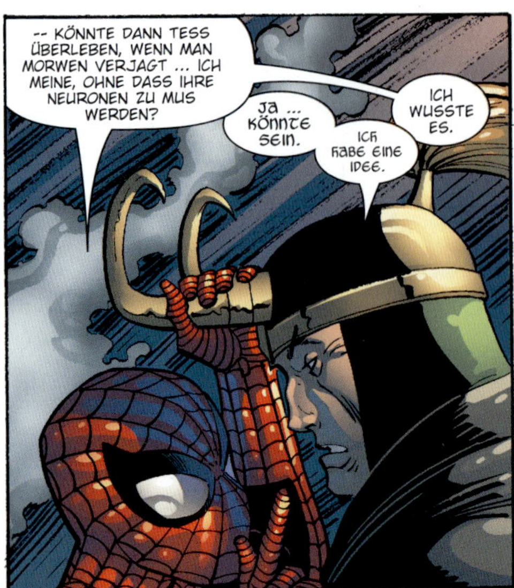

-- KÖNNTE DANN TESS ÜBERLEBEN, WENN MAN MORWEN VERJAGT ... ICH MEINE, OHNE DASS IHRE NEURONEN ZU MUS WERDEN?
JA ... KÖNNTE SEIN.
ICH WUSSTE ES.
ICH HABE EINE IDEE.

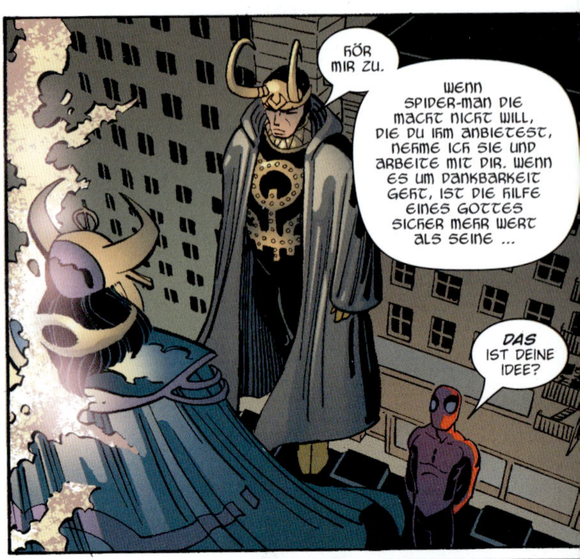

HÖR MIR ZU.
WENN SPIDER-MAN DIE MACHT NICHT WILL, DIE DU IHM ANBIETEST, NEHME ICH SIE UND ARBEITE MIT DIR. WENN ES UM DANKBARKEIT GEHT, IST DIE HILFE EINES GOTTES SICHER MEHR WERT ALS SEINE ...
DAS IST DEINE IDEE?

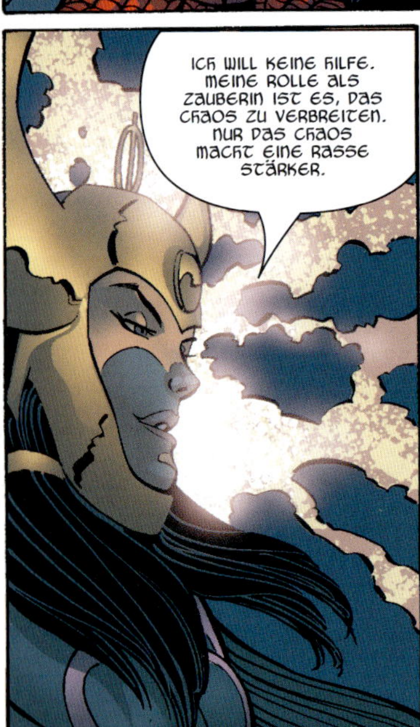

ICH WILL KEINE HILFE. MEINE ROLLE ALS ZAUBERIN IST ES, DAS CHAOS ZU VERBREITEN. NUR DAS CHAOS MACHT EINE RASSE STÄRKER.

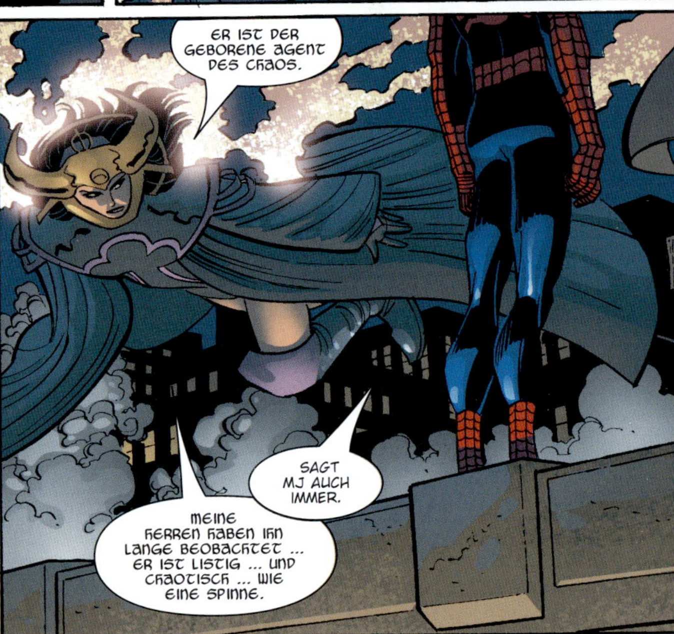

ER IST DER GEBORENE AGENT DES CHAOS.
MEINE HERREN HABEN IHN LANGE BEOBACHTET ... ER IST LISTIG ... UND CHAOTISCH ... WIE EINE SPINNE.
SAGT MJ AUCH IMMER.

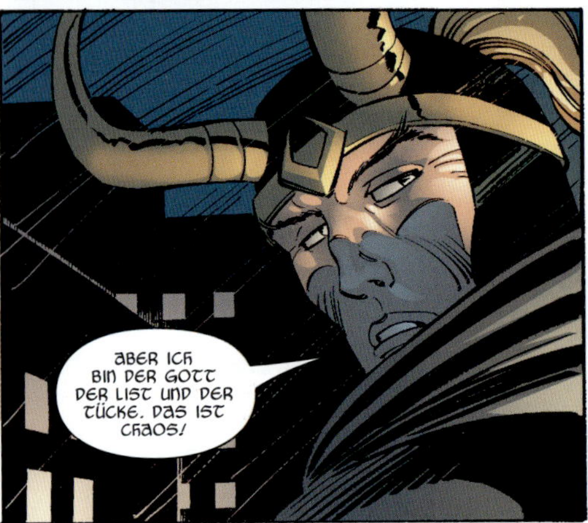

ABER ICH BIN DER GOTT DER LIST UND DER TÜCKE. DAS IST CHAOS!

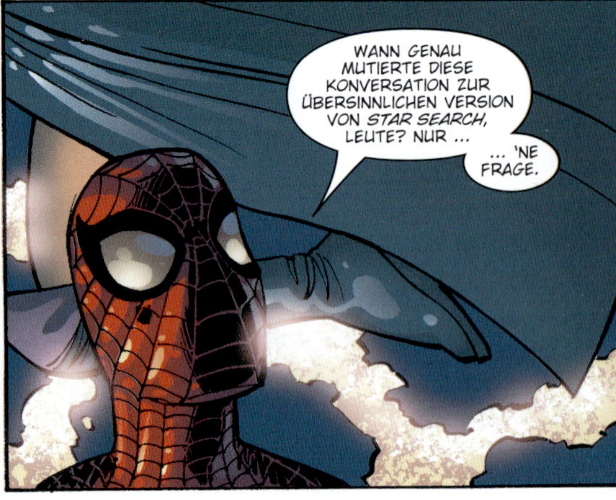

WANN GENAU MUTIERTE DIESE KONVERSATION ZUR ÜBERSINNLICHEN VERSION VON *STAR SEARCH*, LEUTE? NUR ...
... 'NE FRAGE.

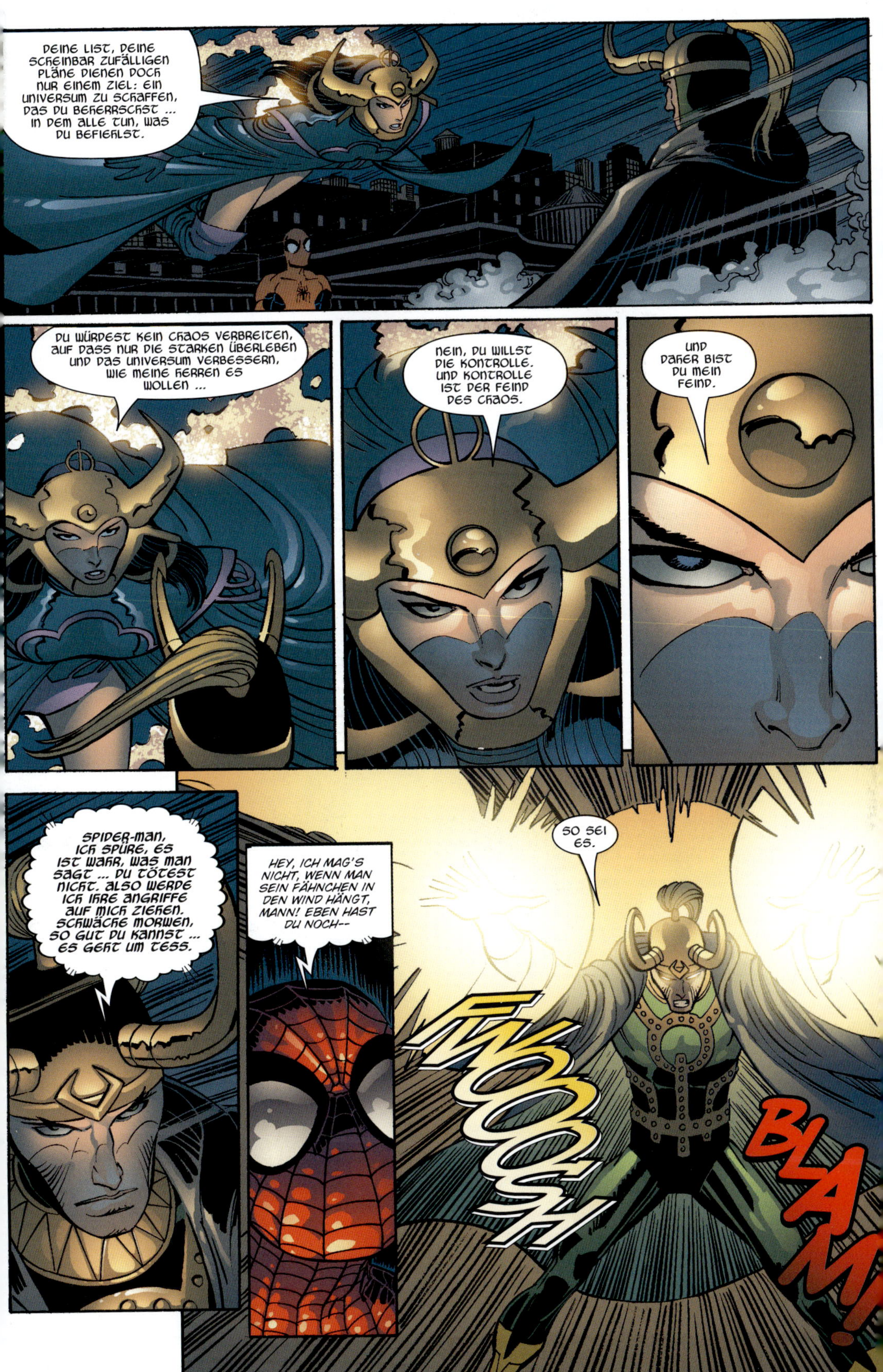
DEINE LIST, DEINE SCHEINBAR ZUFÄLLIGEN PLÄNE DIENEN DOCH NUR EINEM ZIEL: EIN UNIVERSUM ZU SCHAFFEN, DAS DU BEHERRSCHST ... IN DEM ALLE TUN, WAS DU BEFIEHLST.
DU WÜRDEST KEIN CHAOS VERBREITEN, AUF DASS NUR DIE STARKEN ÜBERLEBEN UND DAS UNIVERSUM VERBESSERN, WIE MEINE HERREN ES WOLLEN ...
NEIN, DU WILLST DIE KONTROLLE. UND KONTROLLE IST DER FEIND DES CHAOS.
UND DAHER BIST DU MEIN FEIND.
SPIDER-MAN, ICH SPÜRE, ES IST WAHR, WAS MAN SAGT ... DU TÖTEST NICHT. ALSO WERDE ICH IHRE ANGRIFFE AUF MICH ZIEHEN. SCHWÄCHE MORWEN, SO GUT DU KANNST ... ES GEHT UM TESS.
HEY, ICH MAG'S NICHT, WENN MAN SEIN FÄHNCHEN IN DEN WIND HÄNGT, MANN! EBEN HAST DU NOCH--
SO SEI ES.
FWOOOSH
BLAM!

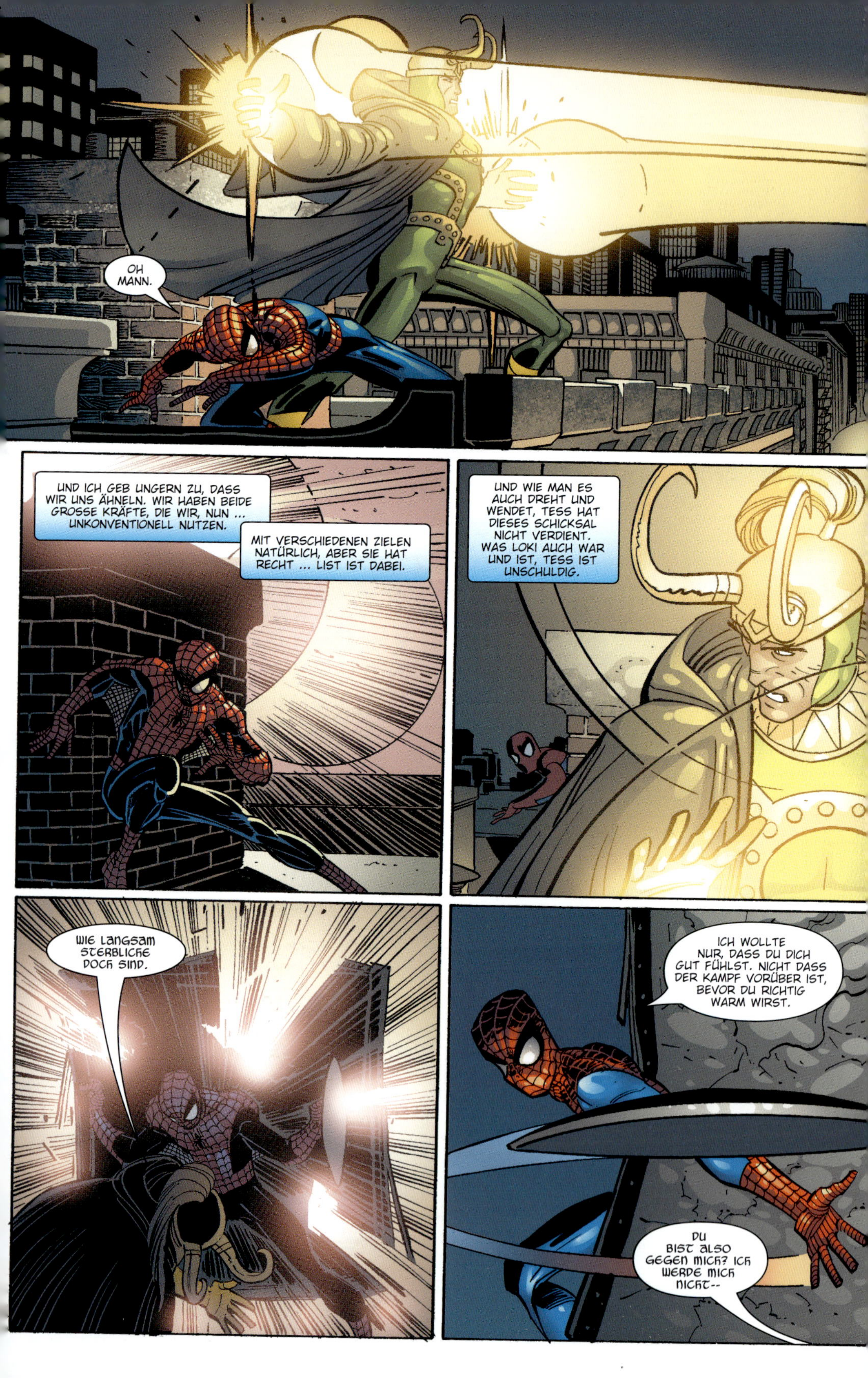
OH MANN.
UND ICH GEB UNGERN ZU, DASS WIR UNS ÄHNELN. WIR HABEN BEIDE GROSSE KRÄFTE, DIE WIR, NUN ... UNKONVENTIONELL NUTZEN.
MIT VERSCHIEDENEN ZIELEN NATÜRLICH, ABER SIE HAT RECHT ... LIST IST DABEI.
UND WIE MAN ES AUCH DREHT UND WENDET, TESS HAT DIESES SCHICKSAL NICHT VERDIENT. WAS LOKI AUCH WAR UND IST, TESS IST UNSCHULDIG.
WIE LANGSAM STERBLICHE DOCH SIND.
ICH WOLLTE NUR, DASS DU DICH GUT FÜHLST. NICHT DASS DER KAMPF VORÜBER IST, BEVOR DU RICHTIG WARM WIRST.
DU BIST ALSO GEGEN MICH? ICH WERDE MICH NICHT--

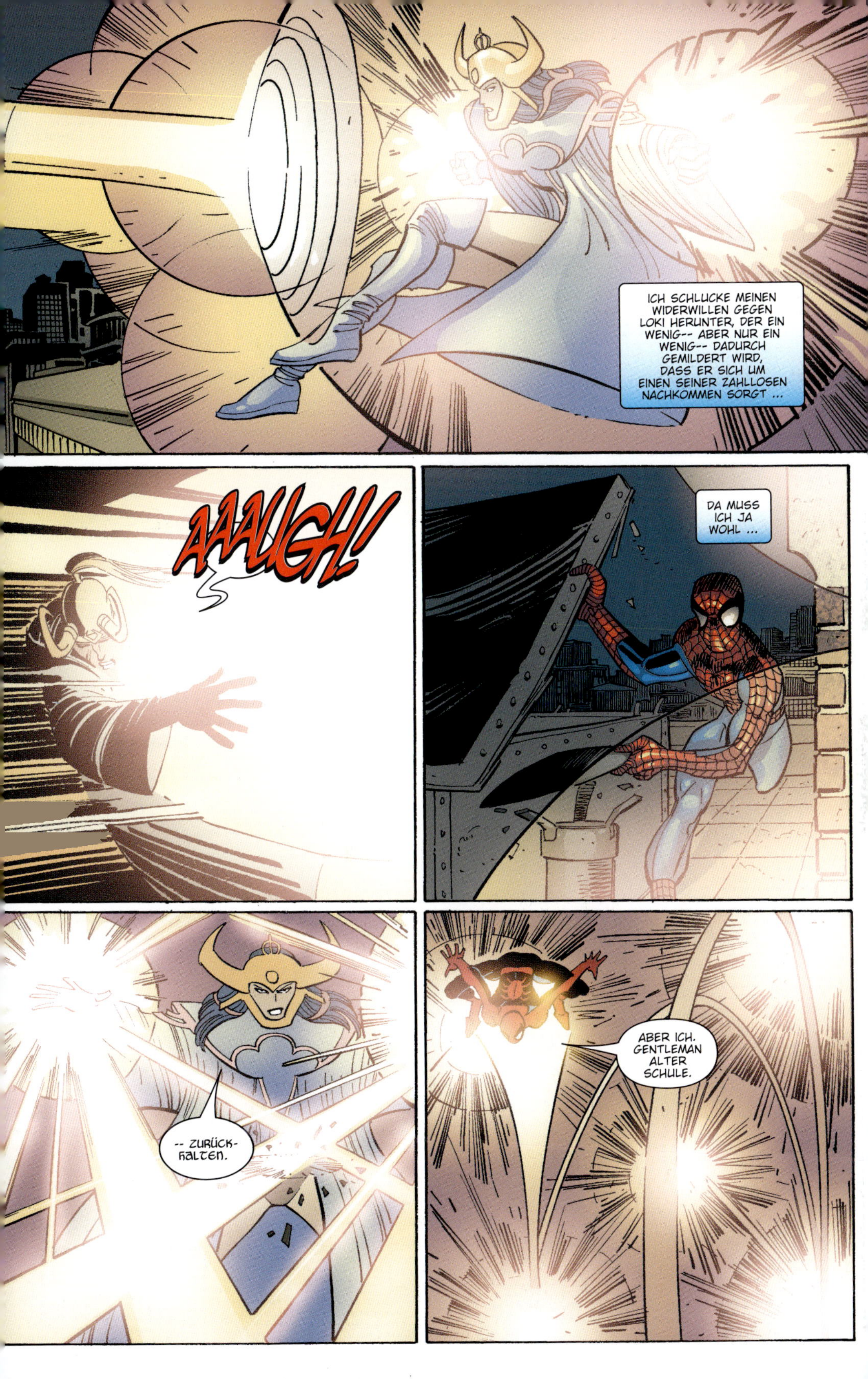
ICH SCHLUCKE MEINEN WIDERWILLEN GEGEN LOKI HERUNTER, DER EIN WENIG-- ABER NUR EIN WENIG-- DADURCH GEMILDERT WIRD, DASS ER SICH UM EINEN SEINER ZAHLLOSEN NACHKOMMEN SORGT ...
AAAUGH!
DA MUSS ICH JA WOHL ...
-- ZURÜCK-HALTEN.
ABER ICH. GENTLEMAN ALTER SCHULE.

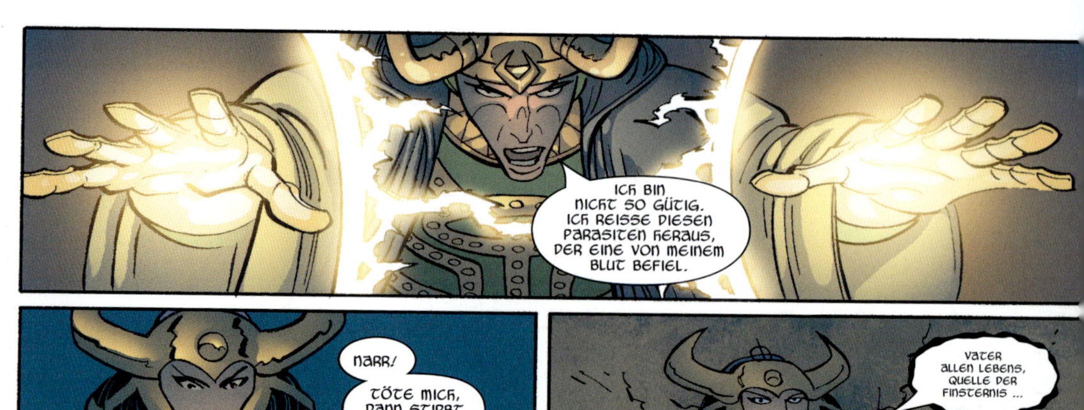
ICH BIN NICHT SO GÜTIG. ICH REISSE DIESEN PARASITEN HERAUS, DER EINE VON MEINEM BLUT BEFIEL.

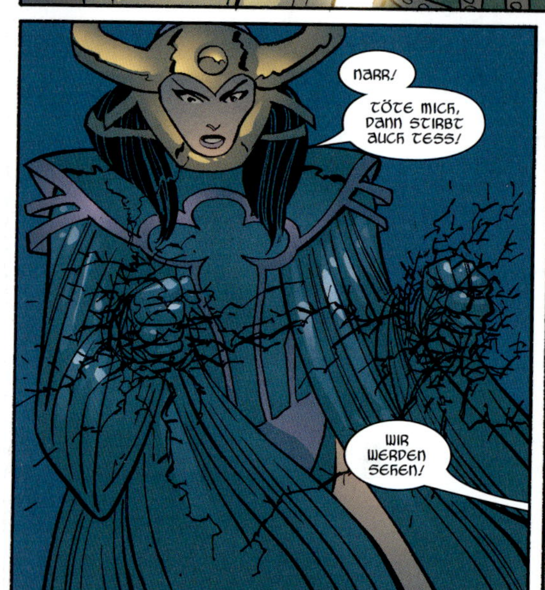
NARR!
TÖTE MICH, DANN STIRBT AUCH TESS!
WIR WERDEN SEHEN!

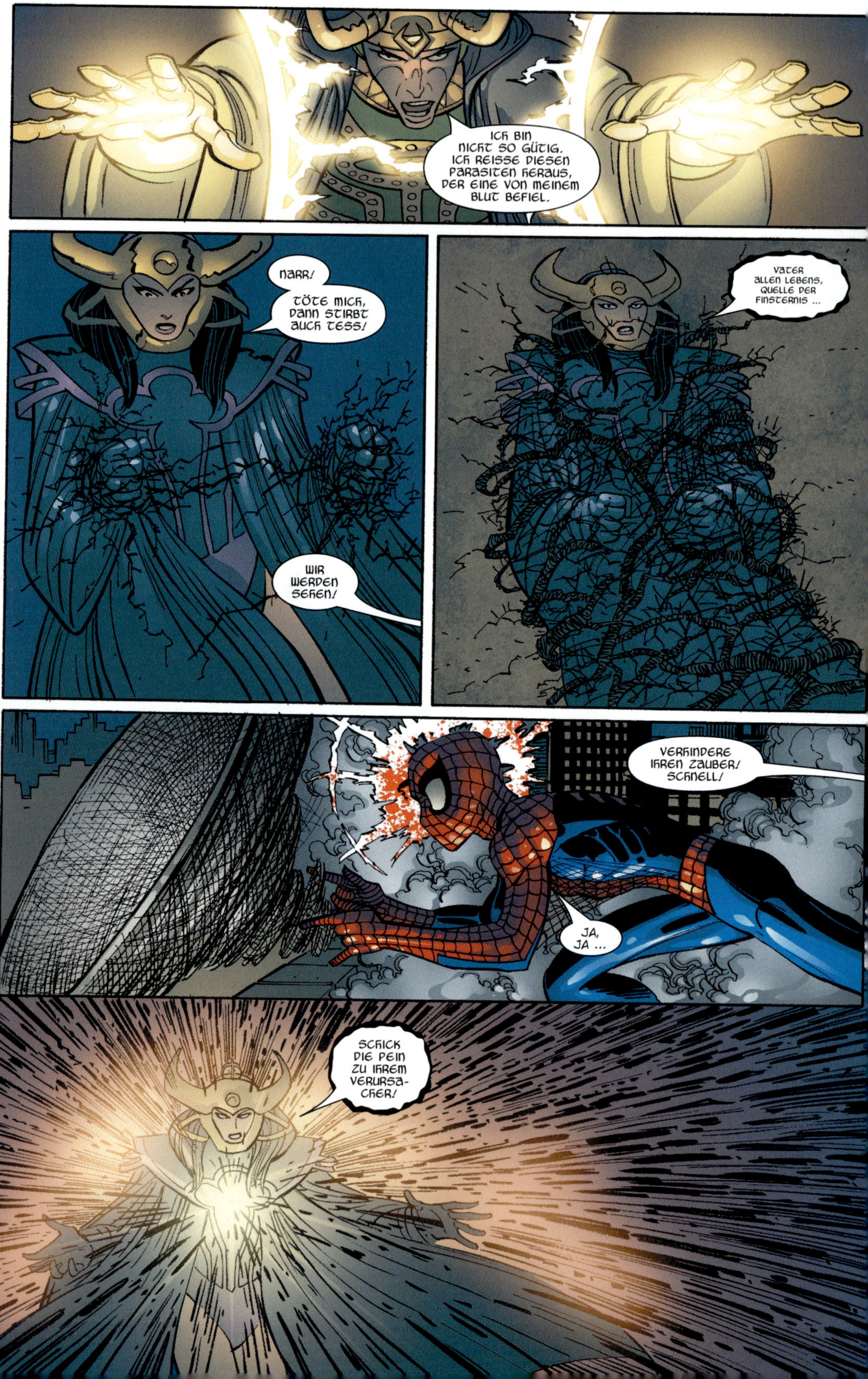

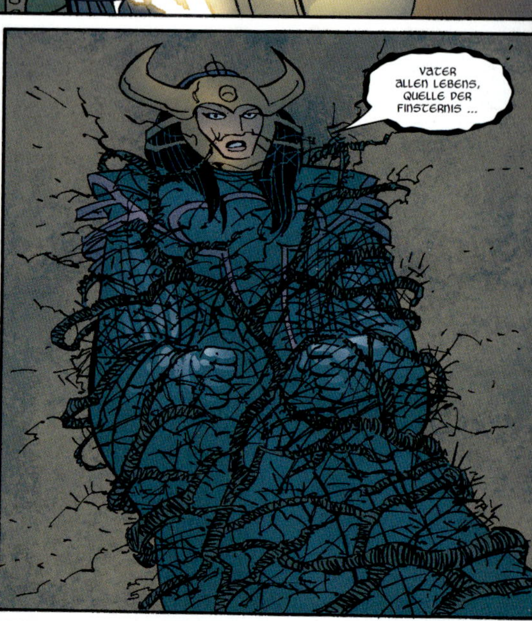
VATER ALLEN LEBENS, QUELLE DER FINSTERNIS ...

VERHINDERE IHREN ZAUBER! SCHNELL!
JA, JA ...

SCHICK DIE PEIN ZU IHREM VERURSA-CHER!

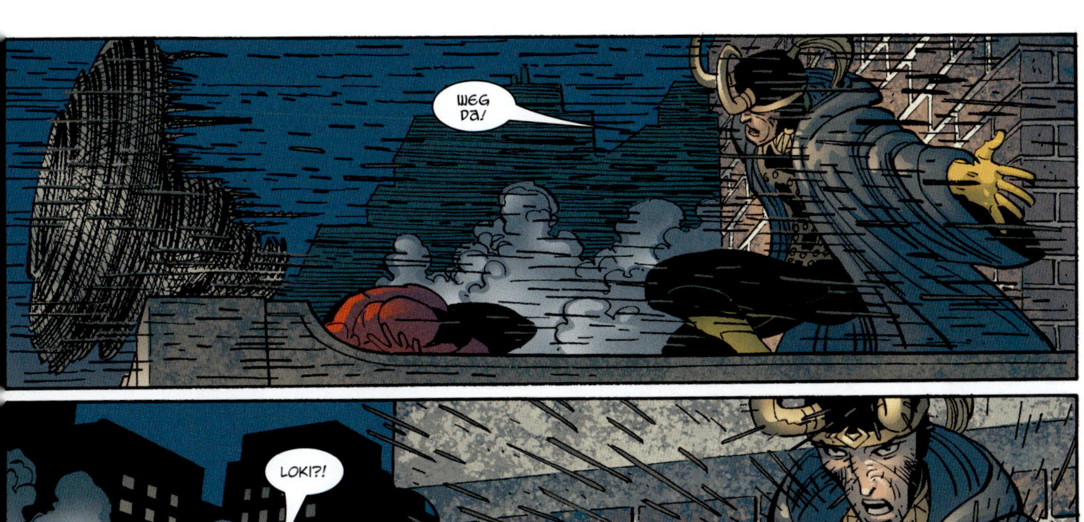
WEG DA!
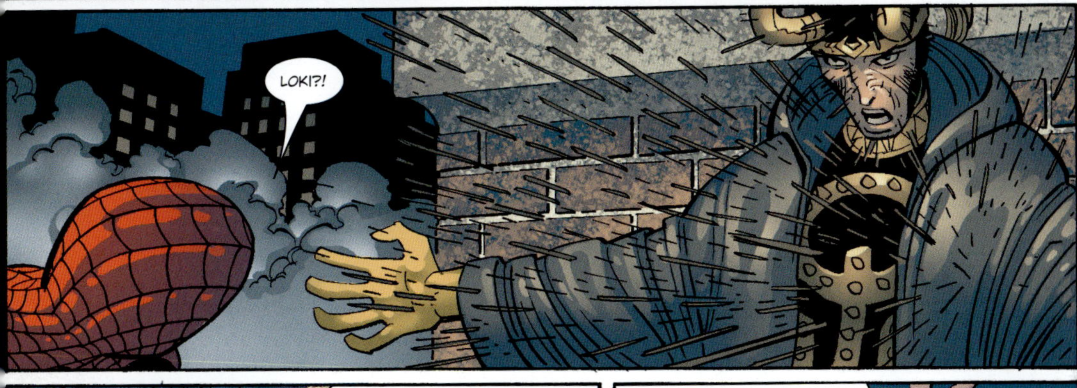
LOKI?!
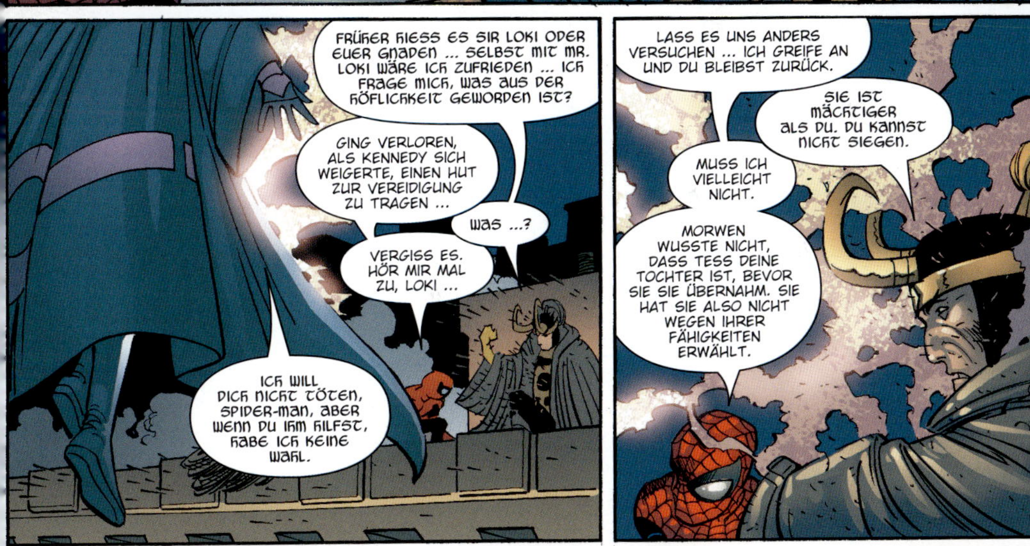
FRÜHER HIESS ES SIR LOKI ODER EUER GNADEN ... SELBST MIT MR. LOKI WÄRE ICH ZUFRIEDEN ... ICH FRAGE MICH, WAS AUS DER HÖFLICHKEIT GEWORDEN IST?
GING VERLOREN, ALS KENNEDY SICH WEIGERTE, EINEN HUT ZUR VEREIDIGUNG ZU TRAGEN ...
WAS ...?
VERGISS ES. HÖR MIR MAL ZU, LOKI ...
ICH WILL DICH NICHT TÖTEN, SPIDER-MAN, ABER WENN DU IHM HILFST, HABE ICH KEINE WAHL.
LASS ES UNS ANDERS VERSUCHEN ... ICH GREIFE AN UND DU BLEIBST ZURÜCK.
SIE IST MÄCHTIGER ALS DU. DU KANNST NICHT SIEGEN.
MUSS ICH VIELLEICHT NICHT.
MORWEN WUSSTE NICHT, DASS TESS DEINE TOCHTER IST, BEVOR SIE SIE ÜBERNAHM. SIE HAT SIE ALSO NICHT WEGEN IHRER FÄHIGKEITEN ERWÄHLT.
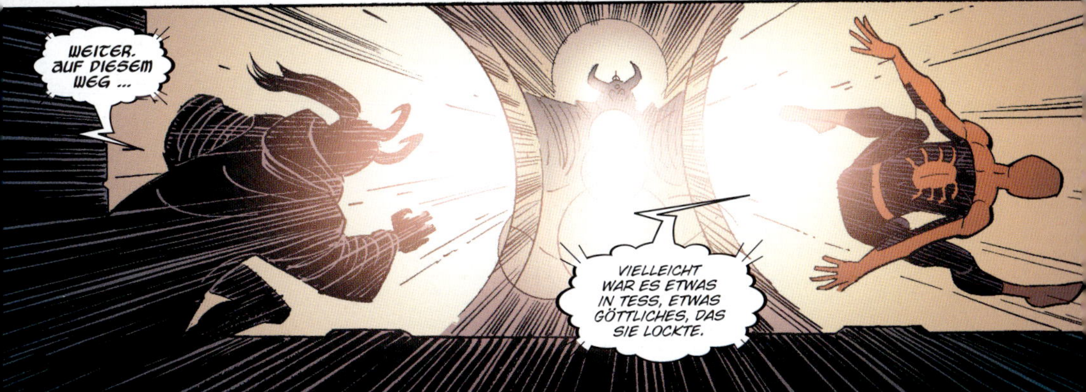
WEITER. AUF DIESEM WEG ...
VIELLEICHT WAR ES ETWAS IN TESS, ETWAS GÖTTLICHES, DAS SIE LOCKTE.

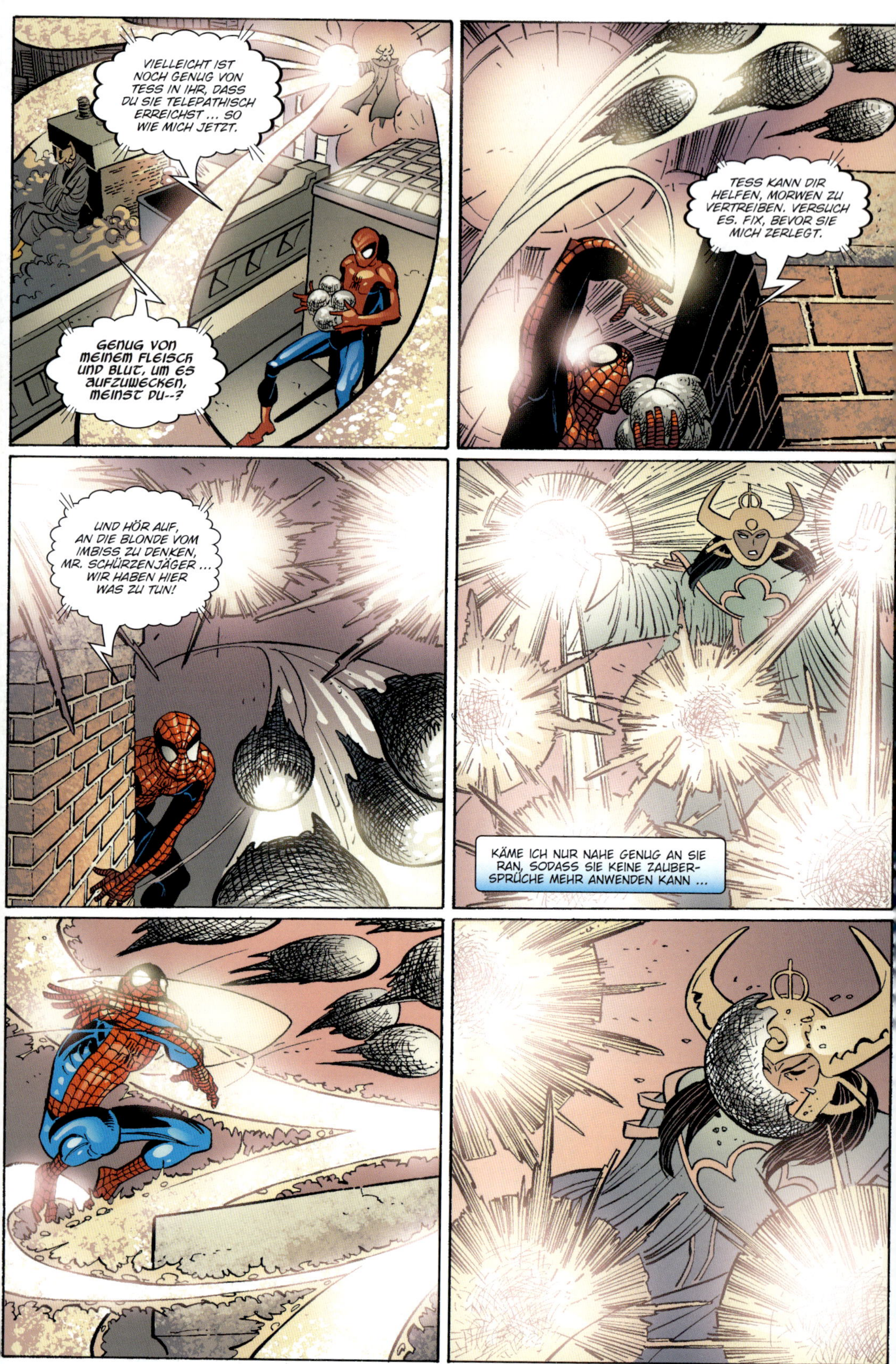
VIELLEICHT IST NOCH GENUG VON TESS IN IHR, DASS DU SIE TELEPATHISCH ERREICHST ... SO WIE MICH JETZT.
GENUG VON MEINEM FLEISCH UND BLUT, UM ES AUFZUWECKEN, MEINST DU--?
TESS KANN DIR HELFEN, MORWEN ZU VERTREIBEN. VERSUCH ES. FIX, BEVOR SIE MICH ZERLEGT.
UND HÖR AUF, AN DIE BLONDE VOM IMBISS ZU DENKEN, MR. SCHÜRZENJÄGER ... WIR HABEN HIER WAS ZU TUN!
KÄME ICH NUR NAHE GENUG AN SIE RAN, SODASS SIE KEINE ZAUBERSPRÜCHE MEHR ANWENDEN KANN ...

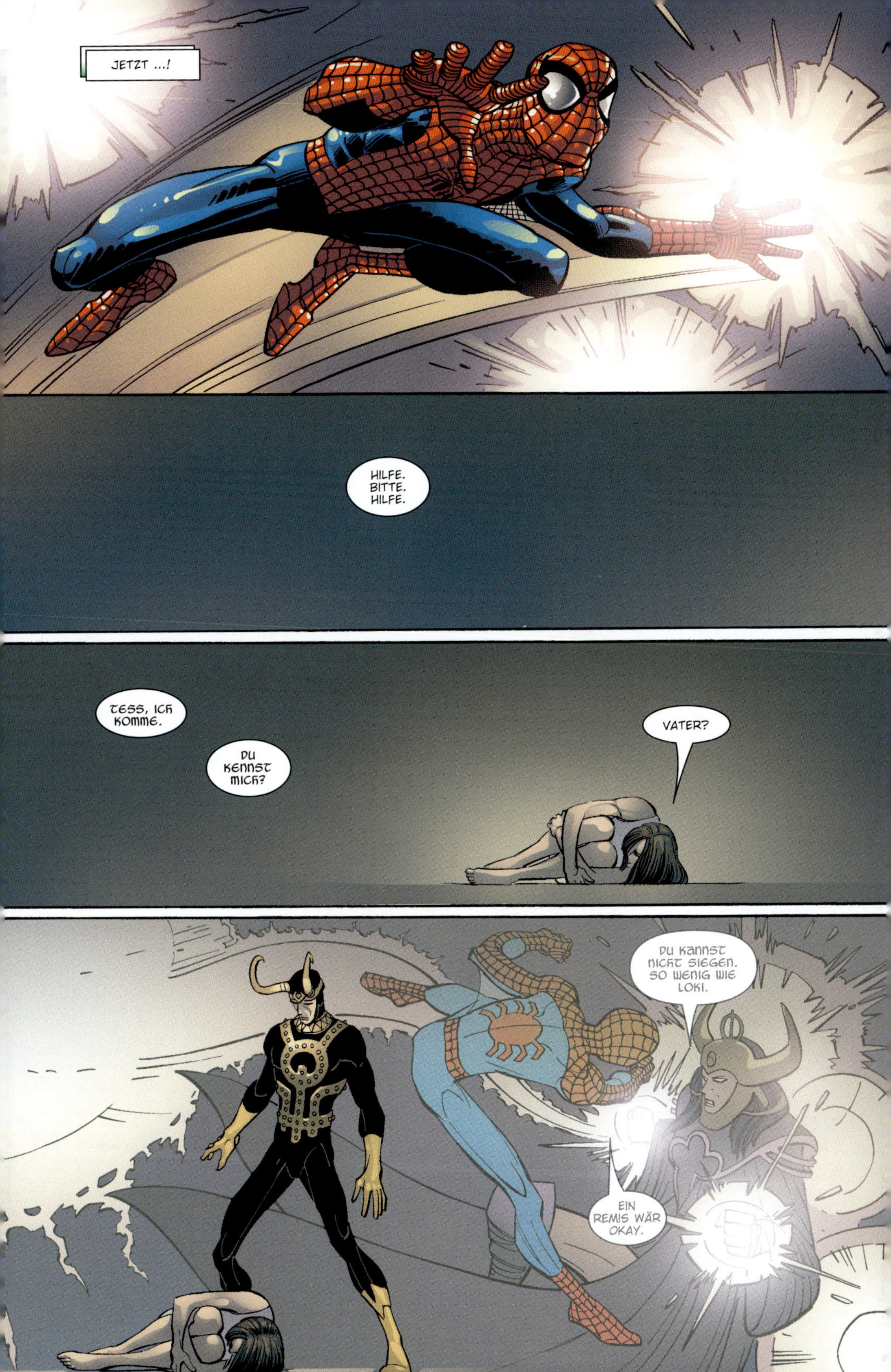
JETZT ...!
HILFE. BITTE. HILFE.
TESS, ICH KOMME.
DU KENNST MICH?
VATER?
DU KANNST NICHT SIEGEN. SO WENIG WIE LOKI.
EIN REMIS WÄR OKAY.

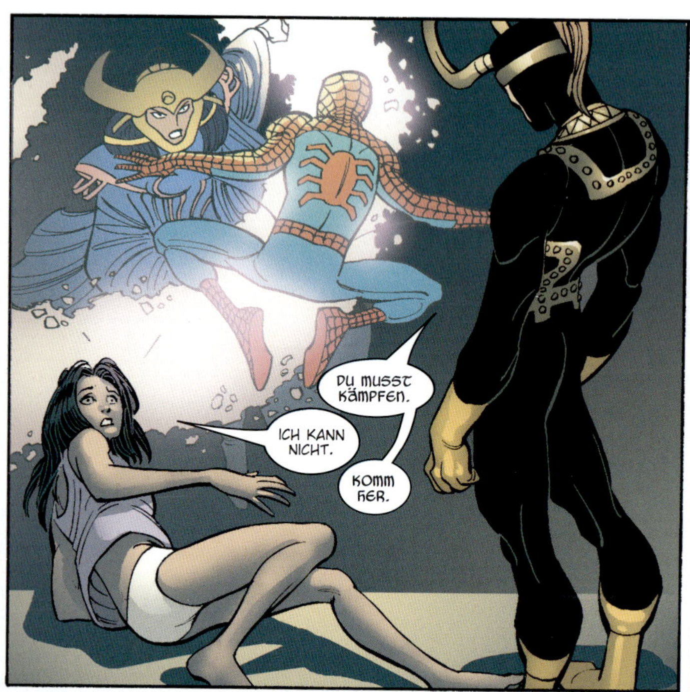
DU MUSST KÄMPFEN.
ICH KANN NICHT.
KOMM HER.
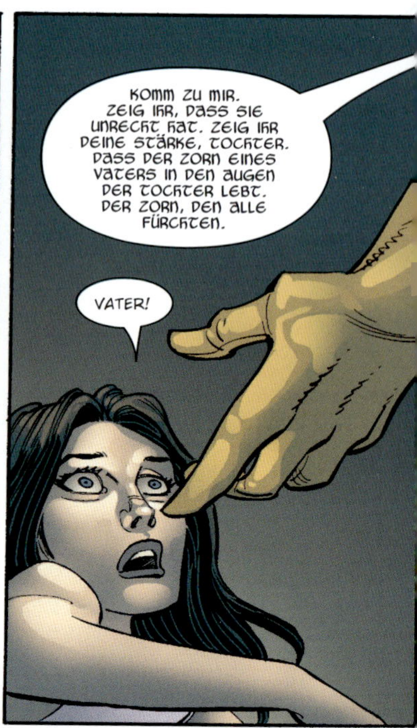
KOMM ZU MIR. ZEIG IHR, DASS SIE UNRECHT HAT. ZEIG IHR DEINE STÄRKE, TOCHTER. DASS DER ZORN EINES VATERS IN DEN AUGEN DER TOCHTER LEBT. DER ZORN, DEN ALLE FÜRCHTEN.
VATER!
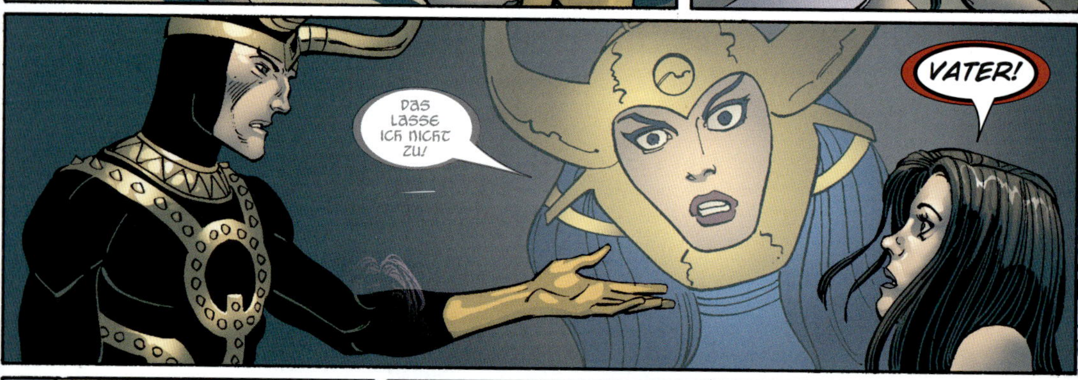
DAS LASSE ICH NICHT ZU!
VATER!
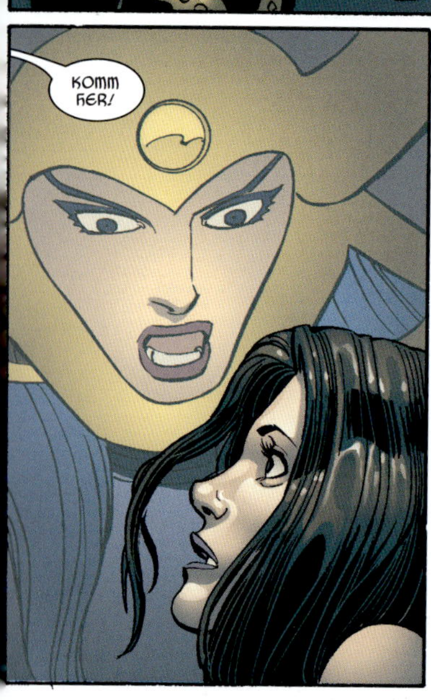
KOMM HER!
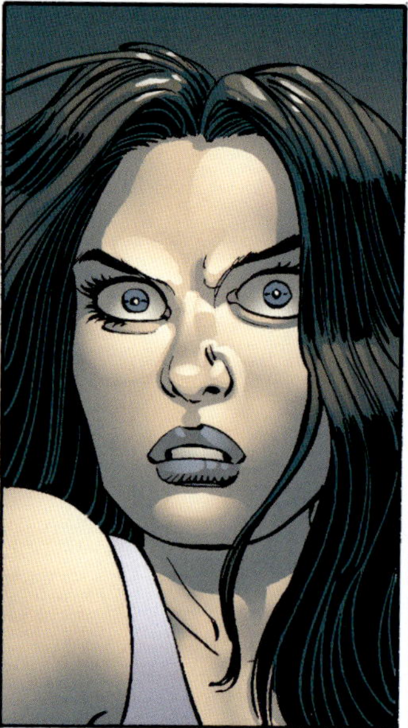
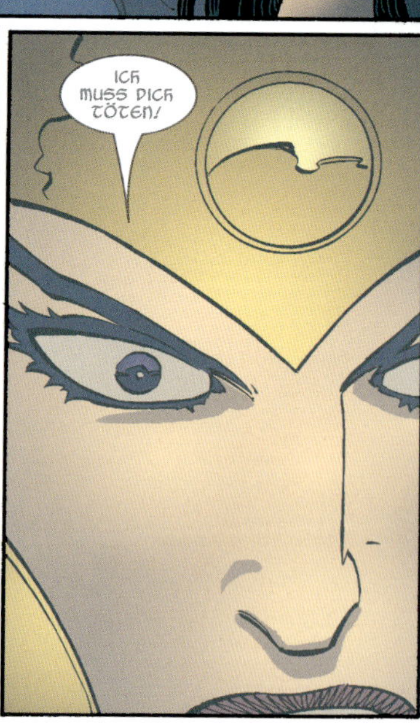
ICH MUSS DICH TÖTEN!

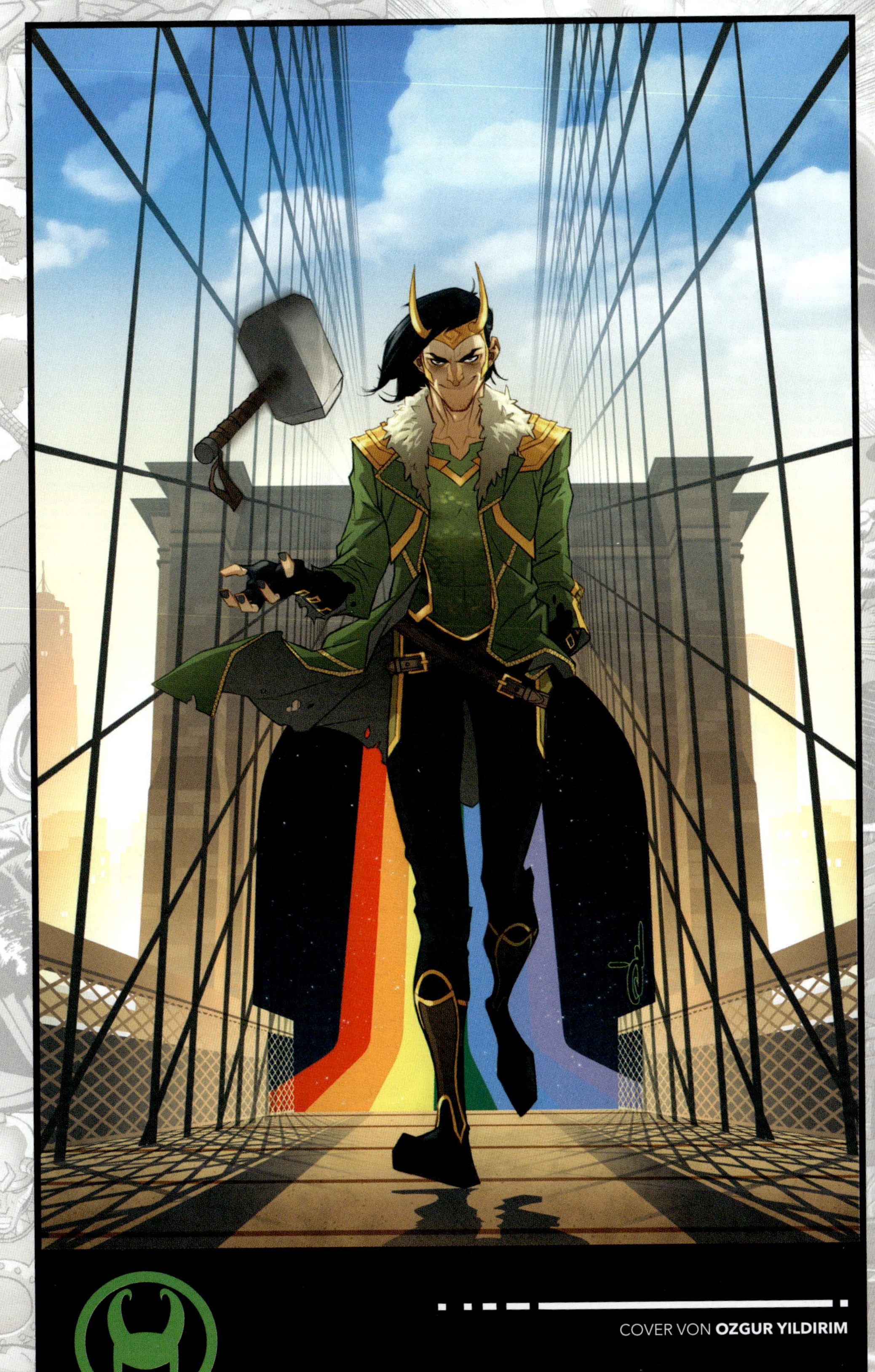

COVER VON **OZGUR YILDIRIM**

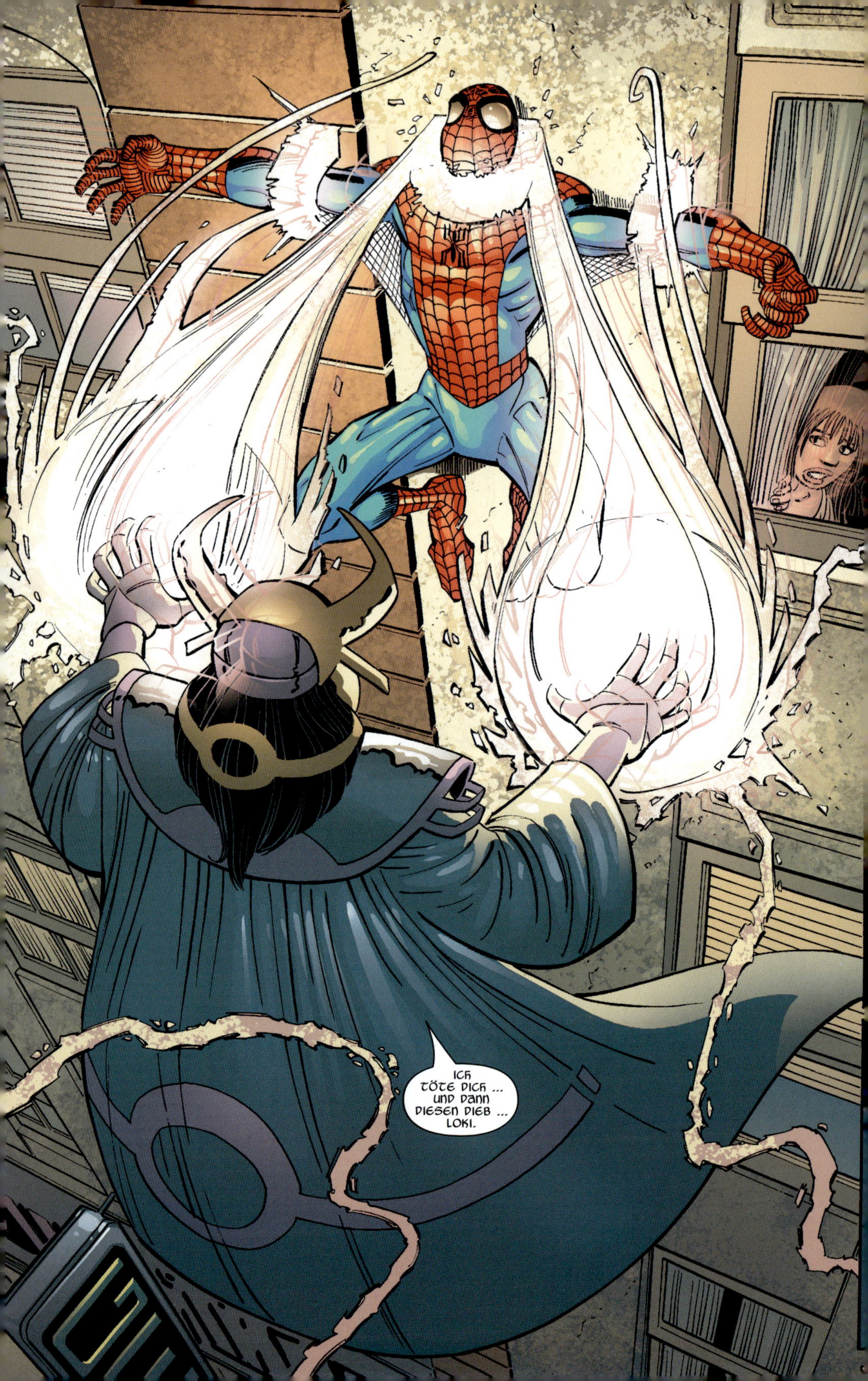
ICH TÖTE DICH ... UND DANN DIESEN DIEB ... LOKI.

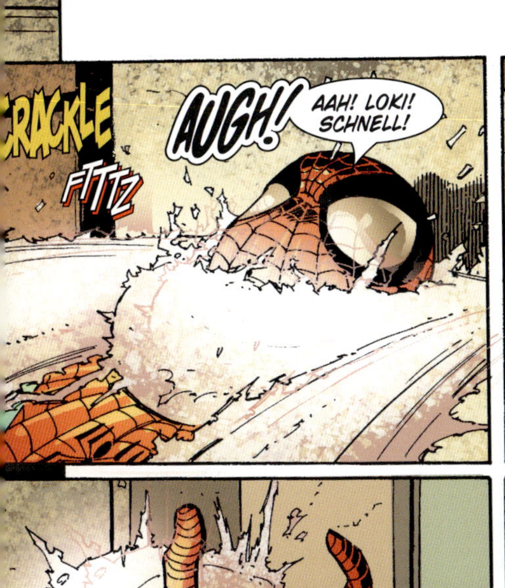
CRACKLE
FTTTZ
AUGH!
AAH! LOKI! SCHNELL!

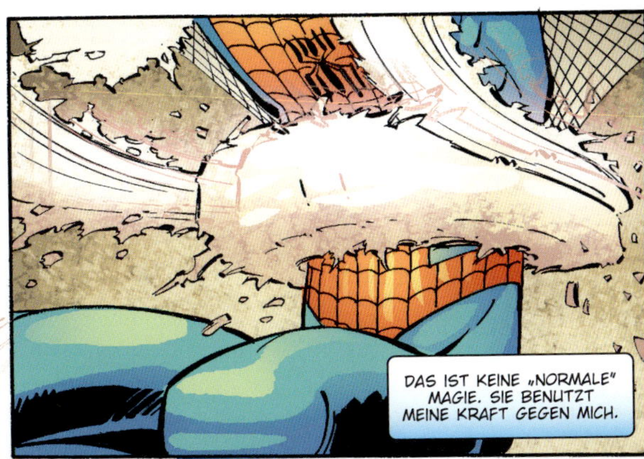
DAS IST KEINE „NORMALE" MAGIE. SIE BENUTZT MEINE KRAFT GEGEN MICH.

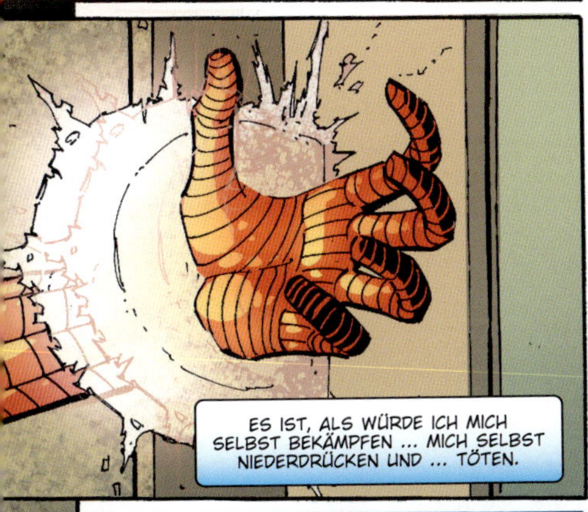
ES IST, ALS WÜRDE ICH MICH SELBST BEKÄMPFEN ... MICH SELBST NIEDERDRÜCKEN UND ... TÖTEN.

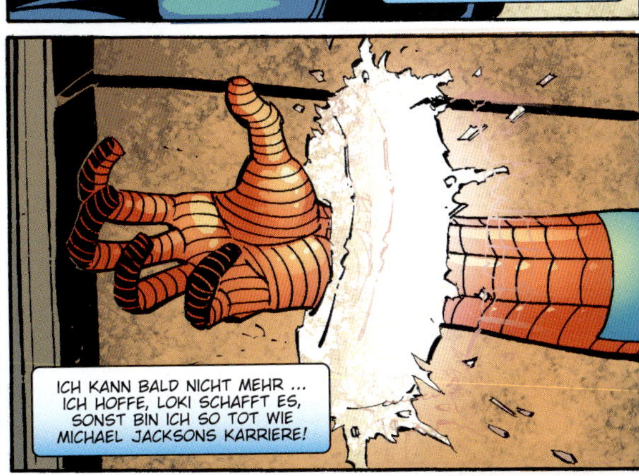
ICH KANN BALD NICHT MEHR ... ICH HOFFE, LOKI SCHAFFT ES, SONST BIN ICH SO TOT WIE MICHAEL JACKSONS KARRIERE!

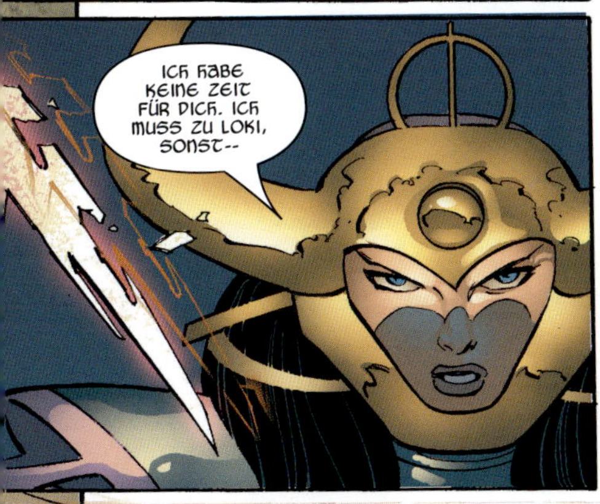
ICH HABE KEINE ZEIT FÜR DICH. ICH MUSS ZU LOKI, SONST--

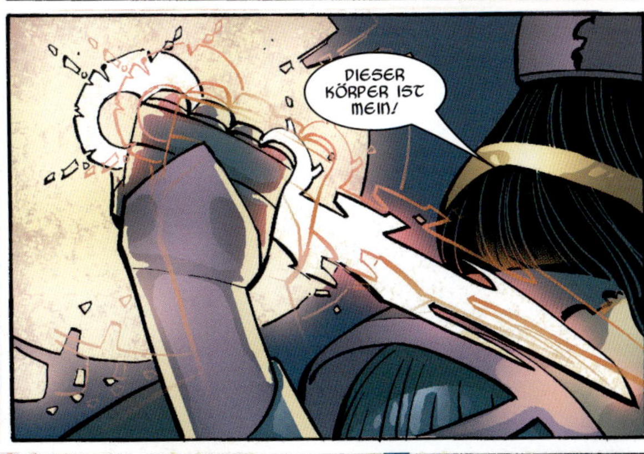
DIESER KÖRPER IST MEIN!

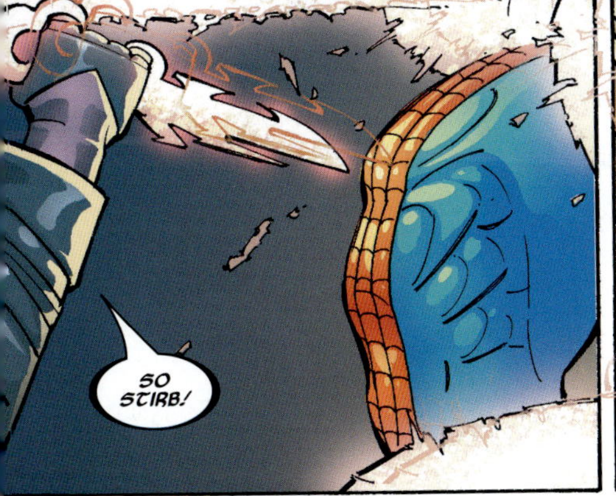
SO STIRB!

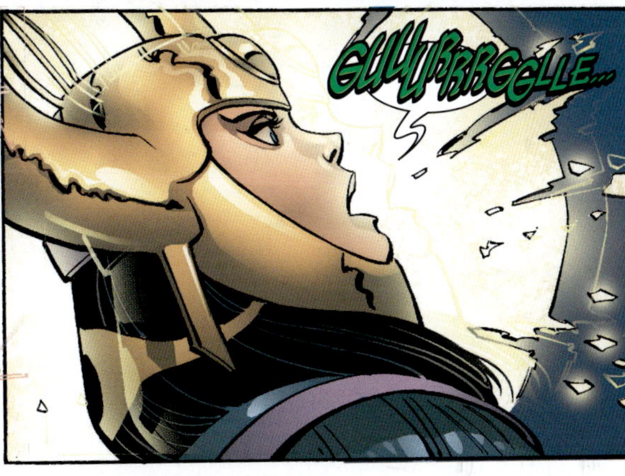
GUUURRRGGLLE...

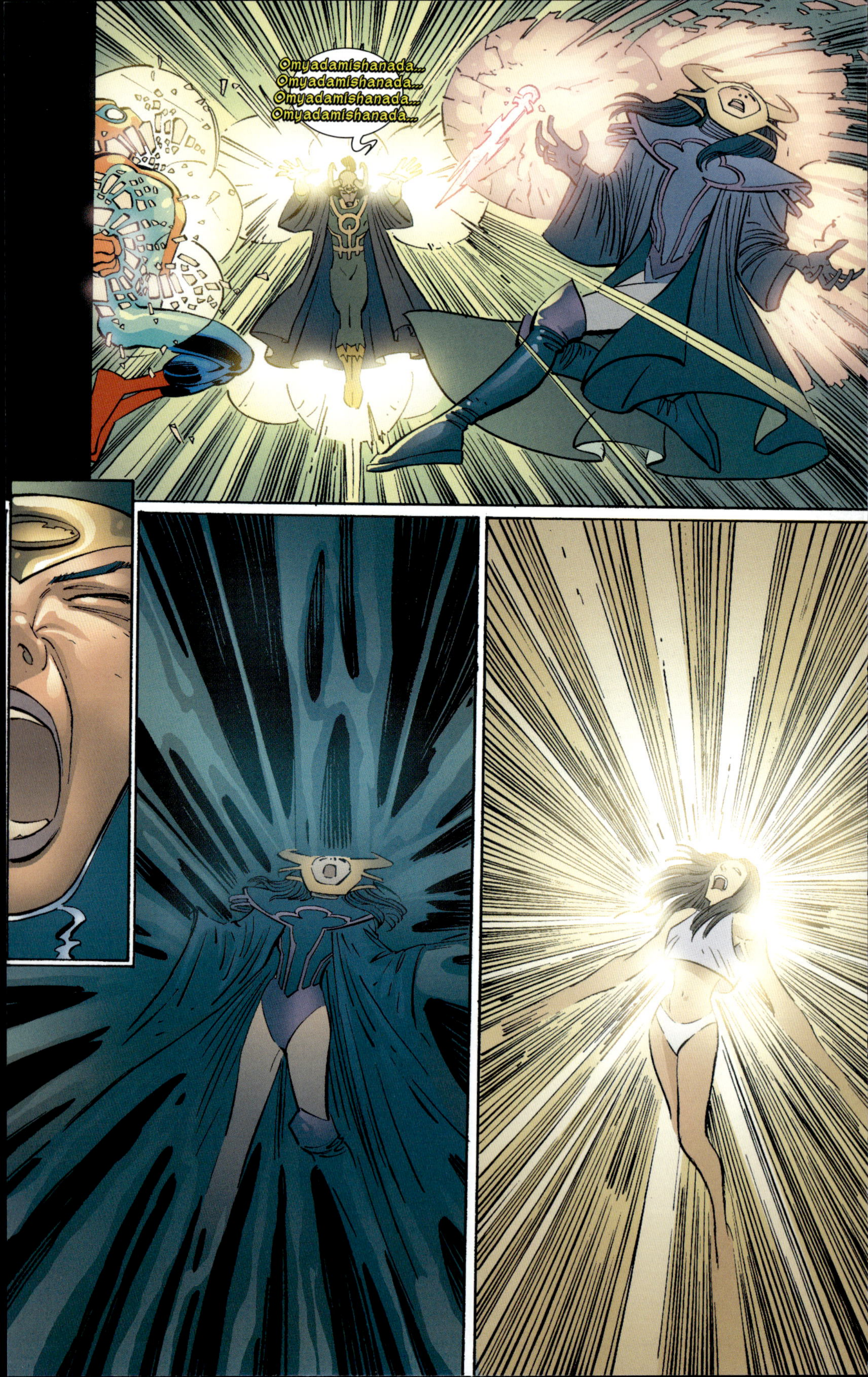
Omyadamishanada... Omyadamishanada... Omyadamishanada... Omyadamishanada...

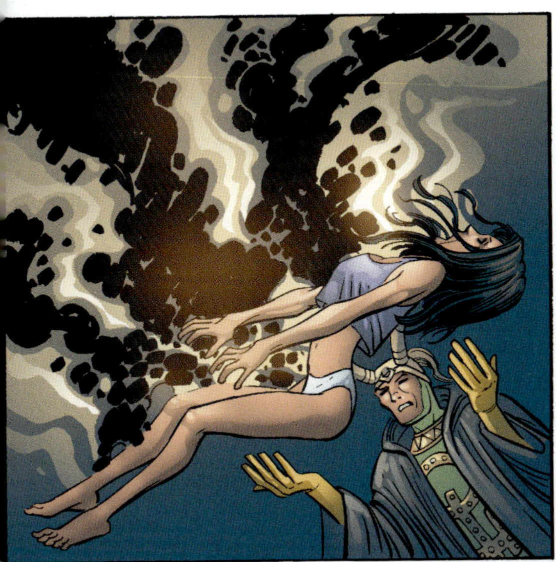
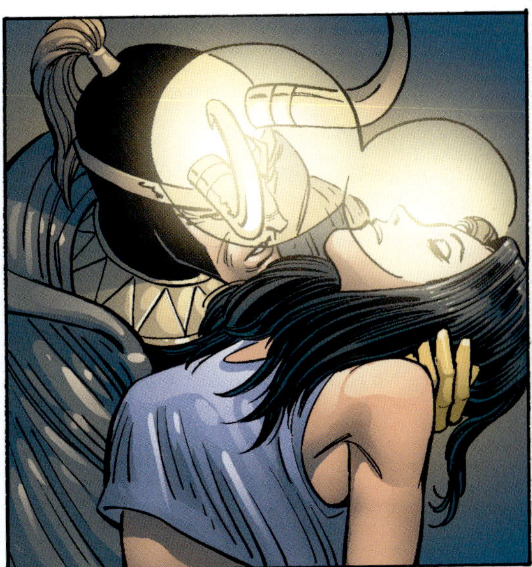
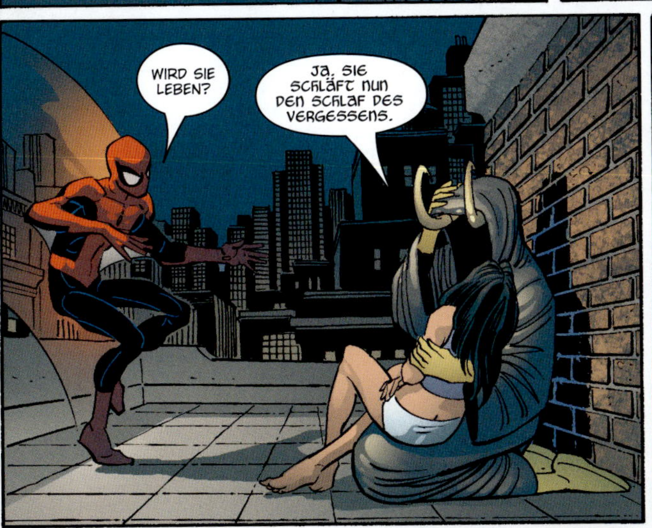
WIRD SIE LEBEN?
JA. SIE SCHLÄFT NUN DEN SCHLAF DES VERGESSENS.
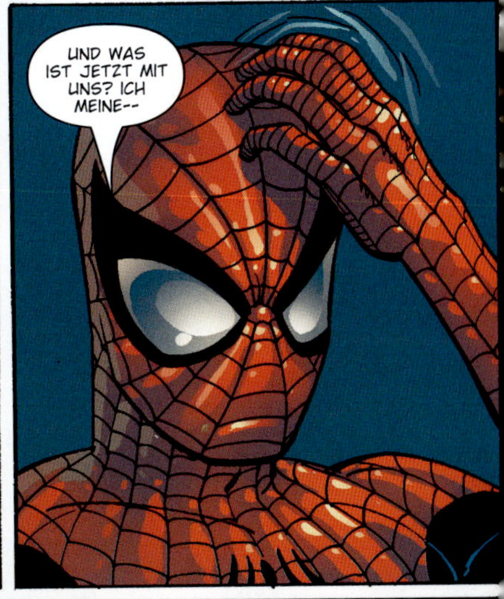
UND WAS IST JETZT MIT UNS? ICH MEINE--
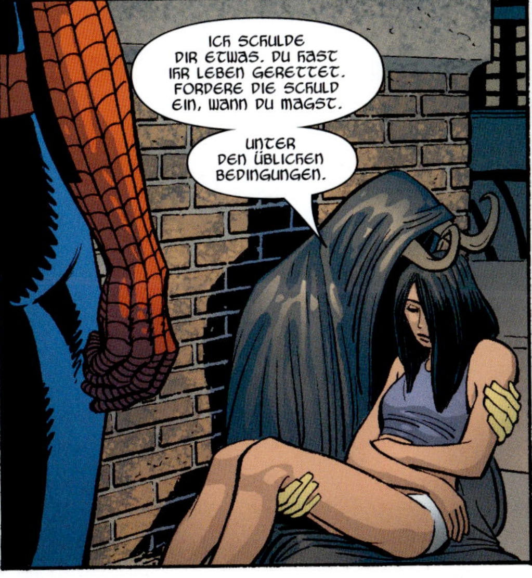
ICH SCHULDE DIR ETWAS. DU HAST IHR LEBEN GERETTET. FORDERE DIE SCHULD EIN, WANN DU MAGST.
UNTER DEN ÜBLICHEN BEDINGUNGEN.
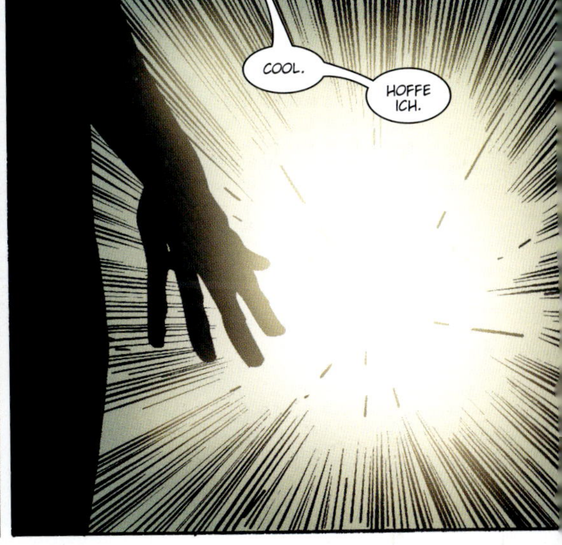
COOL.
HOFFE ICH.

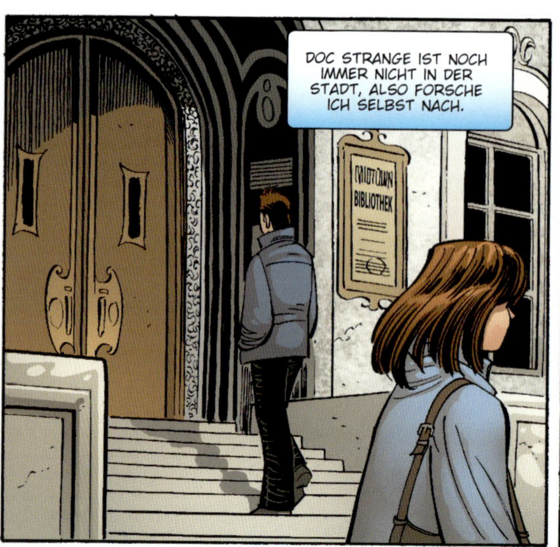
DOC STRANGE IST NOCH IMMER NICHT IN DER STADT, ALSO FORSCHE ICH SELBST NACH.
BIBLIOTHEK

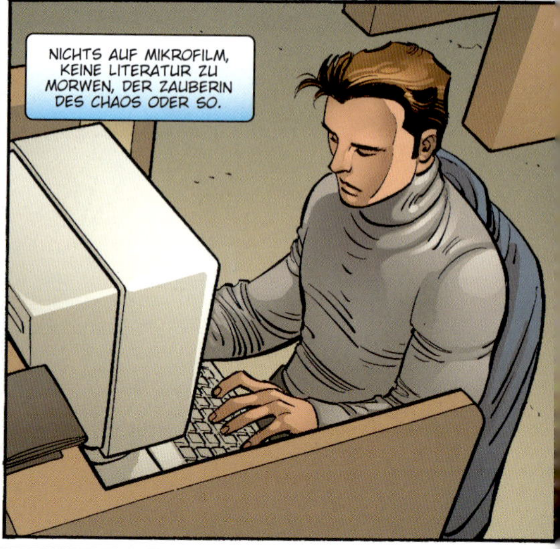
NICHTS AUF MIKROFILM, KEINE LITERATUR ZU MORWEN, DER ZAUBERIN DES CHAOS ODER SO.

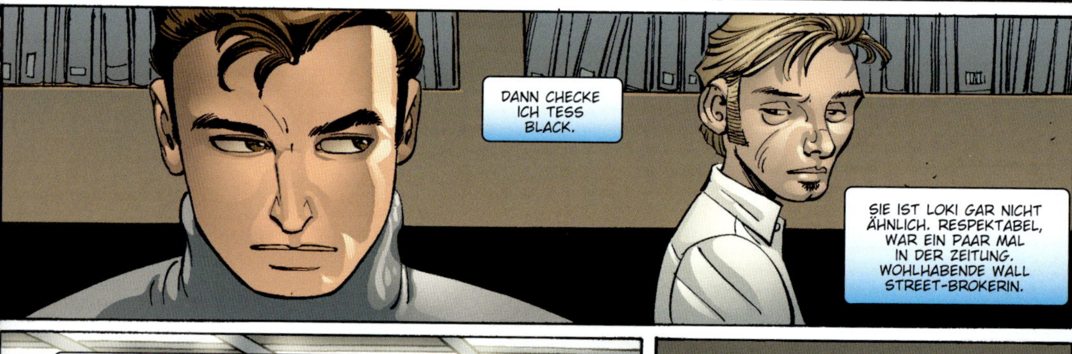
DANN PROBIERE ICH'S ONLINE. ES KOMMEN NUR PORNOSEITEN. ZUM GLÜCK HAT DIE BIBLIOTHEK EINEN FILTER DAFÜR. PEINLICH.
Shopping
Money
People & Chat
Search
MORWEN + ZAUBERIN DES CHAOS
DANN CHECKE ICH TESS BLACK.
SIE IST LOKI GAR NICHT ÄHNLICH. RESPEKTABEL, WAR EIN PAAR MAL IN DER ZEITUNG. WOHLHABENDE WALL STREET-BROKERIN.

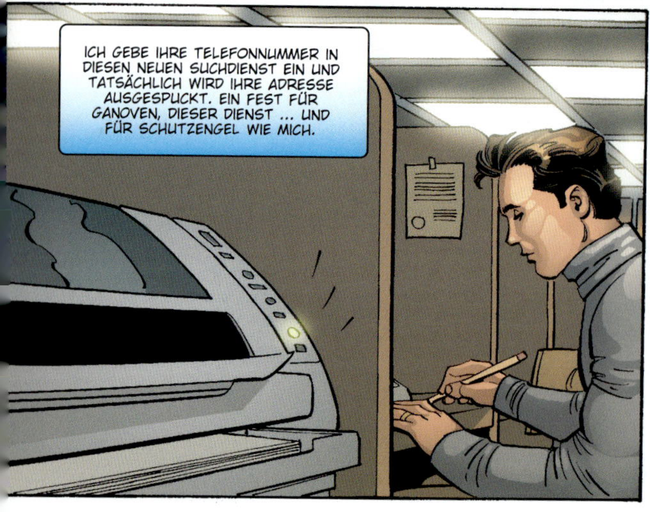
ICH GEBE IHRE TELEFONNUMMER IN DIESEN NEUEN SUCHDIENST EIN UND TATSÄCHLICH WIRD IHRE ADRESSE AUSGESPUCKT. EIN FEST FÜR GANOVEN, DIESER DIENST ... UND FÜR SCHUTZENGEL WIE MICH.

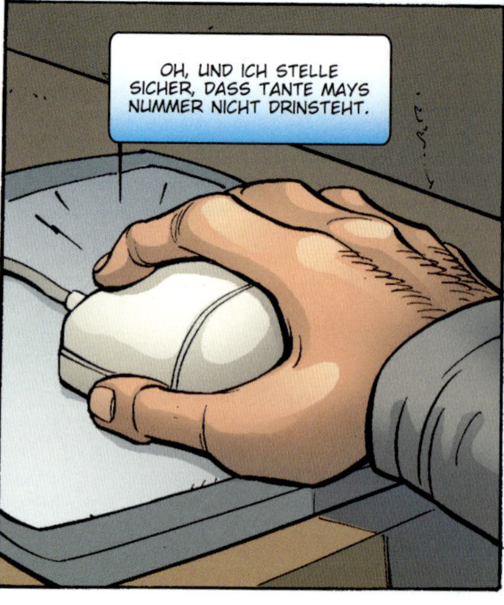
OH, UND ICH STELLE SICHER, DASS TANTE MAYS NUMMER NICHT DRINSTEHT.

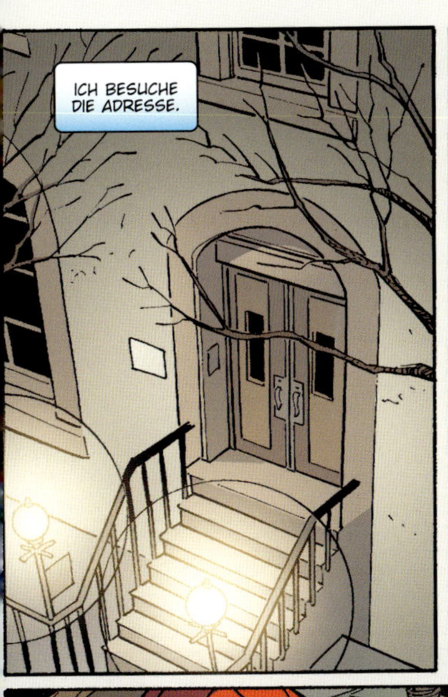
ICH BESUCHE DIE ADRESSE.

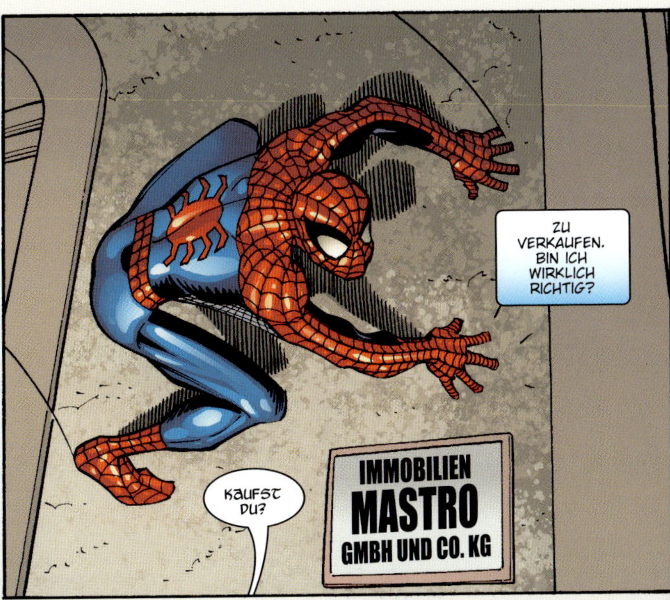
ZU VERKAUFEN. BIN ICH WIRKLICH RICHTIG?
IMMOBILIEN
MASTRO
GMBH UND CO. KG
KAUFST DU?

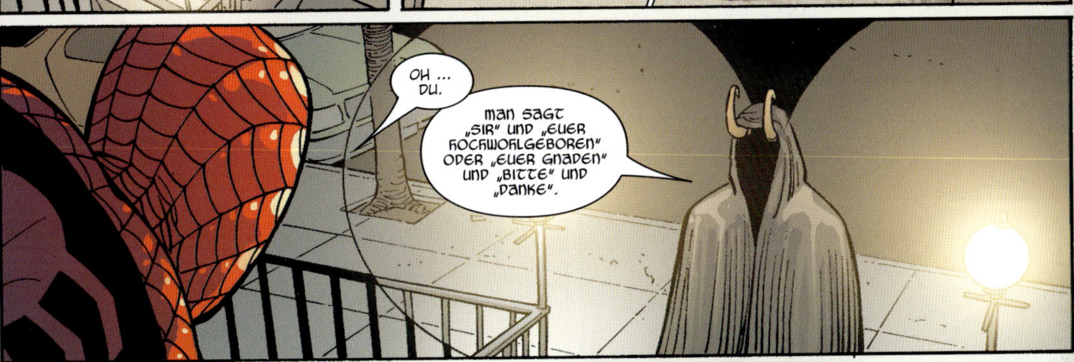
OH ... DU.
MAN SAGT „SIR" UND „EUER HOCHWOHLGEBOREN" ODER „EUER GNADEN" UND „BITTE" UND „DANKE".

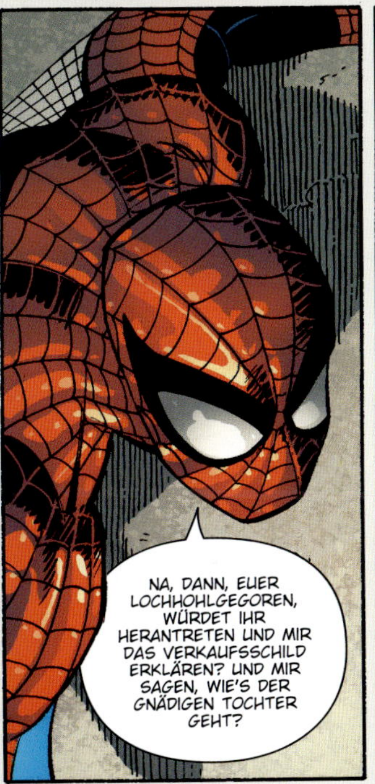
NA, DANN, EUER LOCHHOHLGEGOREN, WÜRDET IHR HERANTRETEN UND MIR DAS VERKAUFSSCHILD ERKLÄREN? UND MIR SAGEN, WIE'S DER GNÄDIGEN TOCHTER GEHT?

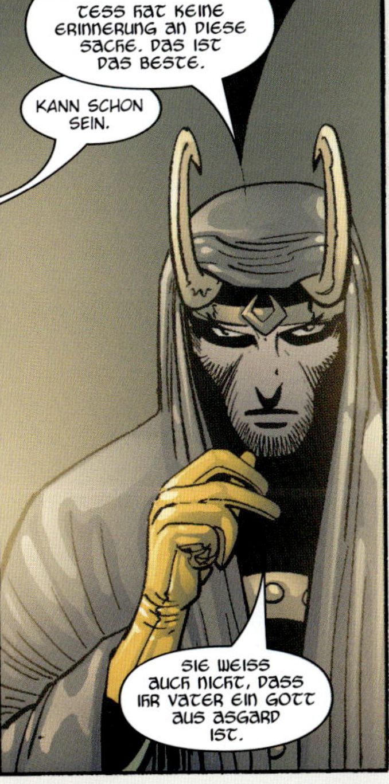
TESS HAT KEINE ERINNERUNG AN DIESE SACHE. DAS IST DAS BESTE.
KANN SCHON SEIN.
SIE WEISS AUCH NICHT, DASS IHR VATER EIN GOTT AUS ASGARD IST.

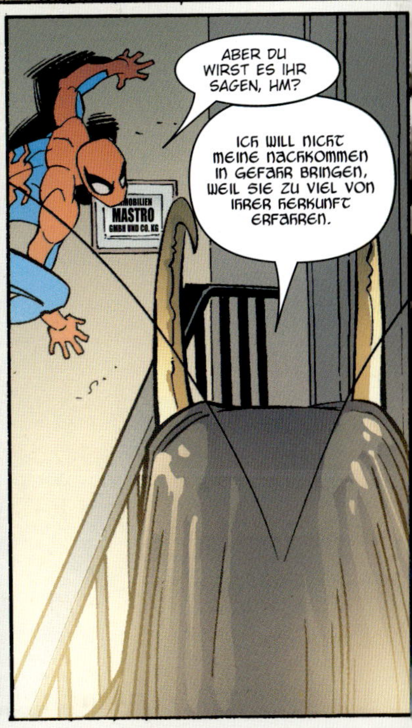
ABER DU WIRST ES IHR SAGEN, HM?
ICH WILL NICHT MEINE NACHKOMMEN IN GEFAHR BRINGEN, WEIL SIE ZU VIEL VON IHRER HERKUNFT ERFAHREN.
MASTRO
GMBH UND CO. KG

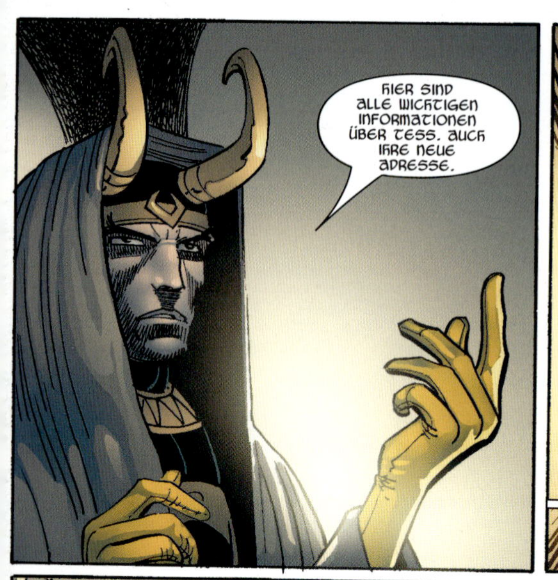
HIER SIND ALLE WICHTIGEN INFORMATIONEN ÜBER TESS. AUCH IHRE NEUE ADRESSE.

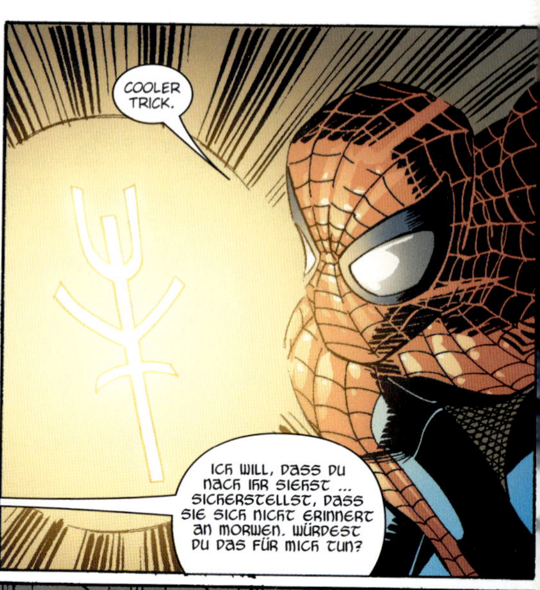
COOLER TRICK.
ICH WILL, DASS DU NACH IHR SIEHST ... SICHERSTELLST, DASS SIE SICH NICHT ERINNERT AN MORWEN. WÜRDEST DU DAS FÜR MICH TUN?

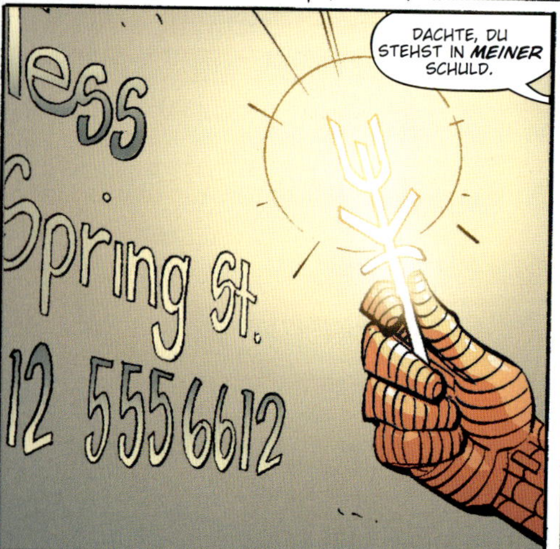
DACHTE, DU STEHST IN **MEINER** SCHULD.
less
Spring St.
12 5556612

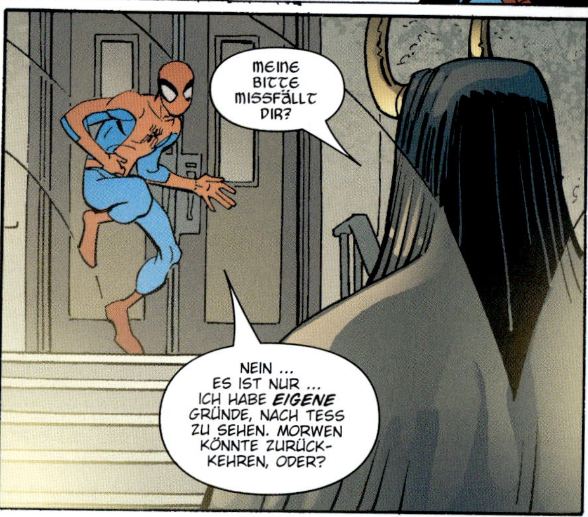
MEINE BITTE MISSFÄLLT DIR?
NEIN ... ES IST NUR ... ICH HABE **EIGENE** GRÜNDE, NACH TESS ZU SEHEN. MORWEN KÖNNTE ZURÜCKKEHREN, ODER?

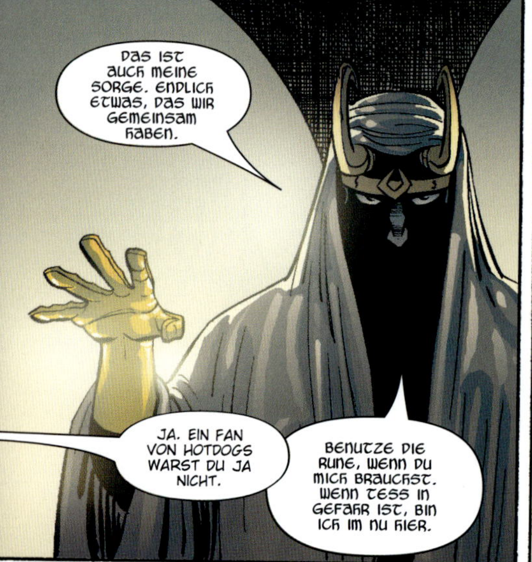
DAS IST AUCH MEINE SORGE. ENDLICH ETWAS, DAS WIR GEMEINSAM HABEN.
JA. EIN FAN VON HOTDOGS WARST DU JA NICHT.
BENUTZE DIE RUNE, WENN DU MICH BRAUCHST. WENN TESS IN GEFAHR IST, BIN ICH IM NU HIER.

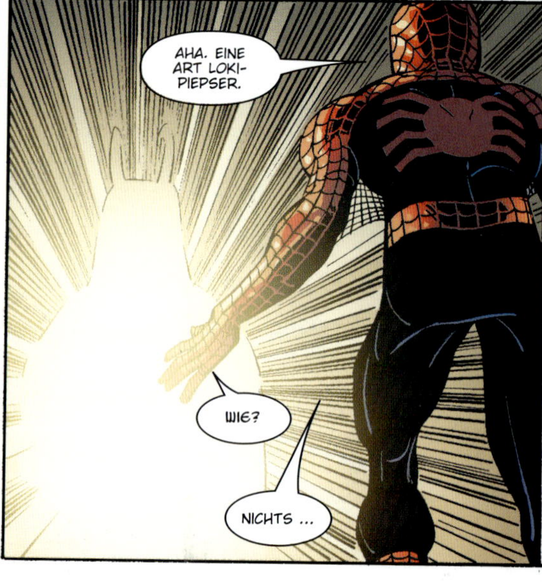
AHA. EINE ART LOKI-PIEPSER.
WIE?
NICHTS ...

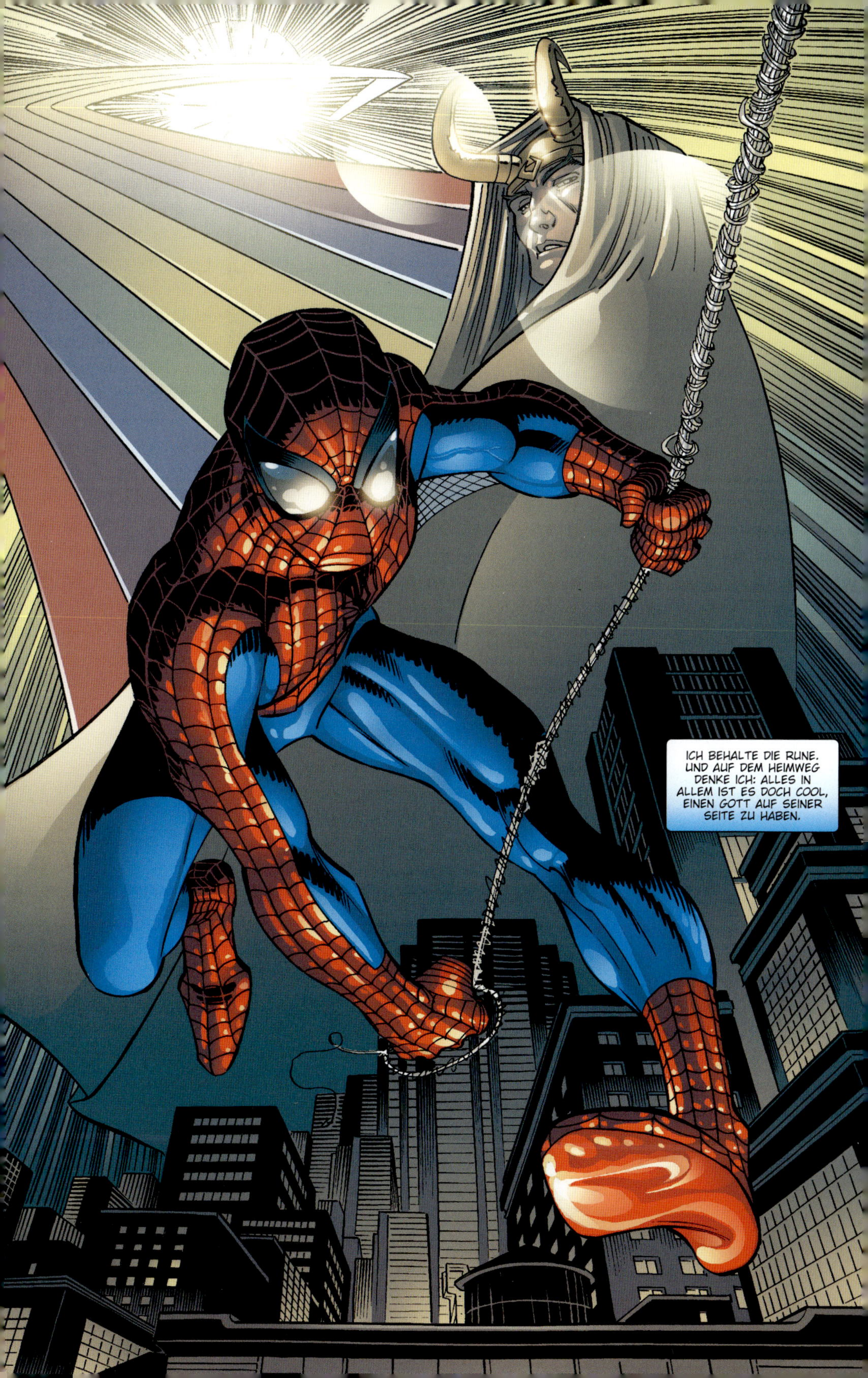
ICH BEHALTE DIE RUNE. UND AUF DEM HEIMWEG DENKE ICH: ALLES IN ALLEM IST ES DOCH COOL, EINEN GOTT AUF SEINER SEITE ZU HABEN.

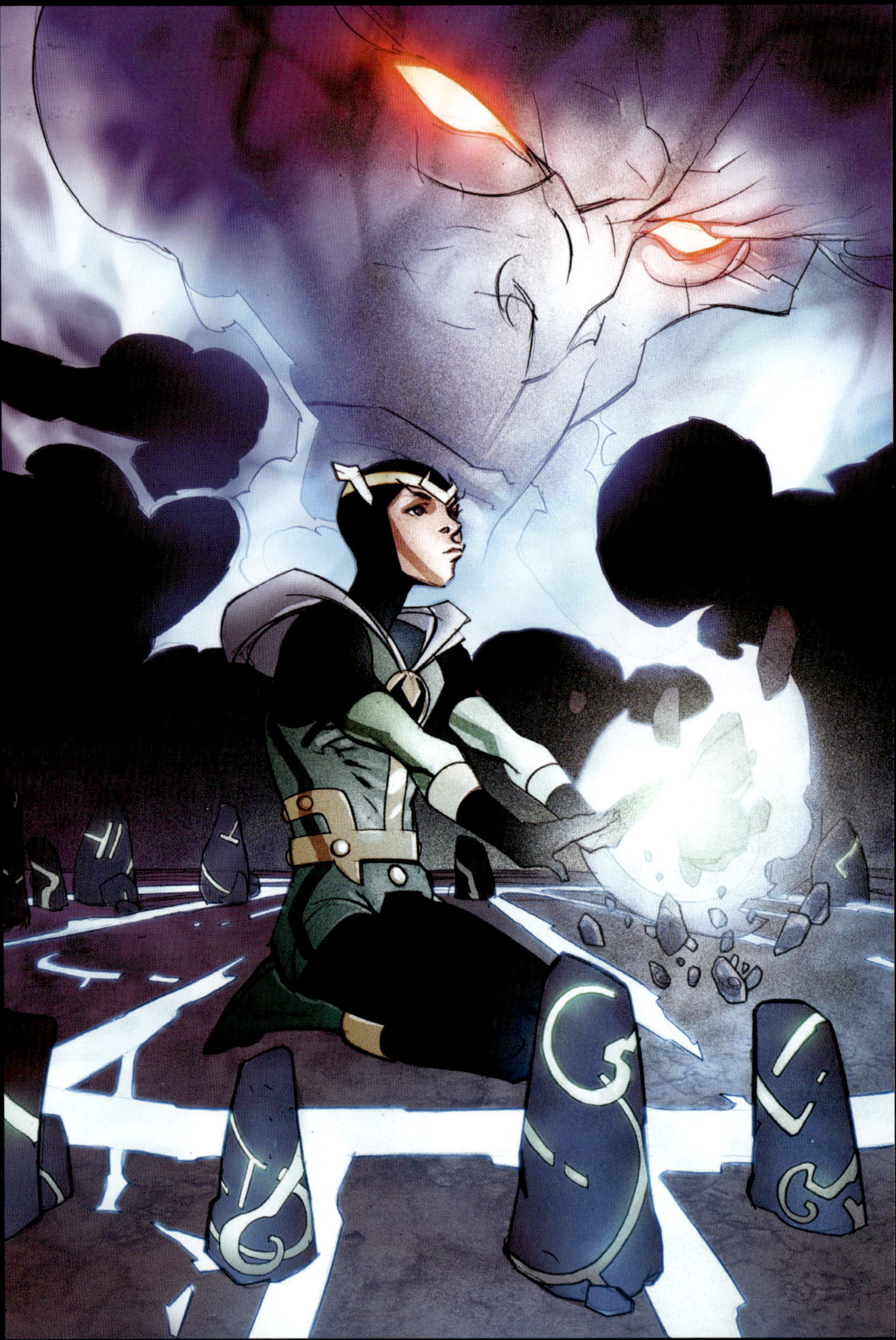

JOURNEY INTO MYSTERY (2011) 626.1

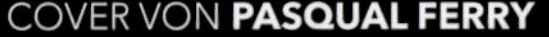

Nachdem er gestorben ist, kehrt Loki wieder zurück. Doch hat er jetzt den Körper eines Kindes und auch seine Denkweise ist anders, was ihn dazu bewegt, einem Wesen mit großer Macht eine seltsame Frage zu stellen.

COVER VON **PASQUAL FERRY**

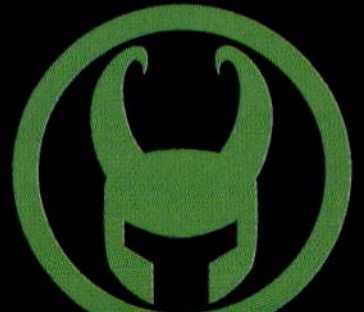

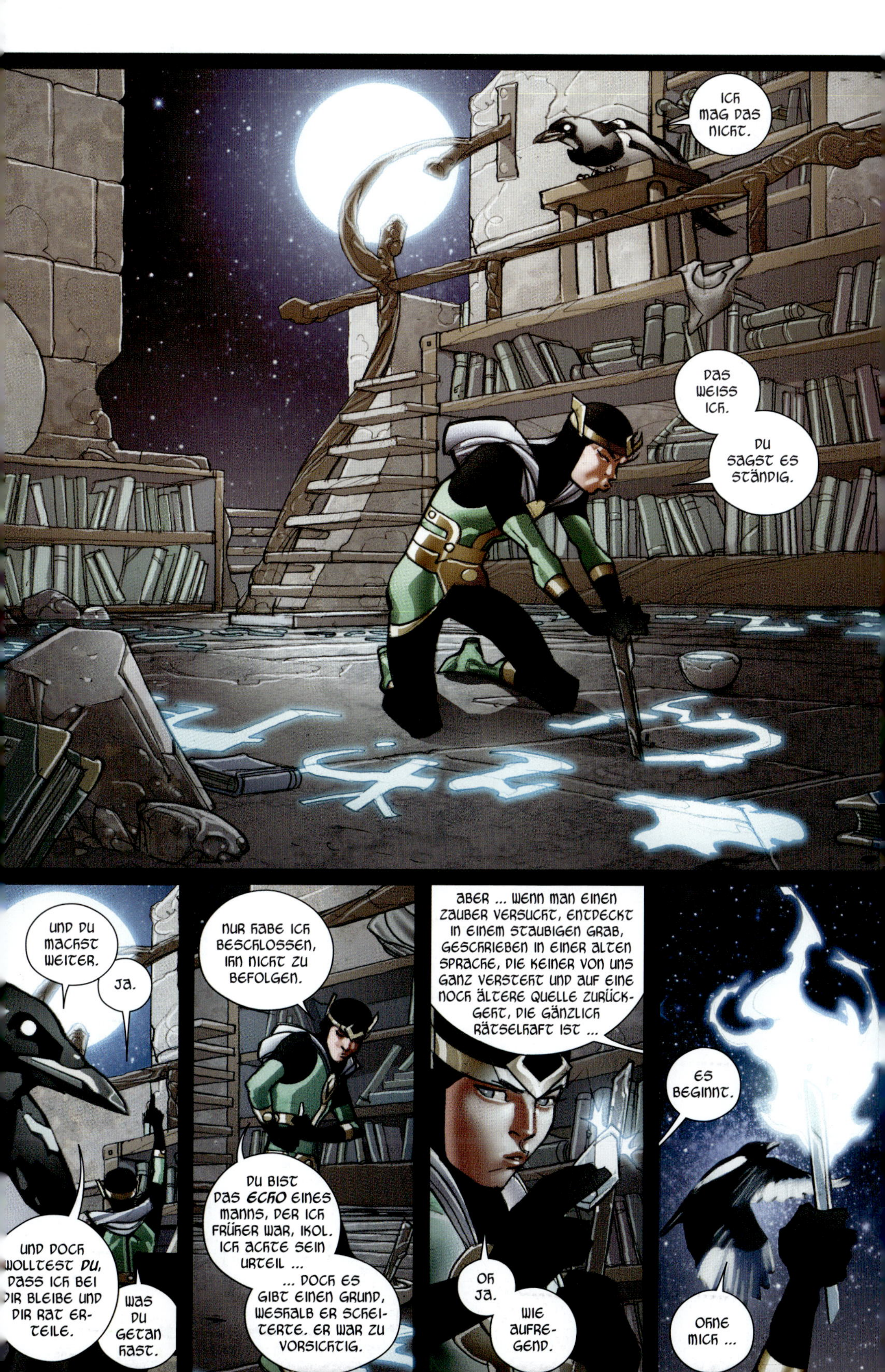
ICH MAG DAS NICHT.
DAS WEISS ICH.
DU SAGST ES STÄNDIG.
UND DU MACHST WEITER.
JA.
UND DOCH WOLLTEST *DU*, DASS ICH BEI DIR BLEIBE UND DIR RAT ERTEILE.
WAS DU GETAN HAST.
NUR HABE ICH BESCHLOSSEN, IHN NICHT ZU BEFOLGEN.
DU BIST DAS *ECHO* EINES MANNS, DER ICH FRÜHER WAR, IKOL. ICH ACHTE SEIN URTEIL ...
... DOCH ES GIBT EINEN GRUND, WESHALB ER SCHEITERTE. ER WAR ZU VORSICHTIG.
ABER ... WENN MAN EINEN ZAUBER VERSUCHT, ENTDECKT IN EINEM STAUBIGEN GRAB, GESCHRIEBEN IN EINER ALTEN SPRACHE, DIE KEINER VON UNS GANZ VERSTEHT UND AUF EINE NOCH ÄLTERE QUELLE ZURÜCKGEHT, DIE GÄNZLICH RÄTSELHAFT IST ...
OH JA.
WIE AUFREGEND.
ES BEGINNT.
OHNE MICH ...

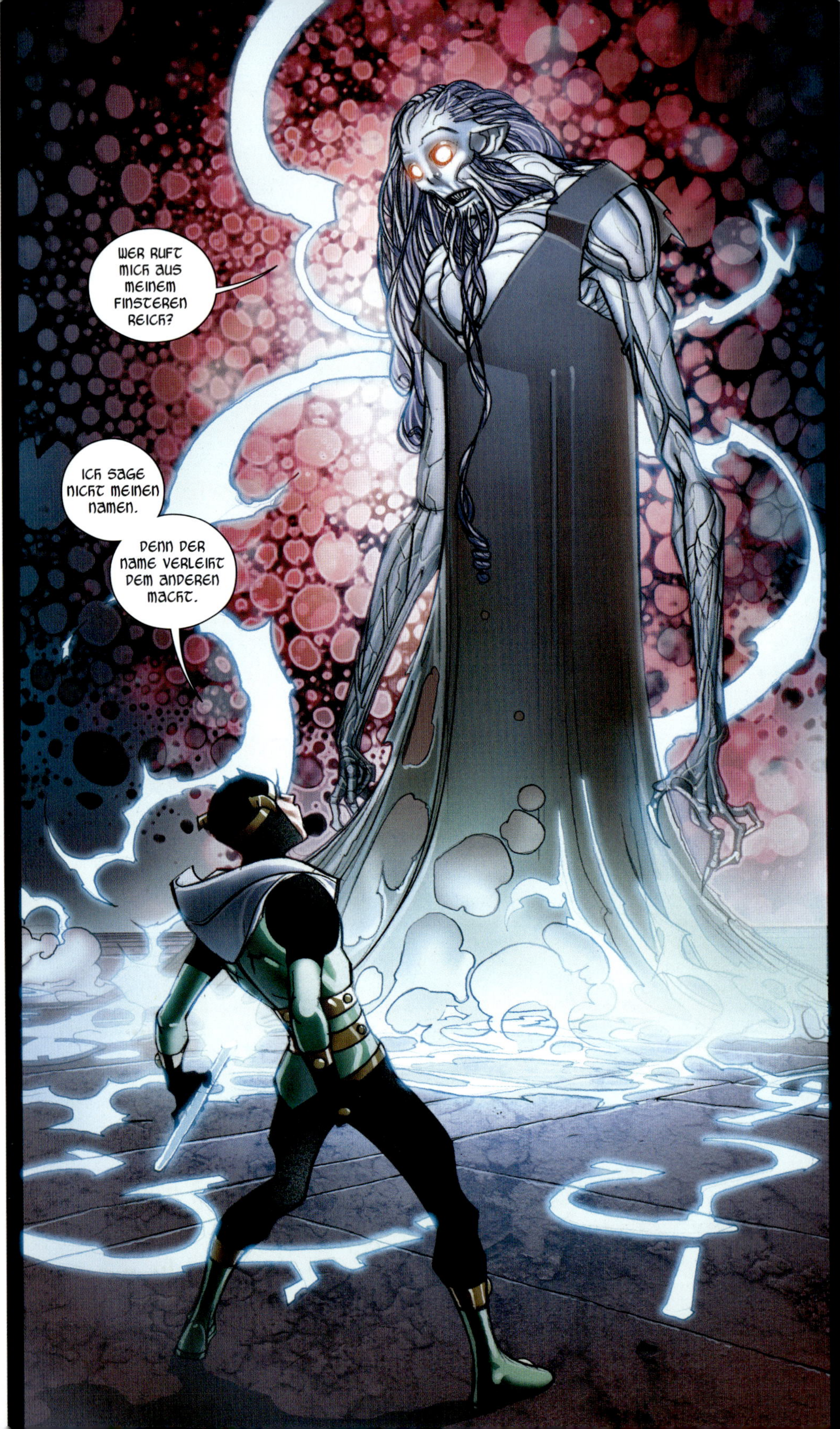
WER RUFT MICH AUS MEINEM FINSTEREN REICH?
ICH SAGE NICHT MEINEN NAMEN.
DENN DER NAME VERLEIHT DEM ANDEREN MACHT.

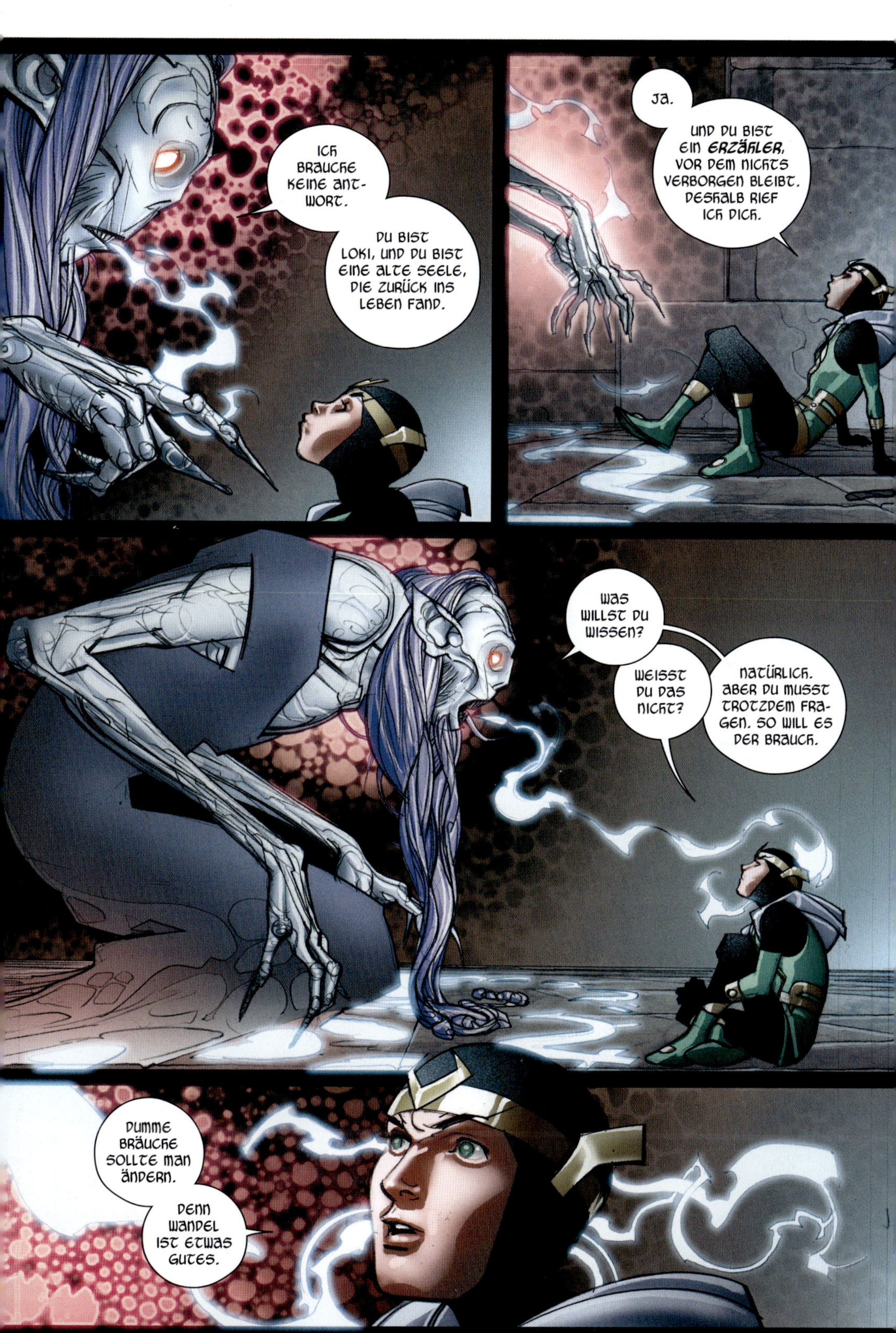
ICH BRAUCHE KEINE ANT-WORT.
DU BIST LOKI, UND DU BIST EINE ALTE SEELE, DIE ZURÜCK INS LEBEN FAND.
JA.
UND DU BIST EIN ERZÄHLER, VOR DEM NICHTS VERBORGEN BLEIBT. DESHALB RIEF ICH DICH.
WAS WILLST DU WISSEN?
WEISST DU DAS NICHT?
NATÜRLICH. ABER DU MUSST TROTZDEM FRA-GEN. SO WILL ES DER BRAUCH.
DUMME BRÄUCHE SOLLTE MAN ÄNDERN.
DENN WANDEL IST ETWAS GUTES.

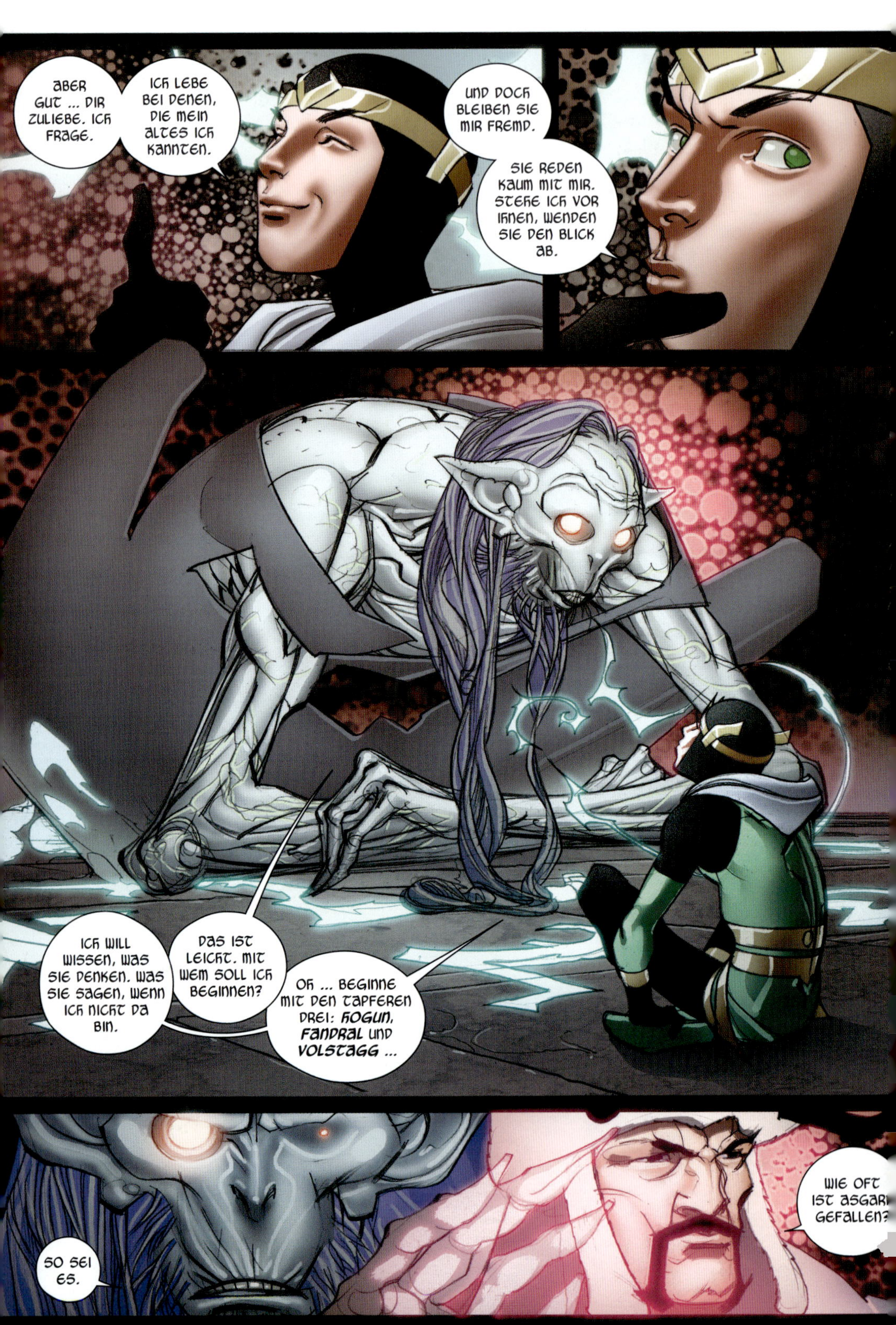
ABER GUT ... DIR ZULIEBE. ICH FRAGE.
ICH LEBE BEI DENEN, DIE MEIN ALTES ICH KANNTEN.
UND DOCH BLEIBEN SIE MIR FREMD.
SIE REDEN KAUM MIT MIR. STEHE ICH VOR IHNEN, WENDEN SIE DEN BLICK AB.
ICH WILL WISSEN, WAS SIE DENKEN. WAS SIE SAGEN, WENN ICH NICHT DA BIN.
DAS IST LEICHT. MIT WEM SOLL ICH BEGINNEN?
OH ... BEGINNE MIT DEN TAPFEREN DREI: **HOGUN**, **FANDRAL** UND **VOLSTAGG** ...
SO SEI ES.
WIE OFT IST ASGAR GEFALLEN?

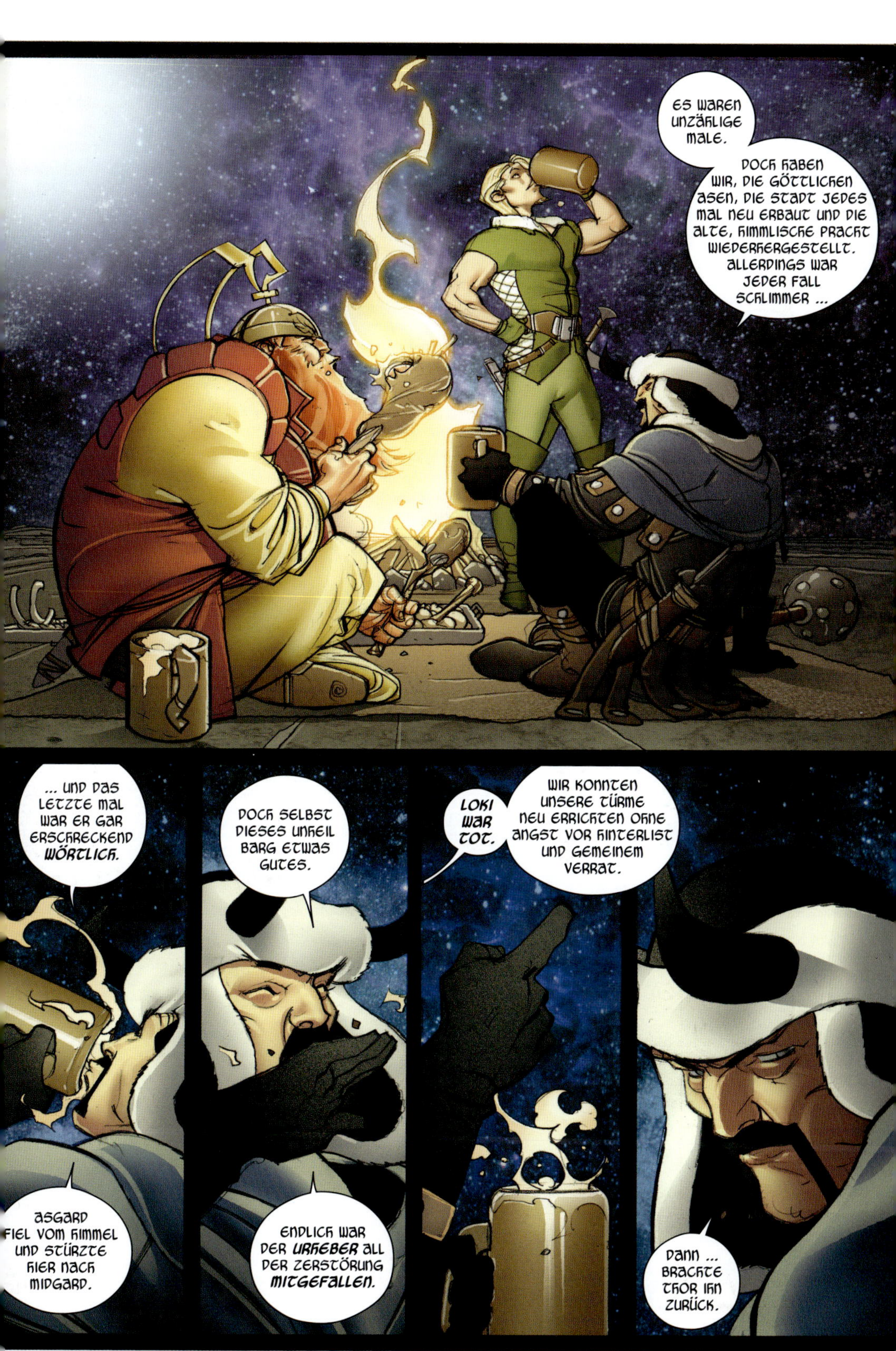
ES WAREN UNZÄHLIGE MALE.
DOCH HABEN WIR, DIE GÖTTLICHEN ASEN, DIE STADT JEDES MAL NEU ERBAUT UND DIE ALTE, HIMMLISCHE PRACHT WIEDERHERGESTELLT. ALLERDINGS WAR JEDER FALL SCHLIMMER ...
... UND DAS LETZTE MAL WAR ER GAR ERSCHRECKEND WÖRTLICH.
ASGARD FIEL VOM HIMMEL UND STÜRZTE HIER NACH MIDGARD.
DOCH SELBST DIESES UNHEIL BARG ETWAS GUTES.
ENDLICH WAR DER URHEBER ALL DER ZERSTÖRUNG MITGEFALLEN.
LOKI WAR TOT.
WIR KONNTEN UNSERE TÜRME NEU ERRICHTEN OHNE ANGST VOR HINTERLIST UND GEMEINEM VERRAT.
DANN ... BRACHTE THOR IHN ZURÜCK.

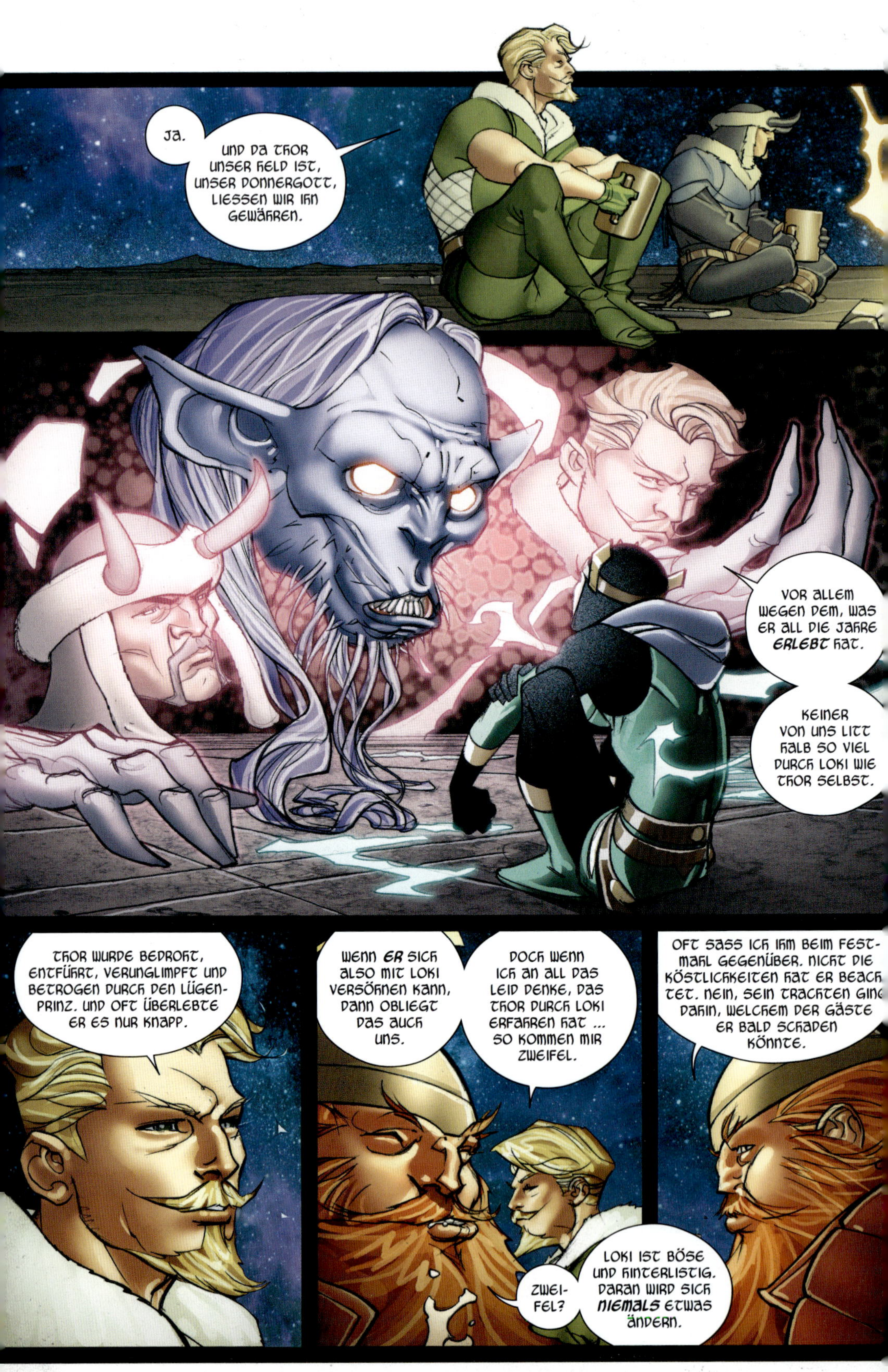
JA.
UND DA THOR UNSER HELD IST, UNSER DONNERGOTT, LIESSEN WIR IHN GEWÄHREN.
VOR ALLEM WEGEN DEM, WAS ER ALL DIE JAHRE ERLEBT HAT.
KEINER VON UNS LITT HALB SO VIEL DURCH LOKI WIE THOR SELBST.
THOR WURDE BEDROHT, ENTFÜHRT, VERUNGLIMPFT UND BETROGEN DURCH DEN LÜGEN-PRINZ. UND OFT ÜBERLEBTE ER ES NUR KNAPP.
WENN ER SICH ALSO MIT LOKI VERSÖHNEN KANN, DANN OBLIEGT DAS AUCH UNS.
DOCH WENN ICH AN ALL DAS LEID DENKE, DAS THOR DURCH LOKI ERFAHREN HAT ... SO KOMMEN MIR ZWEIFEL.
ZWEI-FEL?
LOKI IST BÖSE UND HINTERLISTIG. DARAN WIRD SICH NIEMALS ETWAS ÄNDERN.
OFT SASS ICH IHM BEIM FEST-MAHL GEGENÜBER. NICHT DIE KÖSTLICHKEITEN HAT ER BEACH TET. NEIN, SEIN TRACHTEN GING DAHIN, WELCHEM DER GÄSTE ER BALD SCHADEN KÖNNTE.

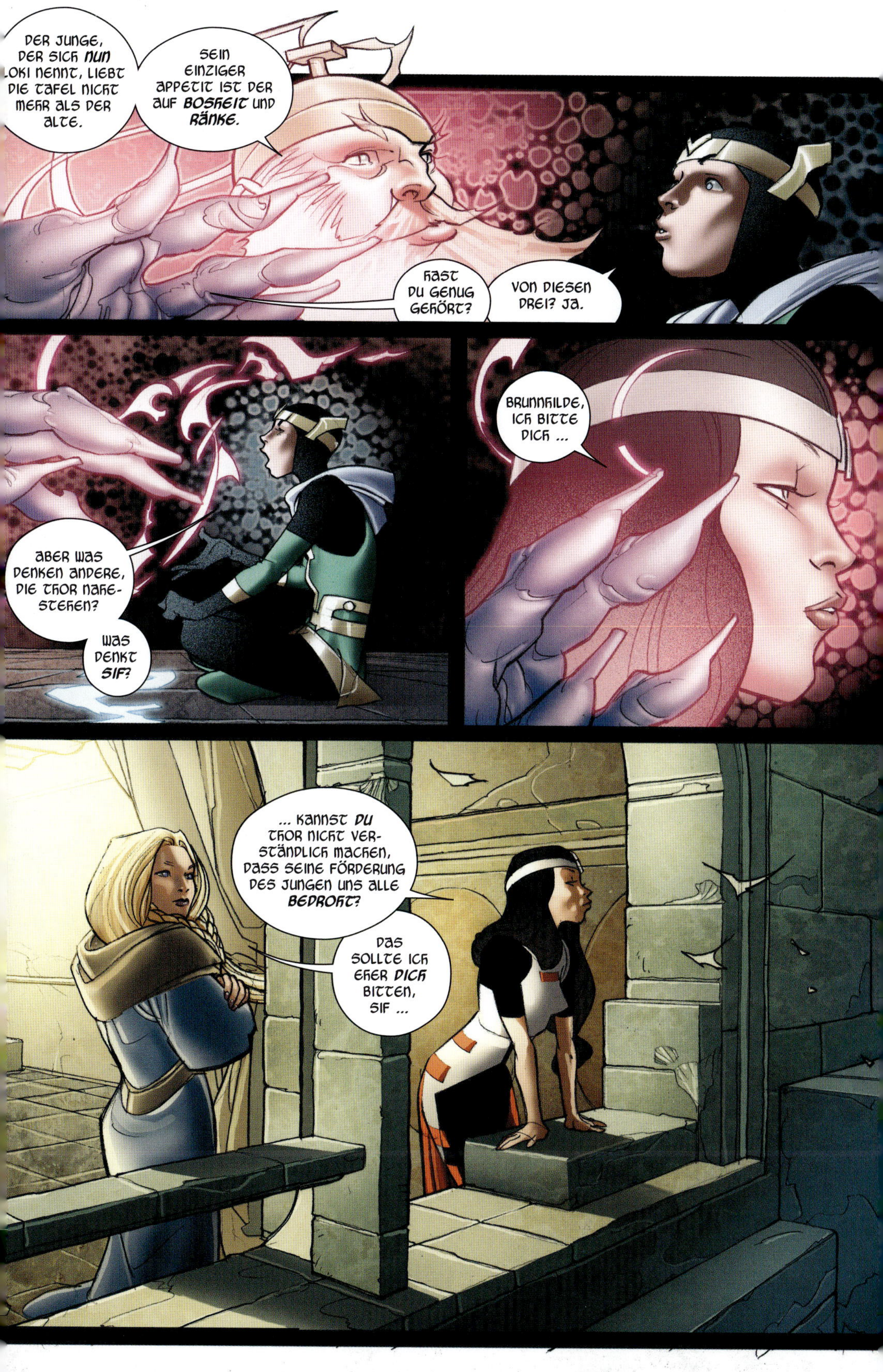
DER JUNGE, DER SICH NUN LOKI NENNT, LIEBT DIE TAFEL NICHT MEHR ALS DER ALTE.
SEIN EINZIGER APPETIT IST DER AUF BOSHEIT UND RÄNKE.
HAST DU GENUG GEHÖRT?
VON DIESEN DREI? JA.
ABER WAS DENKEN ANDERE, DIE THOR NAHE-STEHEN?
WAS DENKT SIF?
BRUNNHILDE, ICH BITTE DICH ...
... KANNST DU THOR NICHT VER-STÄNDLICH MACHEN, DASS SEINE FÖRDERUNG DES JUNGEN UNS ALLE BEDROHT?
DAS SOLLTE ICH EHER DICH BITTEN, SIF ...

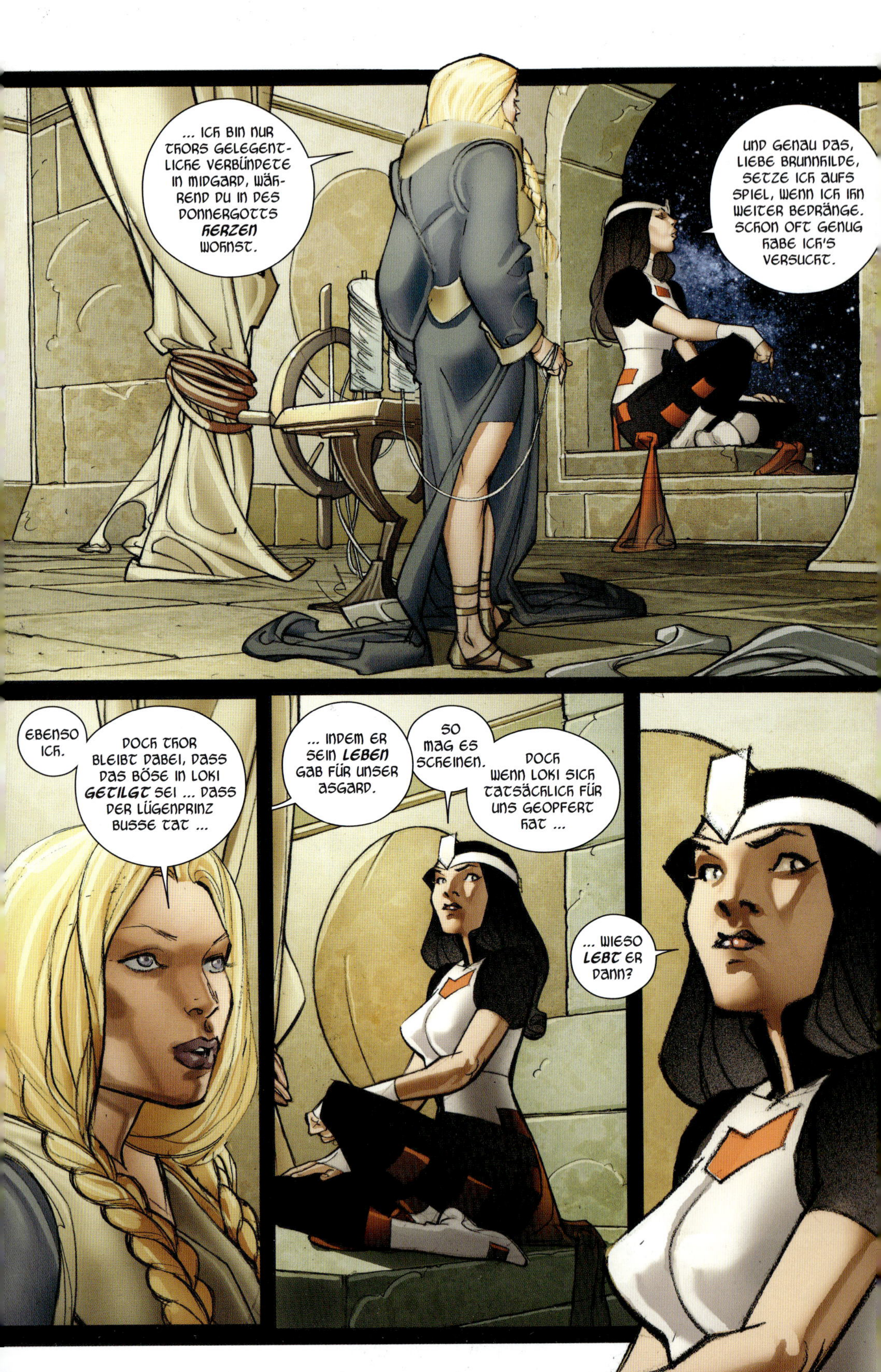
... ICH BIN NUR THORS GELEGENTLICHE VERBÜNDETE IN MIDGARD, WÄHREND DU IN DES DONNERGOTTS **HERZEN** WOHNST.
UND GENAU DAS, LIEBE BRUNNHILDE, SETZE ICH AUFS SPIEL, WENN ICH IHN WEITER BEDRÄNGE. SCHON OFT GENUG HABE ICH'S VERSUCHT.
EBENSO ICH.
DOCH THOR BLEIBT DABEI, DASS DAS BÖSE IN LOKI **GETILGT** SEI ... DASS DER LÜGENPRINZ BUSSE TAT ...
... INDEM ER SEIN **LEBEN** GAB FÜR UNSER ASGARD.
SO MAG ES SCHEINEN.
DOCH WENN LOKI SICH TATSÄCHLICH FÜR UNS GEOPFERT HAT ...
... WIESO **LEBT** ER DANN?

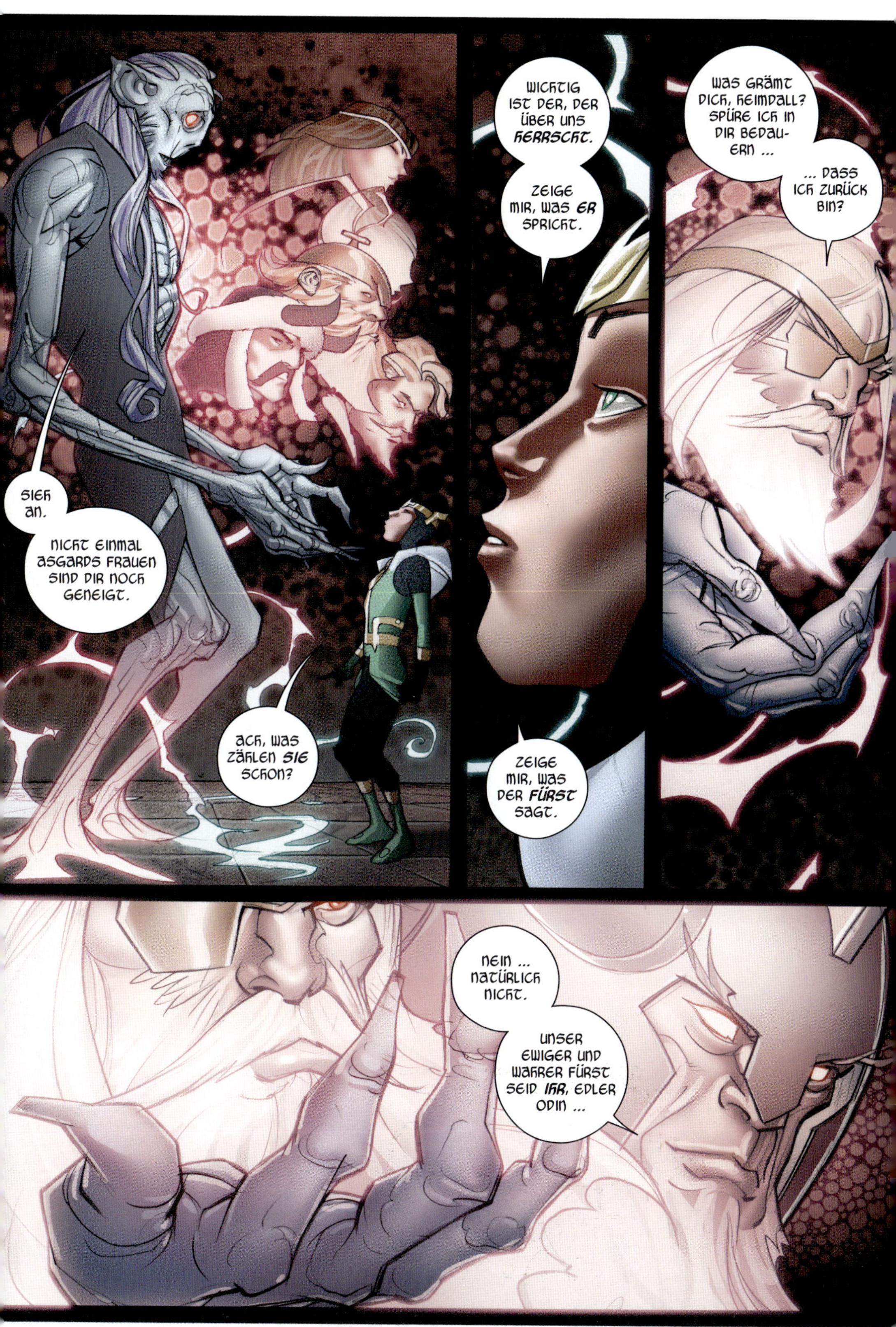
Sieh an.
Nicht einmal Asgards Frauen sind dir noch geneigt.
Ach, was zählen sie schon?
Wichtig ist der, der über uns herrscht.
Zeige mir, was er spricht.
Zeige mir, was der Fürst sagt.
Was grämt dich, Heimdall? Spüre ich in dir Bedauern ...
... dass ich zurück bin?
Nein ... natürlich nicht.
Unser ewiger und wahrer Fürst seid Ihr, edler Odin ...

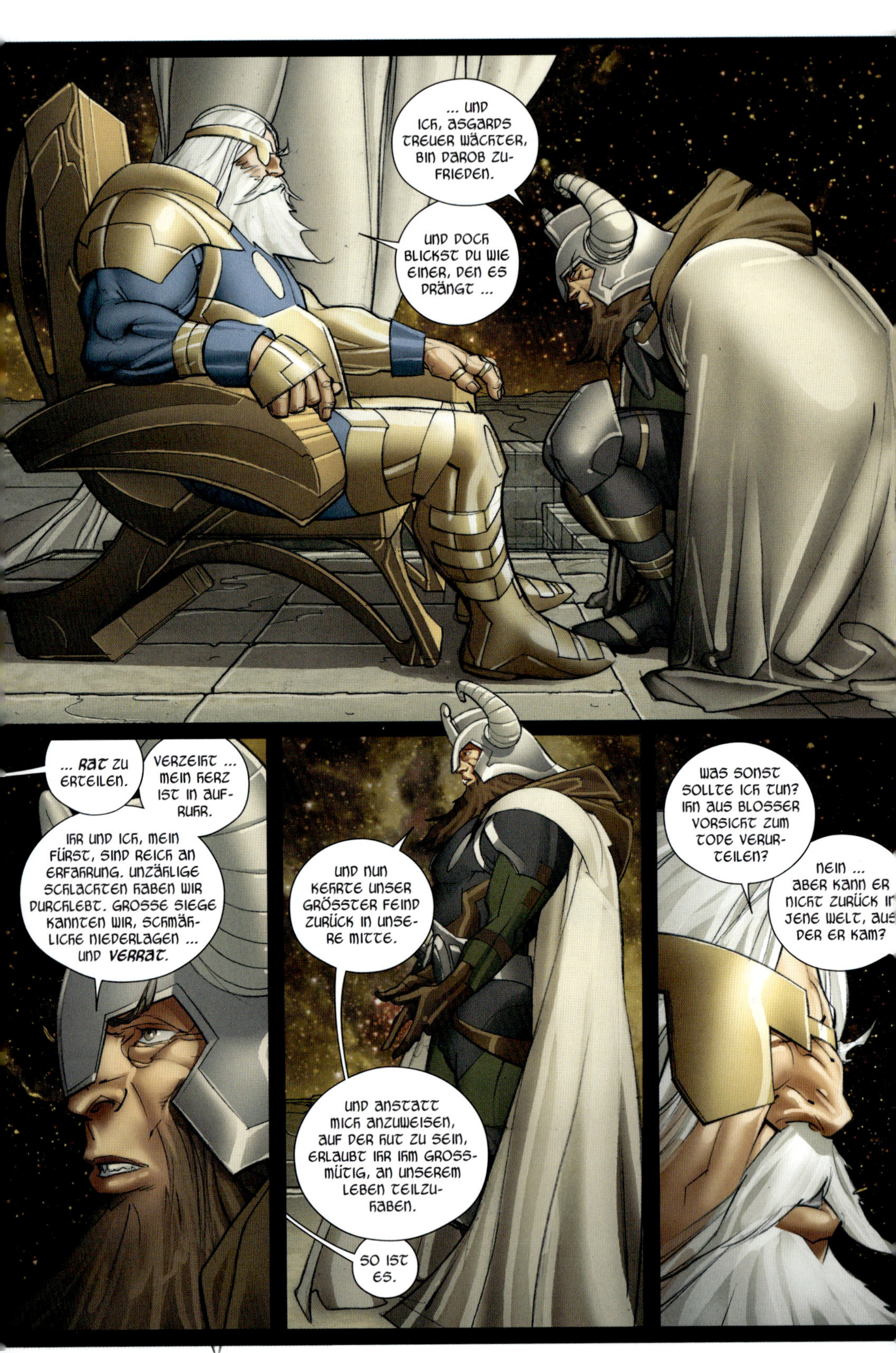
... UND ICH, ASGARDS TREUER WÄCHTER, BIN DAROB ZUFRIEDEN.
UND DOCH BLICKST DU WIE EINER, DEN ES DRÄNGT ...
... RAT ZU ERTEILEN.
VERZEIHT ... MEIN HERZ IST IN AUFRUHR.
IHR UND ICH, MEIN FÜRST, SIND REICH AN ERFAHRUNG. UNZÄHLIGE SCHLACHTEN HABEN WIR DURCHLEBT. GROSSE SIEGE KANNTEN WIR, SCHMÄHLICHE NIEDERLAGEN ... UND VERRAT.
UND NUN KEHRTE UNSER GRÖSSTER FEIND ZURÜCK IN UNSERE MITTE.
UND ANSTATT MICH ANZUWEISEN, AUF DER HUT ZU SEIN, ERLAUBT IHR IHM GROSSMÜTIG, AN UNSEREM LEBEN TEILZUHABEN.
SO IST ES.
WAS SONST SOLLTE ICH TUN? IHN AUS BLOSSER VORSICHT ZUM TODE VERURTEILEN?
NEIN ... ABER KANN ER NICHT ZURÜCK IN JENE WELT, AUS DER ER KAM?

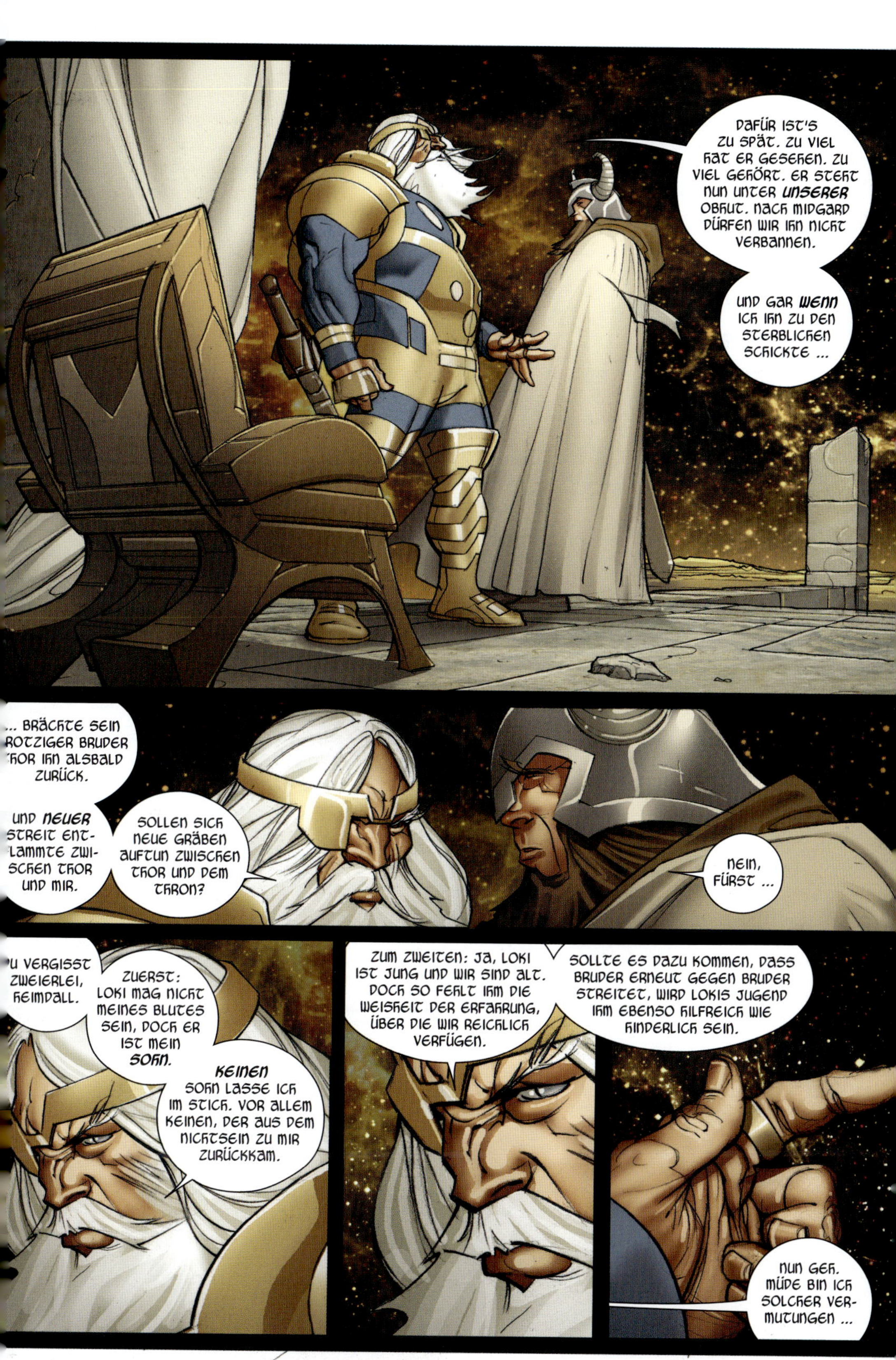
DAFÜR IST'S ZU SPÄT. ZU VIEL HAT ER GESEHEN. ZU VIEL GEHÖRT. ER STEHT NUN UNTER **UNSERER** OBHUT. NACH MIDGARD DÜRFEN WIR IHN NICHT VERBANNEN.
UND GAR **WENN** ICH IHN ZU DEN STERBLICHEN SCHICKTE ...
... BRÄCHTE SEIN ROTZIGER BRUDER THOR IHN ALSBALD ZURÜCK.
UND **NEUER** STREIT ENTFLAMMTE ZWISCHEN THOR UND MIR.
SOLLEN SICH NEUE GRÄBEN AUFTUN ZWISCHEN THOR UND DEM THRON?
NEIN, FÜRST ...
DU VERGISST ZWEIERLEI, HEIMDALL.
ZUERST: LOKI MAG NICHT MEINES BLUTES SEIN, DOCH ER IST MEIN **SOHN**.
KEINEN SOHN LASSE ICH IM STICH. VOR ALLEM KEINEN, DER AUS DEM NICHTSEIN ZU MIR ZURÜCKKAM.
ZUM ZWEITEN: JA, LOKI IST JUNG UND WIR SIND ALT. DOCH SO FEHLT IHM DIE WEISHEIT DER ERFAHRUNG, ÜBER DIE WIR REICHLICH VERFÜGEN.
SOLLTE ES DAZU KOMMEN, DASS BRUDER ERNEUT GEGEN BRUDER STREITET, WIRD LOKIS JUGEND IHM EBENSO HILFREICH WIE HINDERLICH SEIN.
NUN GEH. MÜDE BIN ICH SOLCHER VERMUTUNGEN ...

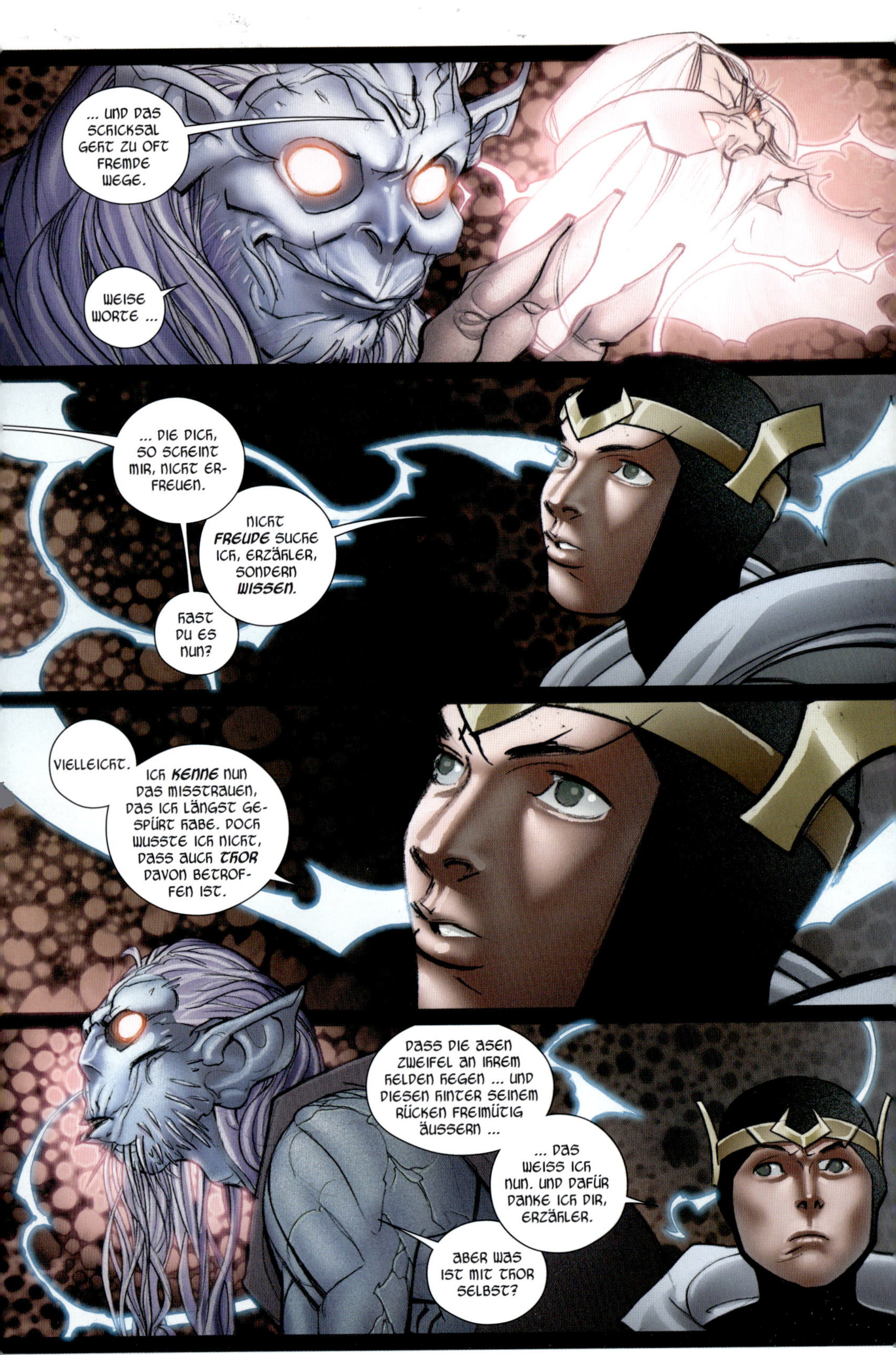
... UND DAS SCHICKSAL GEHT ZU OFT FREMDE WEGE.
WEISE WORTE ...
... DIE DICH, SO SCHEINT MIR, NICHT ERFREUEN.
NICHT FREUDE SUCHE ICH, ERZÄHLER, SONDERN WISSEN.
HAST DU ES NUN?
VIELLEICHT.
ICH KENNE NUN DAS MISSTRAUEN, DAS ICH LÄNGST GESPÜRT HABE. DOCH WUSSTE ICH NICHT, DASS AUCH THOR DAVON BETROFFEN IST.
DASS DIE ASEN ZWEIFEL AN IHREM HELDEN HEGEN ... UND DIESEN HINTER SEINEM RÜCKEN FREIMÜTIG ÄUSSERN ...
... DAS WEISS ICH NUN. UND DAFÜR DANKE ICH DIR, ERZÄHLER.
ABER WAS IST MIT THOR SELBST?

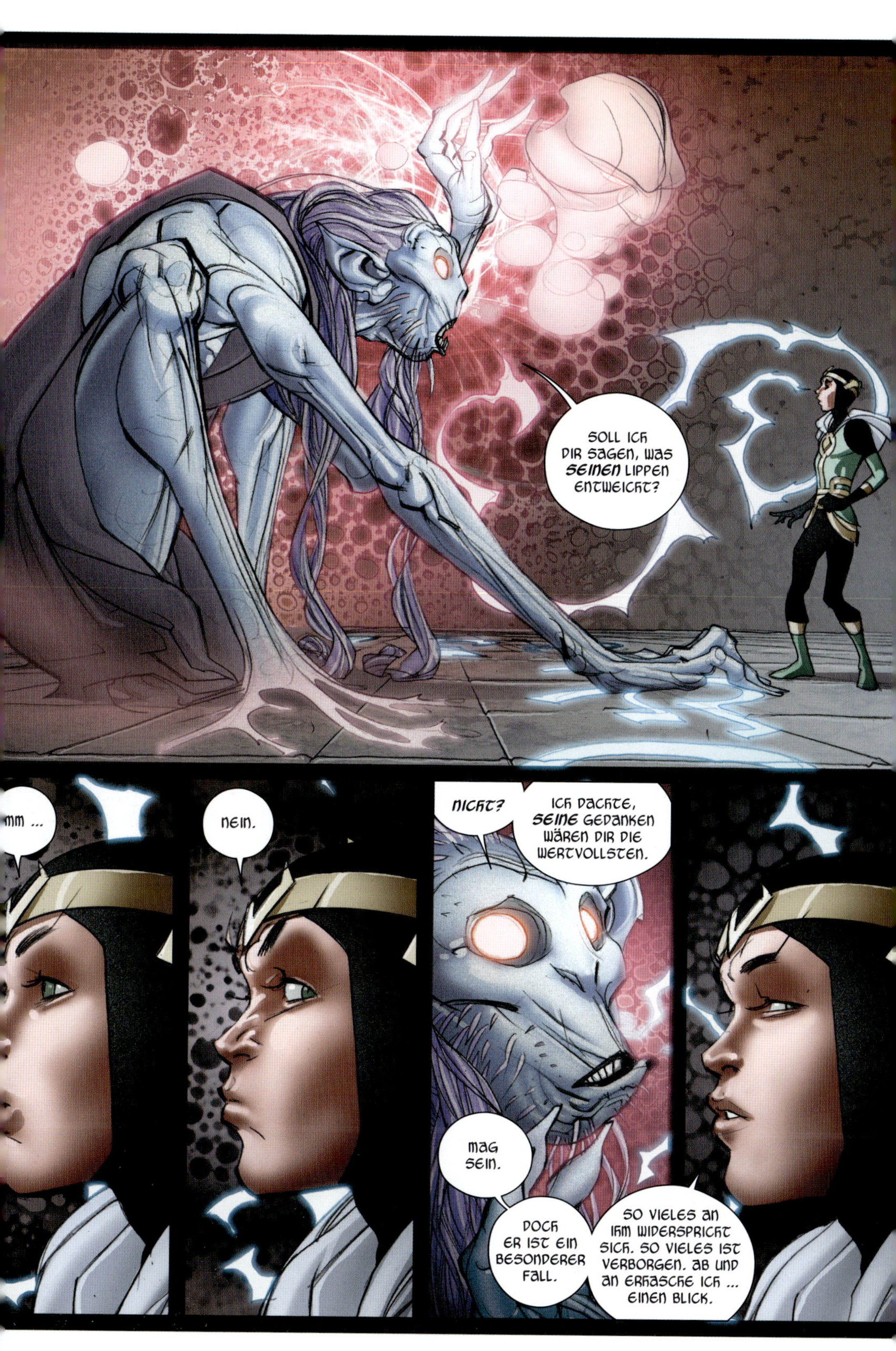
SOLL ICH
DIR SAGEN, WAS
SEINEN LIPPEN
ENTWEICHT?
MM ...
NEIN.
NICHT?
ICH DACHTE,
SEINE GEDANKEN
WÄREN DIR DIE
WERTVOLLSTEN.
MAG SEIN.
DOCH ER IST EIN BESONDERER FALL.
SO VIELES AN IHM WIDERSPRICHT SICH. SO VIELES IST VERBORGEN. AB UND AN ERHASCHE ICH ... EINEN BLICK.

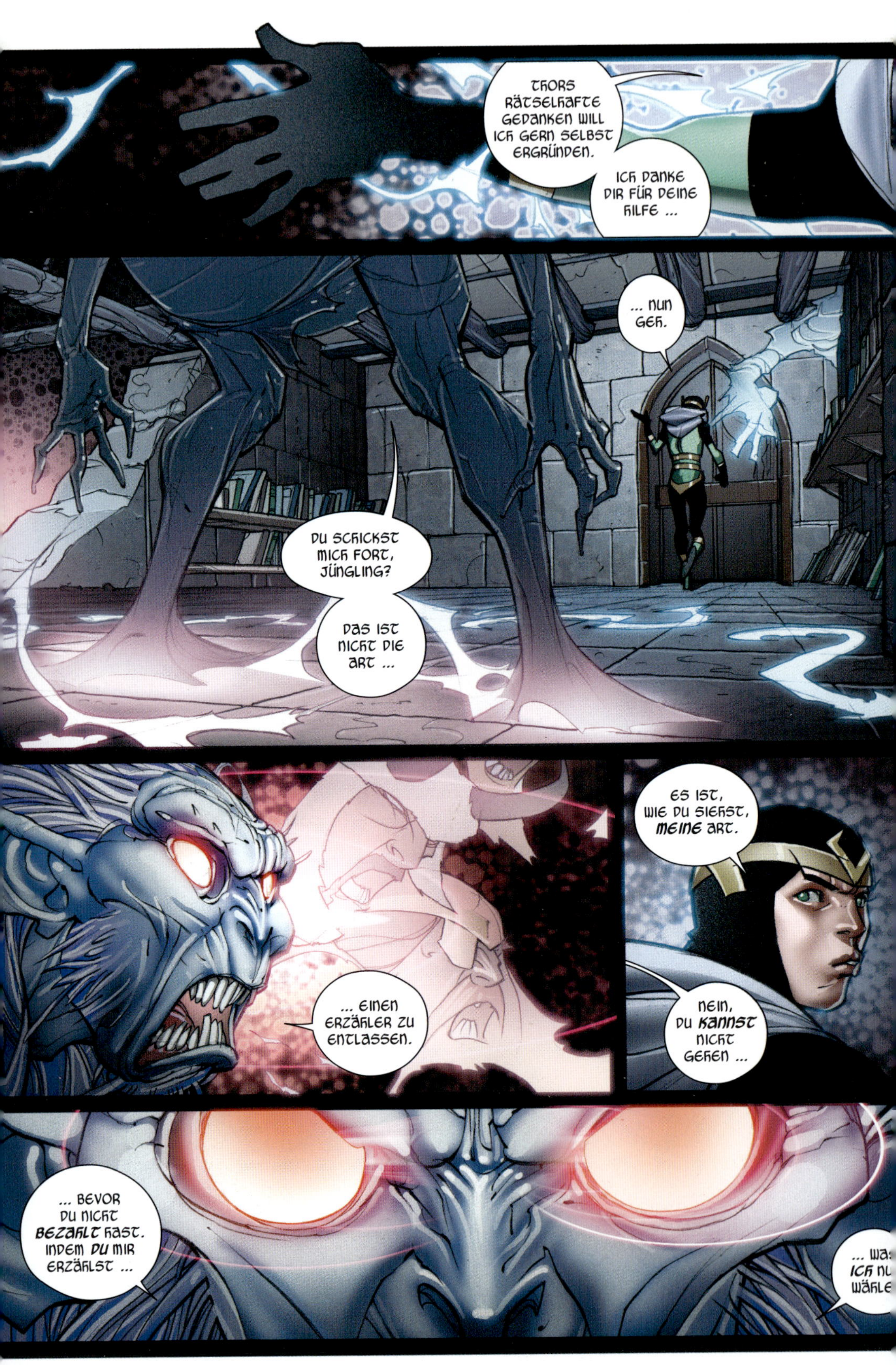
THORS RÄTSELHAFTE GEDANKEN WILL ICH GERN SELBST ERGRÜNDEN.
ICH DANKE DIR FÜR DEINE HILFE ...
... NUN GEH.
DU SCHICKST MICH FORT, JÜNGLING?
DAS IST NICHT DIE ART ...
... EINEN ERZÄHLER ZU ENTLASSEN.
ES IST, WIE DU SIEHST, **MEINE** ART.
NEIN, DU **KANNST** NICHT GEHEN ...
... BEVOR DU NICHT **BEZAHLT** HAST. INDEM **DU** MIR ERZÄHLST ...

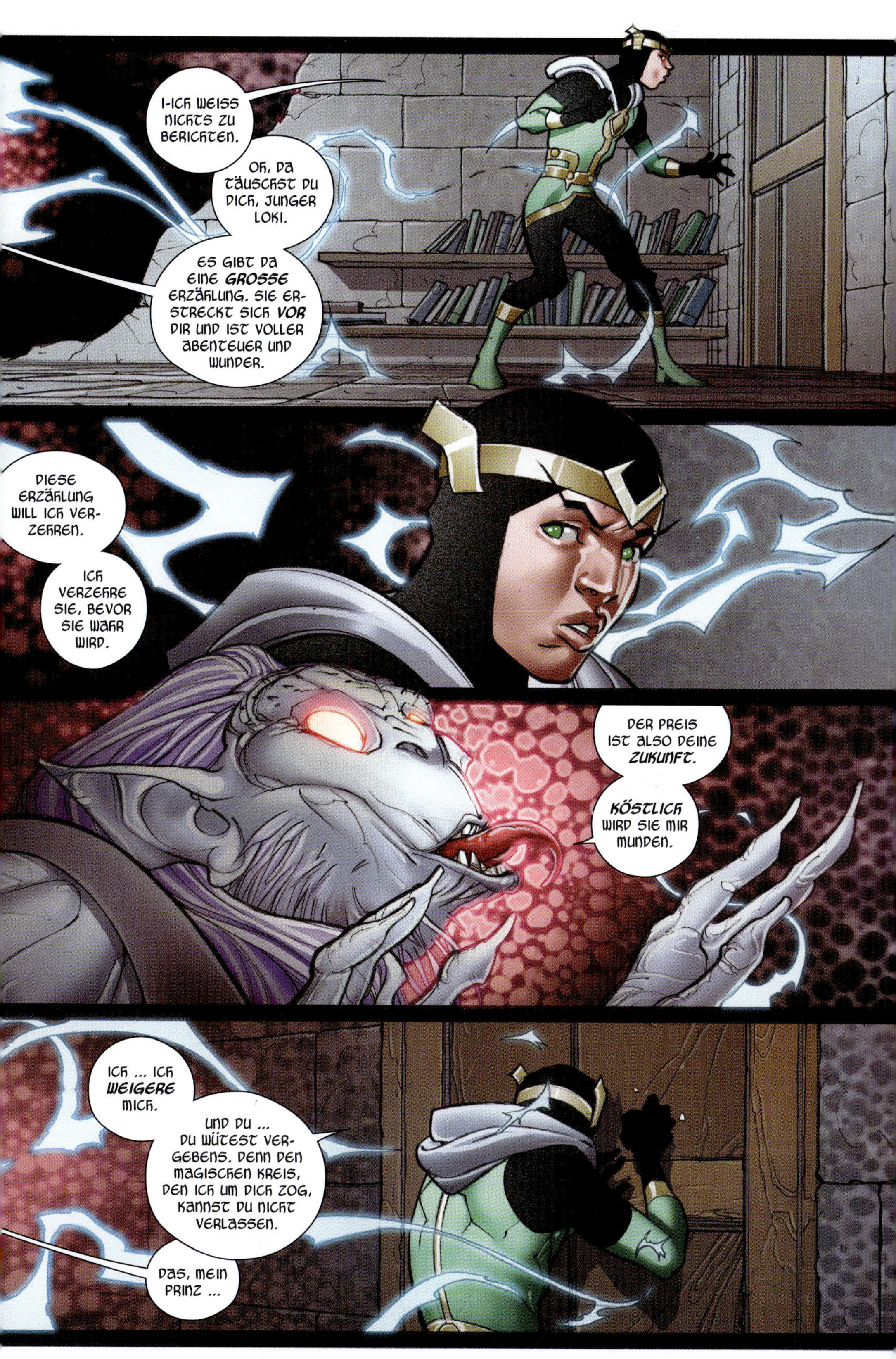
I-ICH WEISS NICHTS ZU BERICHTEN.
OH, DA TÄUSCHST DU DICH, JUNGER LOKI.
ES GIBT DA EINE **GROSSE** ERZÄHLUNG. SIE ERSTRECKT SICH **VOR** DIR UND IST VOLLER ABENTEUER UND WUNDER.
DIESE ERZÄHLUNG WILL ICH VERZEHREN.
ICH VERZEHRE SIE, BEVOR SIE WAHR WIRD.
DER PREIS IST ALSO DEINE **ZUKUNFT.**
KÖSTLICH WIRD SIE MIR MUNDEN.
ICH ... ICH **WEIGERE** MICH.
UND DU ... DU WÜTEST VERGEBENS. DENN DEN MAGISCHEN KREIS, DEN ICH UM DICH ZOG, KANNST DU NICHT VERLASSEN.
DAS, MEIN PRINZ ...

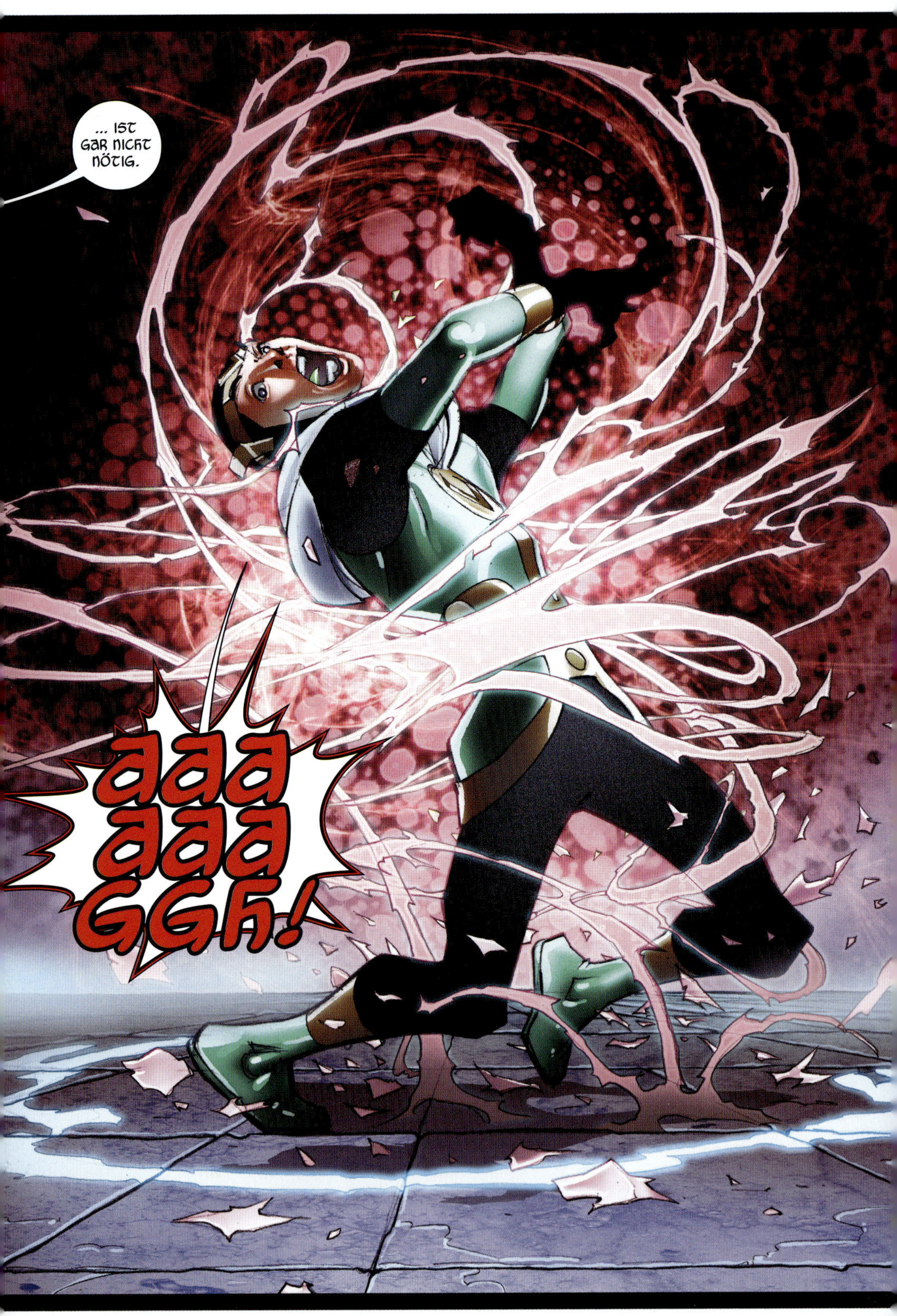
... IST GAR NICHT NÖTIG.
AAAAAAGGH!

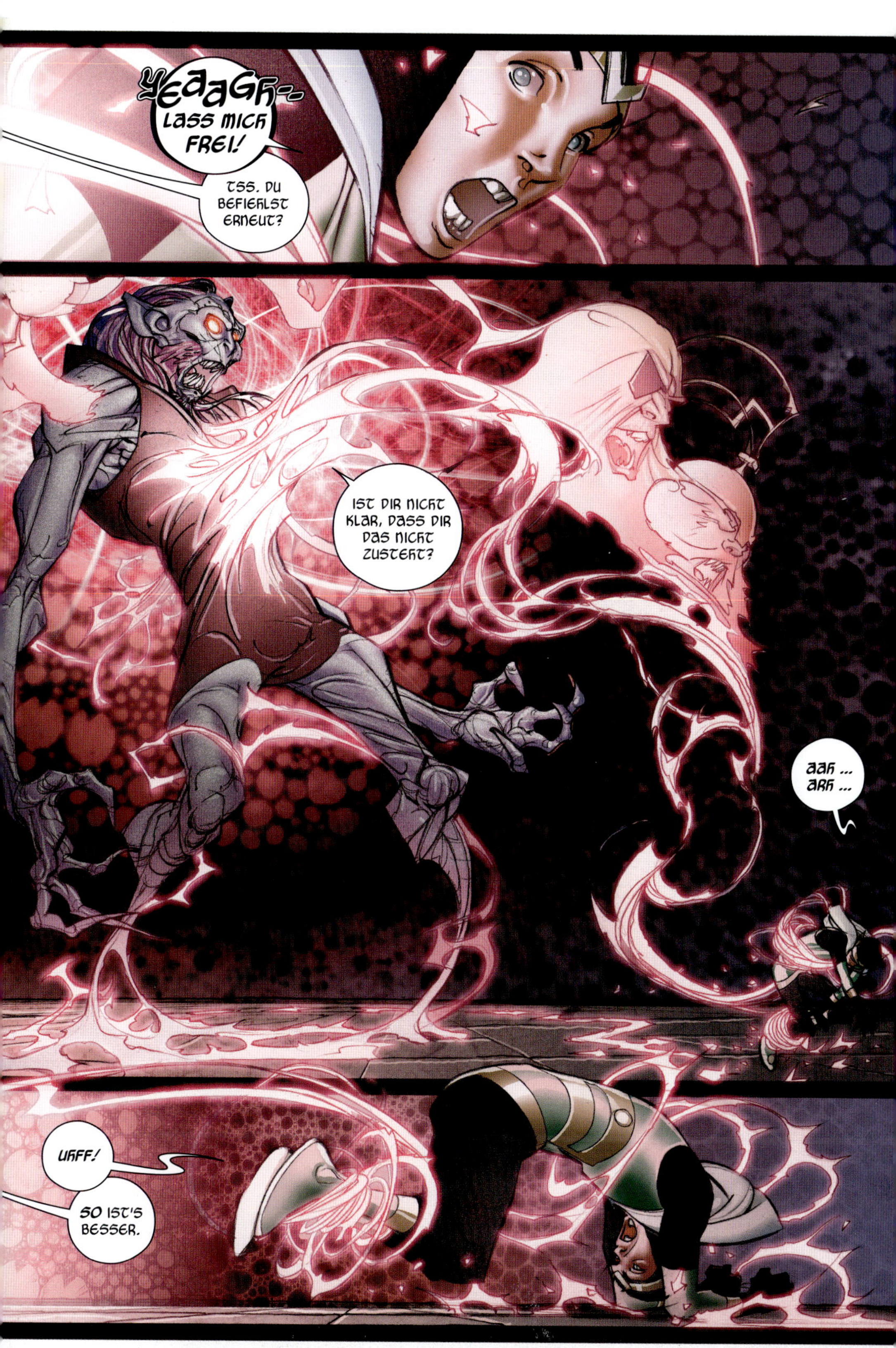
YEAAGH--
LASS MICH FREI!
TSS. DU BEFIEHLST ERNEUT?
IST DIR NICHT KLAR, DASS DIR DAS NICHT ZUSTEHT?
AAH ... ARH ...
UHFF!
SO IST'S BESSER.

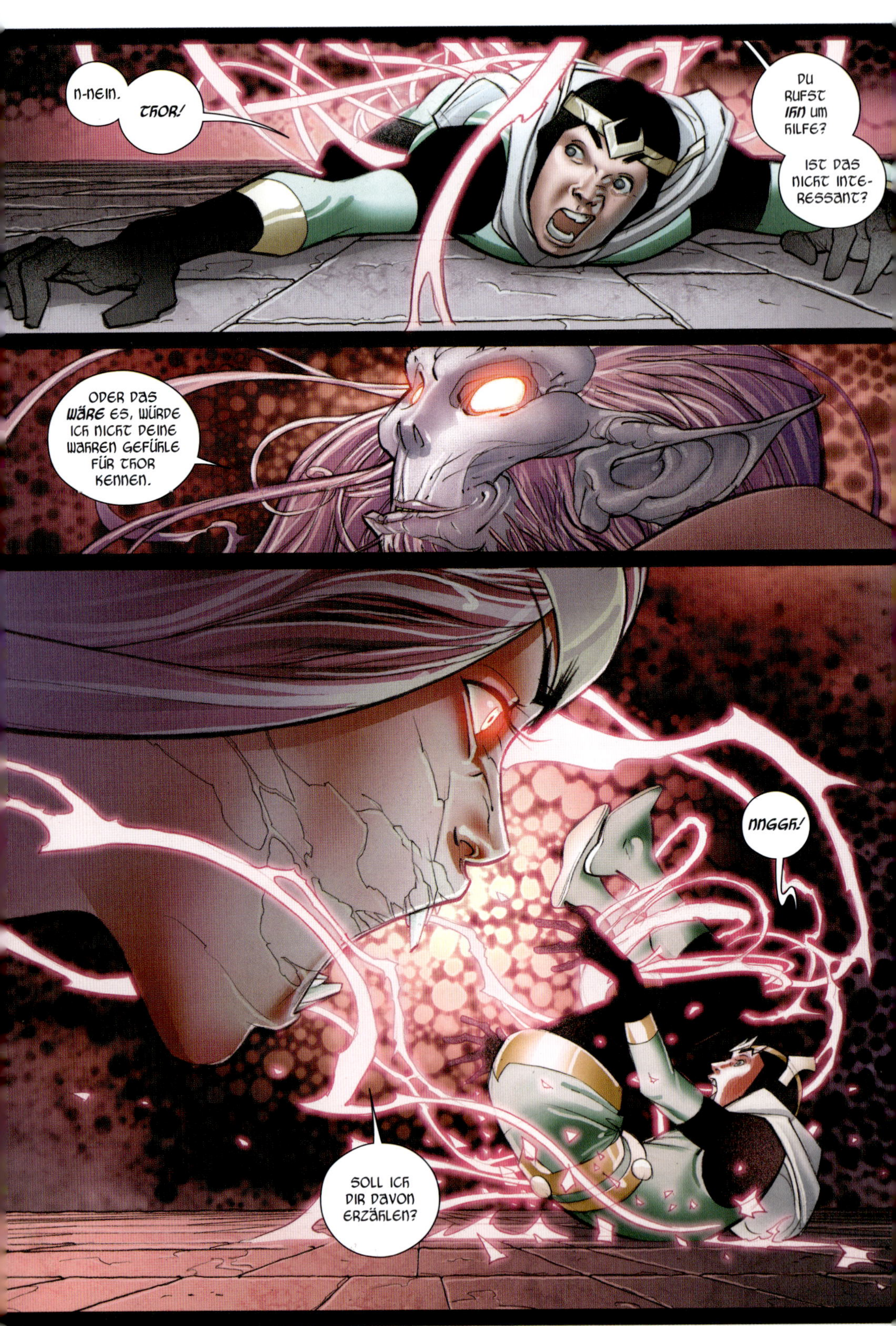
N-NEIN.
THOR!
DU RUFST IHN UM HILFE?
IST DAS NICHT INTERESSANT?
ODER DAS WÄRE ES, WÜRDE ICH NICHT DEINE WAHREN GEFÜHLE FÜR THOR KENNEN.
NNGGH!
SOLL ICH DIR DAVON ERZÄHLEN?

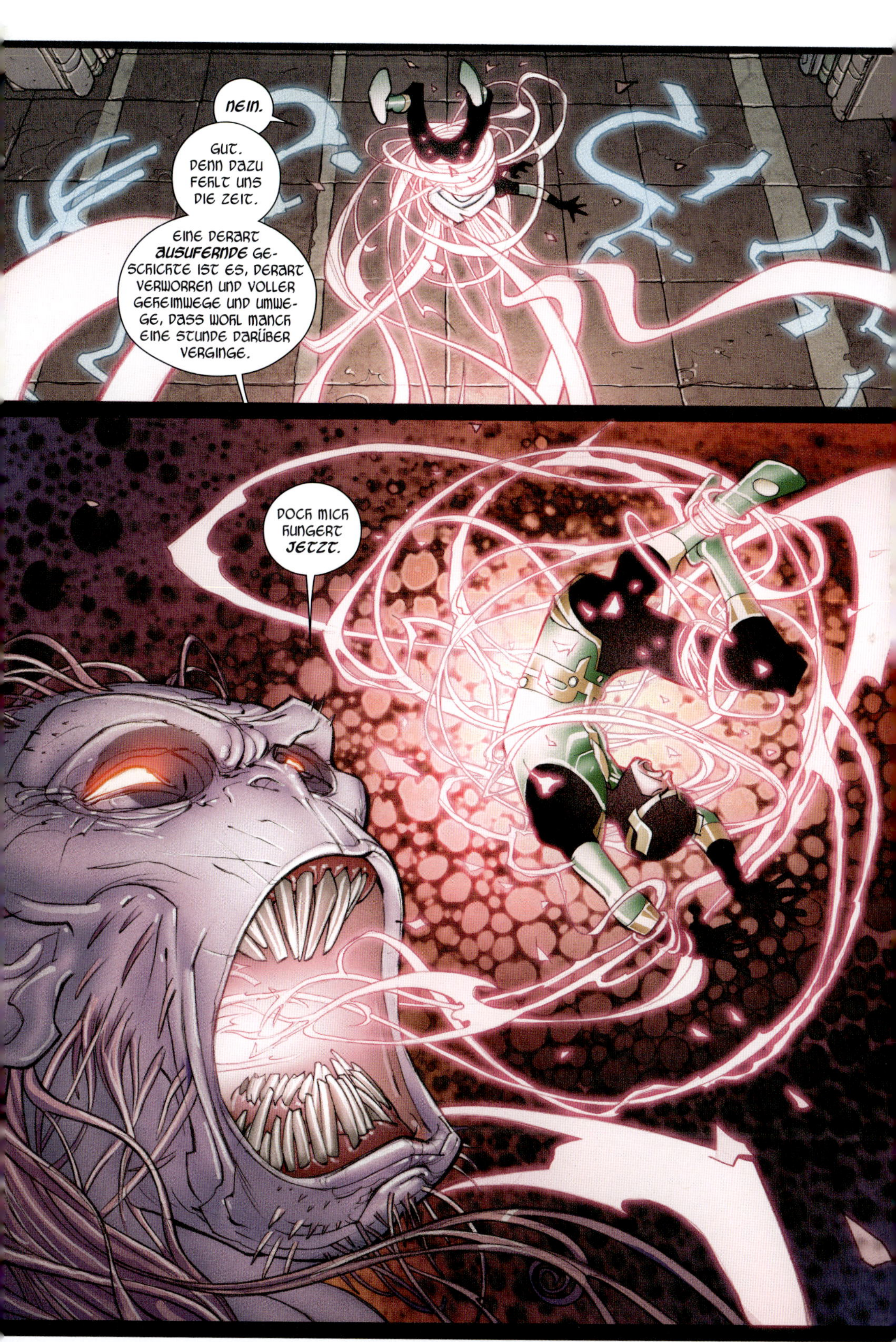
NEIN.
GUT. DENN DAZU FEHLT UNS DIE ZEIT.
EINE DERART **AUSUFERNDE** GESCHICHTE IST ES, DERART VERWORREN UND VOLLER GEHEIMWEGE UND UMWEGE, DASS WOHL MANCH EINE STUNDE DARÜBER VERGINGE.
DOCH MICH HUNGERT **JETZT**.

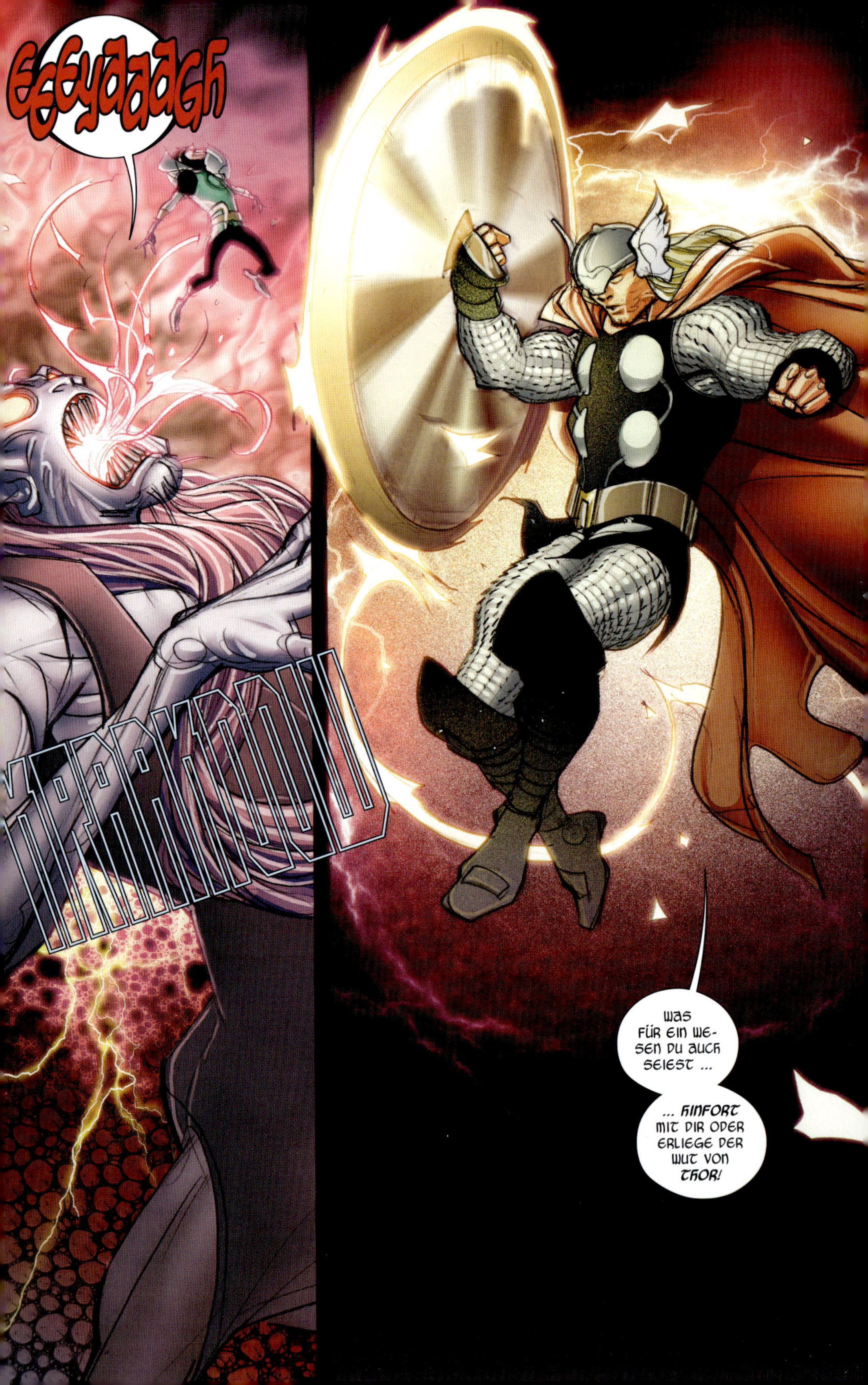
EEEYAAAAGH
KRRAKOOOM
WAS FÜR EIN WESEN DU AUCH SEIEST ...
... HINFORT MIT DIR ODER ERLIEGE DER WUT VON THOR!

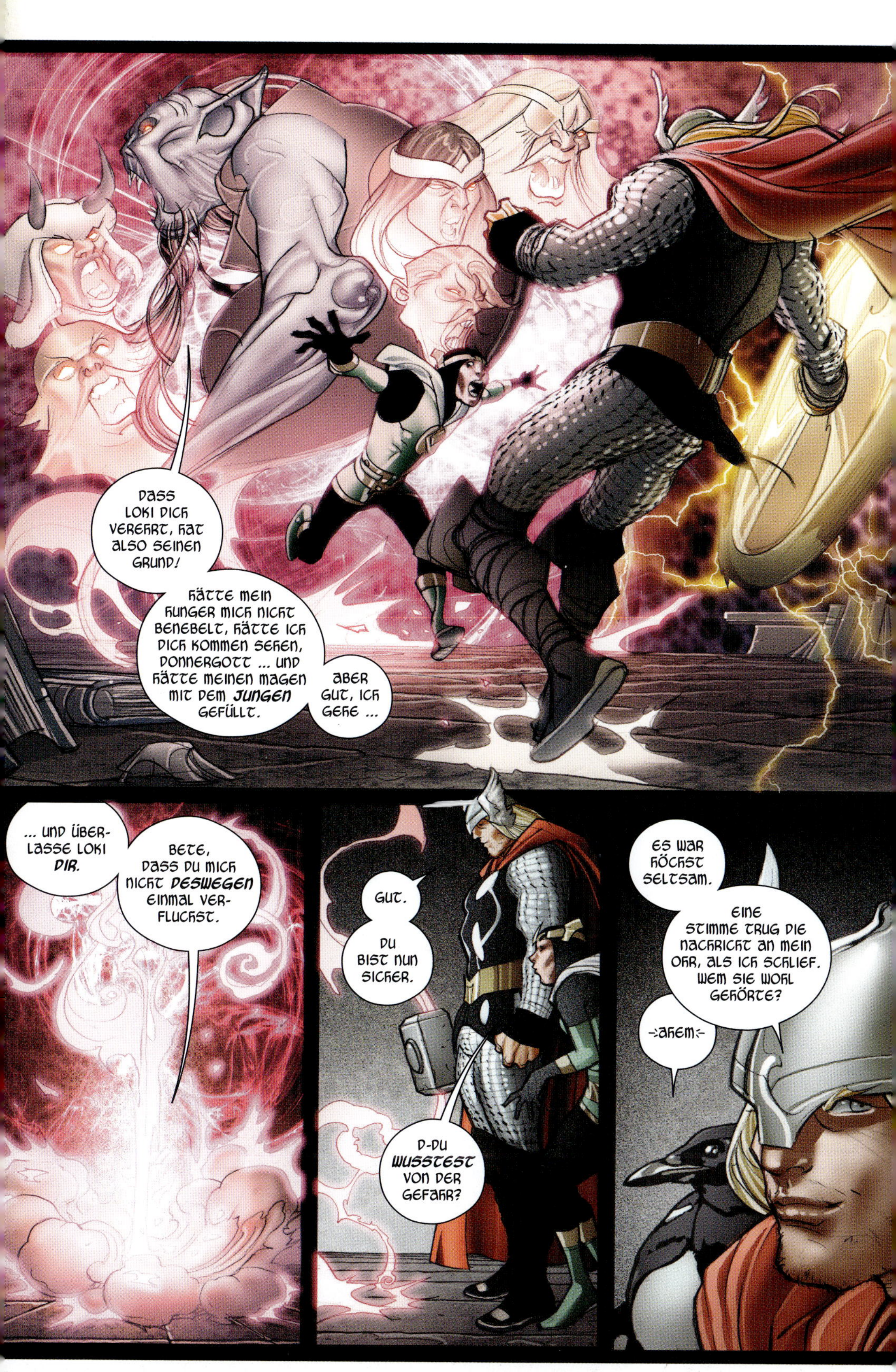
DASS LOKI DICH VEREHRT, HAT ALSO SEINEN GRUND!
HÄTTE MEIN HUNGER MICH NICHT BENEBELT, HÄTTE ICH DICH KOMMEN SEHEN, DONNERGOTT ... UND HÄTTE MEINEN MAGEN MIT DEM JUNGEN GEFÜLLT.
ABER GUT, ICH GEHE ...
... UND ÜBERLASSE LOKI DIR.
BETE, DASS DU MICH NICHT DESWEGEN EINMAL VERFLUCHST.
GUT.
DU BIST NUN SICHER.
D-DU WUSSTEST VON DER GEFAHR?
ES WAR HÖCHST SELTSAM.
EINE STIMME TRUG DIE NACHRICHT AN MEIN OHR, ALS ICH SCHLIEF. WEM SIE WOHL GEHÖRTE?
-:AHEM:-

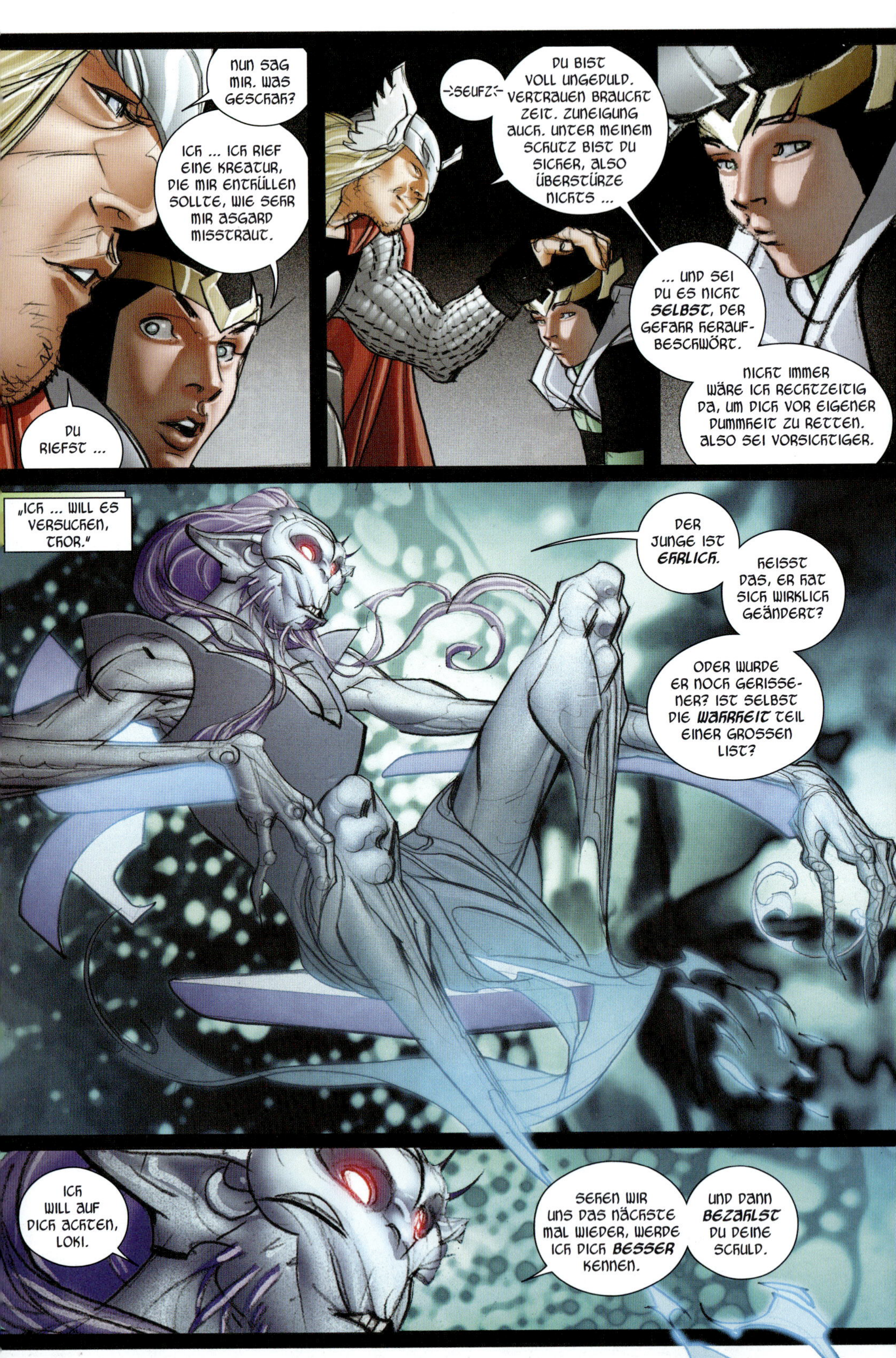

NUN SAG MIR. WAS GESCHAH?
ICH ... ICH RIEF EINE KREATUR, DIE MIR ENTHÜLLEN SOLLTE, WIE SEHR MIR ASGARD MISSTRAUT.
DU RIEFST ...
-SEUFZ-
DU BIST VOLL UNGEDULD. VERTRAUEN BRAUCHT ZEIT. ZUNEIGUNG AUCH. UNTER MEINEM SCHUTZ BIST DU SICHER, ALSO ÜBERSTÜRZE NICHTS ...
... UND SEI DU ES NICHT SELBST, DER GEFAHR HERAUFBESCHWÖRT.
NICHT IMMER WÄRE ICH RECHTZEITIG DA, UM DICH VOR EIGENER DUMMHEIT ZU RETTEN. ALSO SEI VORSICHTIGER.
„ICH ... WILL ES VERSUCHEN, THOR."
DER JUNGE IST EHRLICH.
HEISST DAS, ER HAT SICH WIRKLICH GEÄNDERT?
ODER WURDE ER NOCH GERISSENER? IST SELBST DIE WAHRHEIT TEIL EINER GROSSEN LIST?
ICH WILL AUF DICH ACHTEN, LOKI.
SEHEN WIR UNS DAS NÄCHSTE MAL WIEDER, WERDE ICH DICH BESSER KENNEN.
UND DANN BEZAHLST DU DEINE SCHULD.

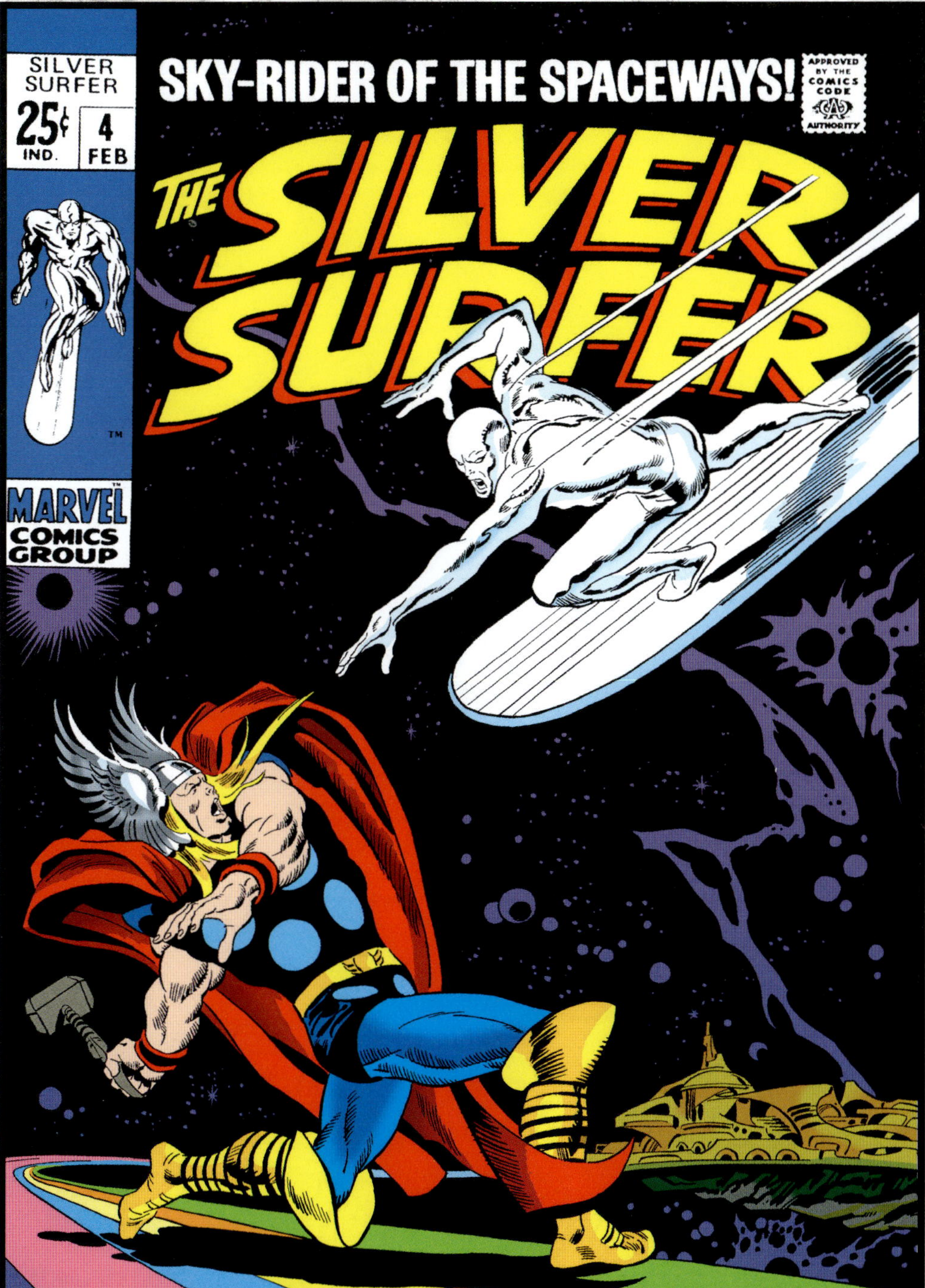

SILVER SURFER
25¢ IND.
4 FEB

SKY-RIDER OF THE SPACEWAYS!

APPROVED BY THE COMICS CODE AUTHORITY

THE SILVER SURFER™

MARVEL™ COMICS GROUP

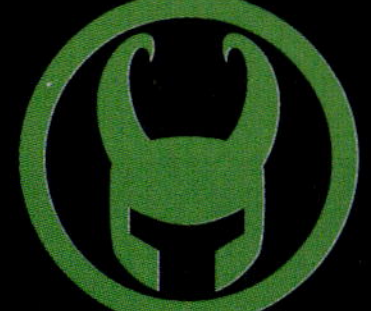

SILVER SURFER (1968) 4

Loki ist entschlossener denn je, seinen Bruder Thor loszuwerden. Damit ihm das gelingt, bittet er den Silver Surfer um Hilfe!

COVER VON **JOHN BUSCEMA**

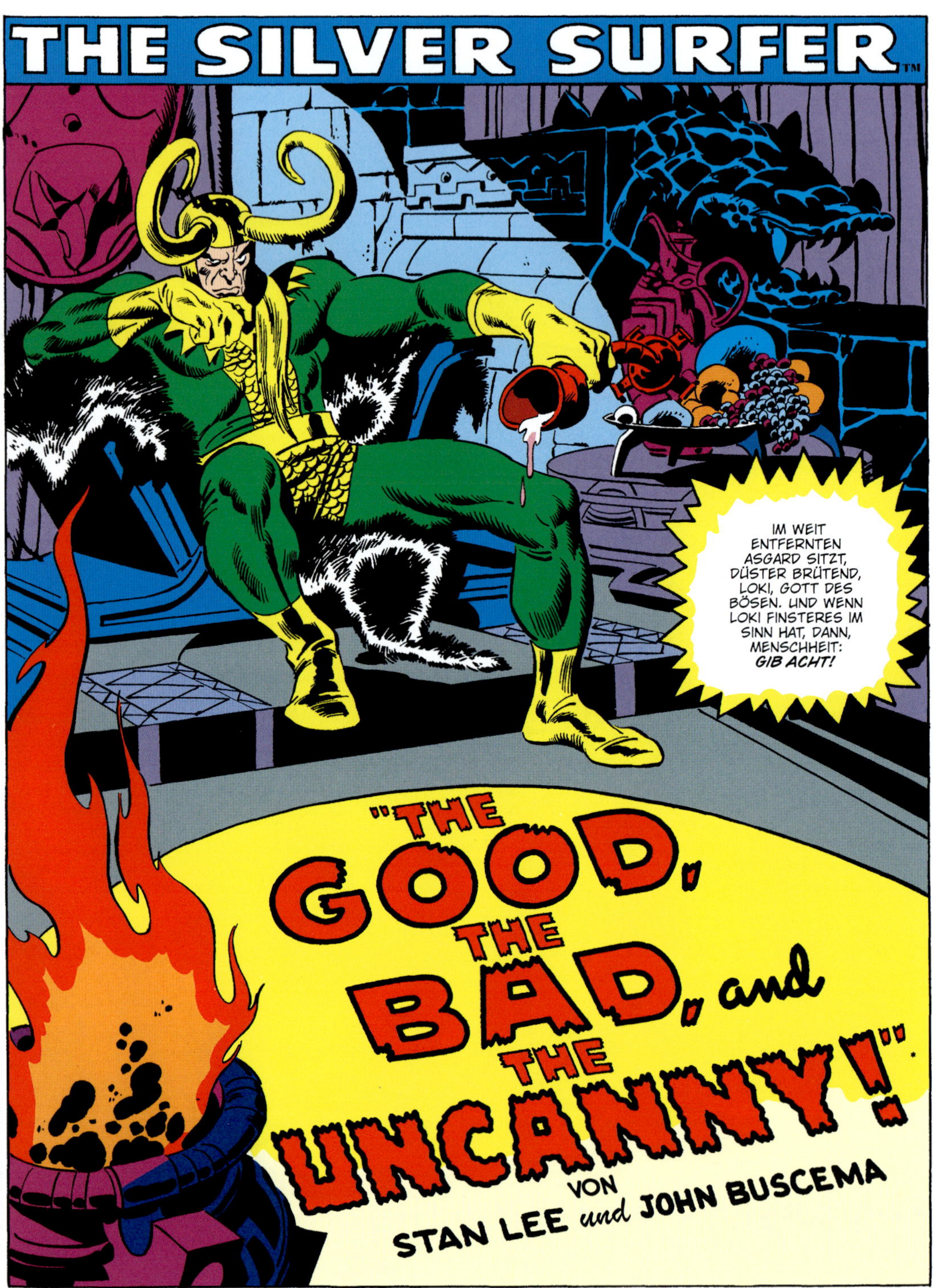

* EIN GOTT MUSS FALLEN!

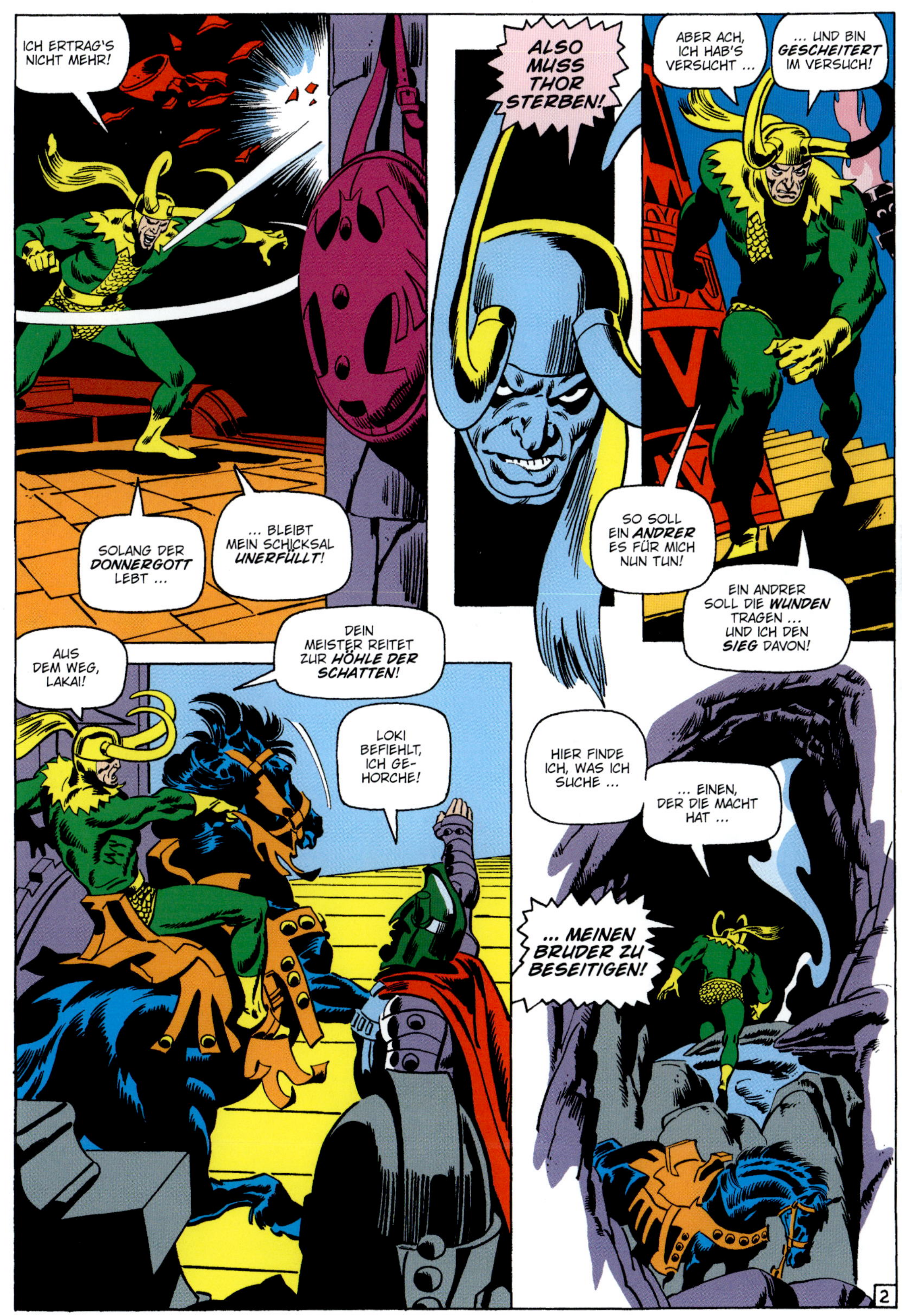
ICH ERTRAG'S NICHT MEHR!
SOLANG DER DONNERGOTT LEBT ...
... BLEIBT MEIN SCHICKSAL UNERFÜLLT!
ALSO MUSS THOR STERBEN!
ABER ACH, ICH HAB'S VERSUCHT ...
... UND BIN GESCHEITERT IM VERSUCH!
SO SOLL EIN ANDRER ES FÜR MICH NUN TUN!
EIN ANDRER SOLL DIE WUNDEN TRAGEN ... UND ICH DEN SIEG DAVON!
AUS DEM WEG, LAKAI!
DEIN MEISTER REITET ZUR HÖHLE DER SCHATTEN!
LOKI BEFIEHLT, ICH GEHORCHE!
HIER FINDE ICH, WAS ICH SUCHE ...
... EINEN, DER DIE MACHT HAT ...
... MEINEN BRUDER ZU BESEITIGEN!
2

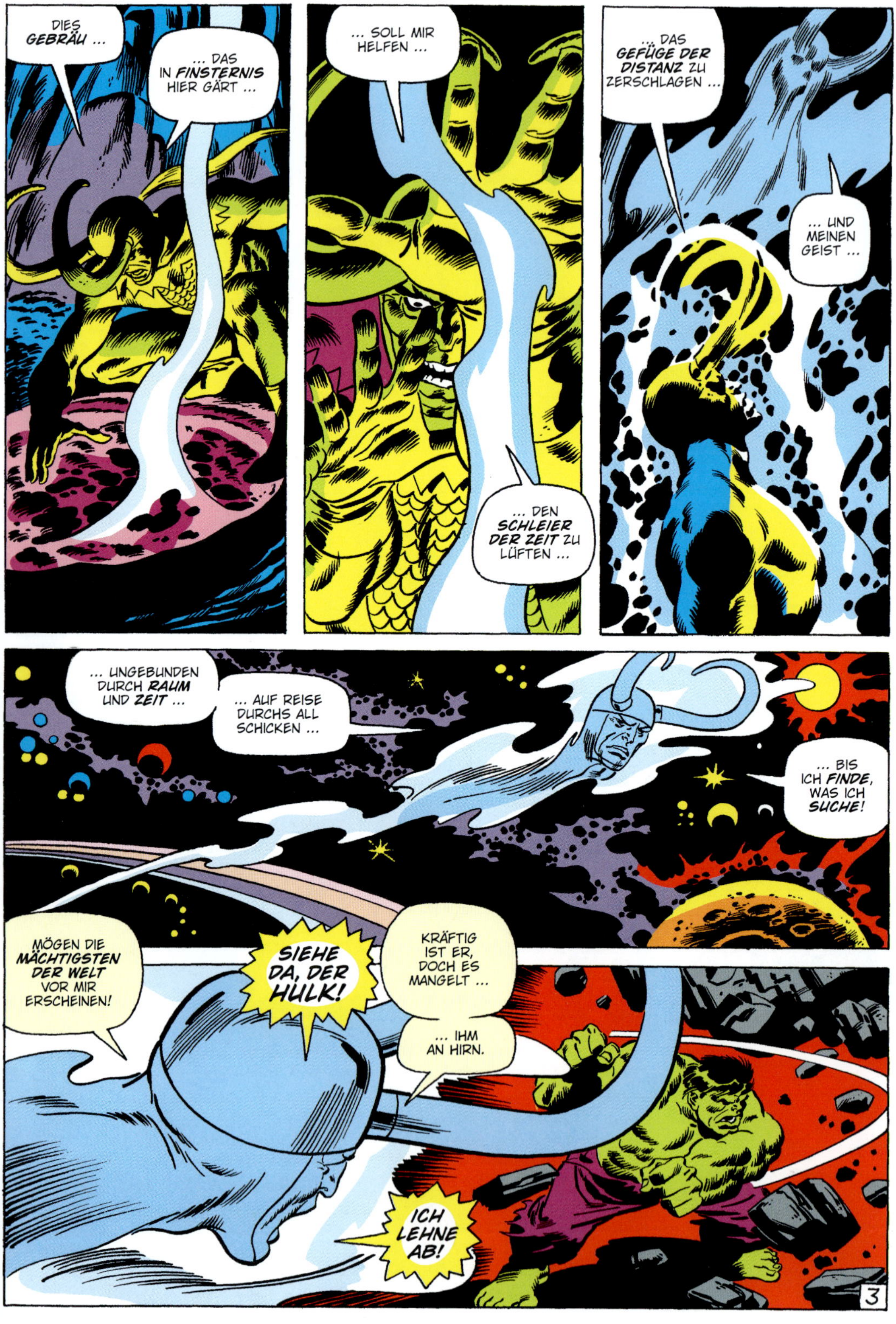

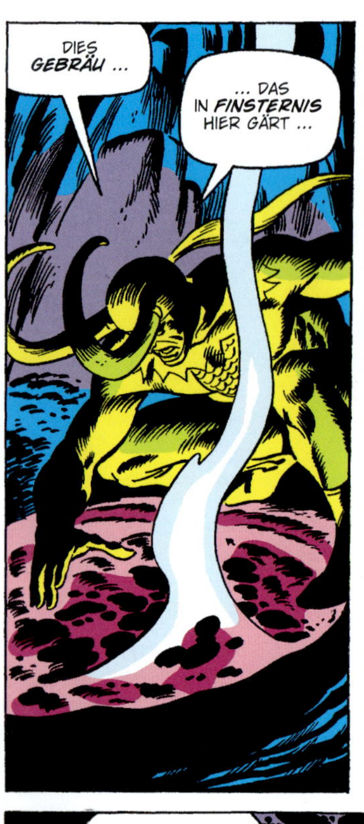

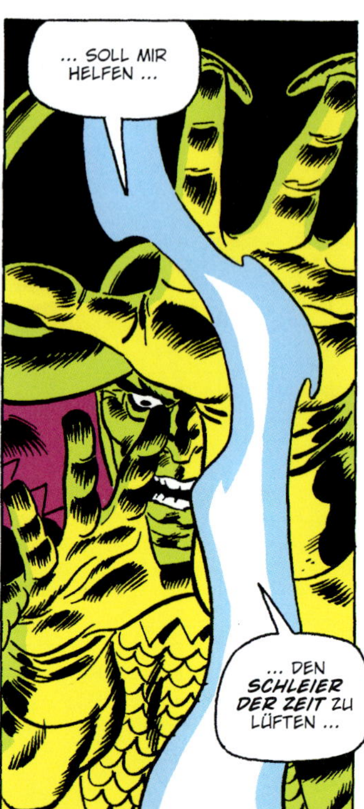

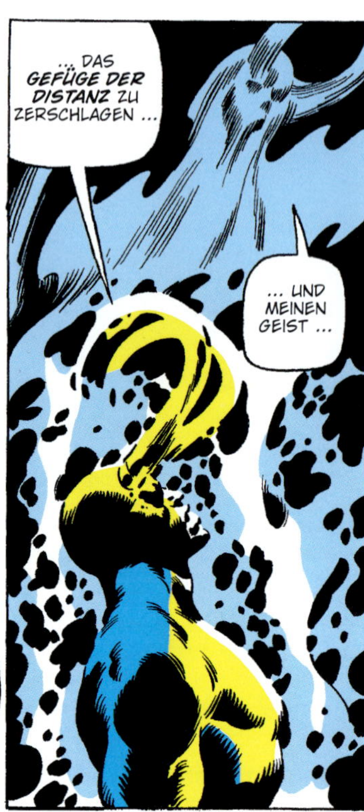

... UNGEBUNDEN DURCH **RAUM** UND **ZEIT** ...

... AUF REISE DURCHS ALL SCHICKEN ...

... BIS ICH **FINDE**, WAS ICH **SUCHE**!

MÖGEN DIE **MÄCHTIGSTEN DER WELT** VOR MIR ERSCHEINEN!

SIEHE DA, DER HULK!

KRÄFTIG IST ER, DOCH ES MANGELT ...

... IHM AN HIRN.

ICH LEHNE AB!

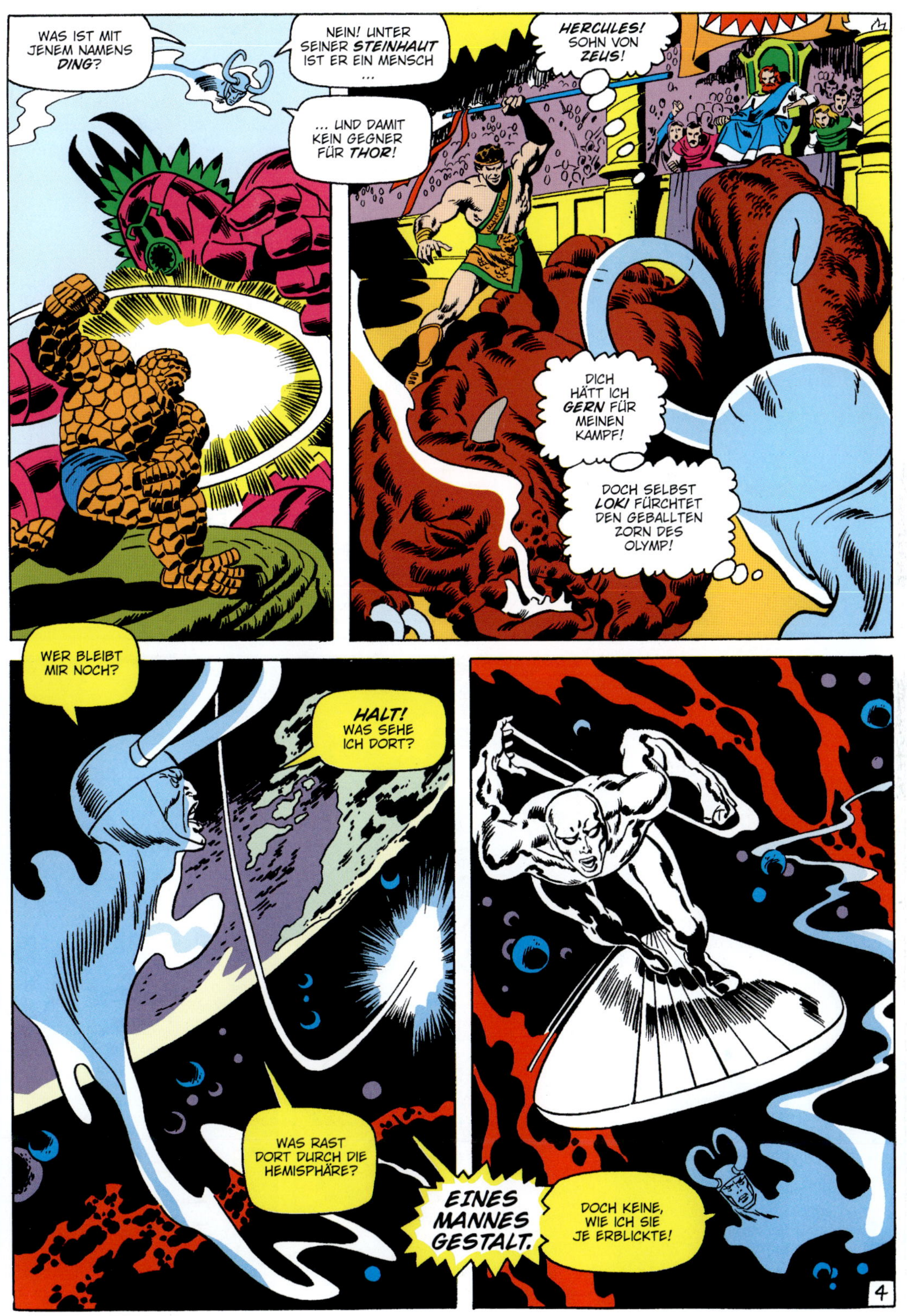
WAS IST MIT JENEM NAMENS DING?
NEIN! UNTER SEINER STEINHAUT IST ER EIN MENSCH ...
... UND DAMIT KEIN GEGNER FÜR THOR!
HERCULES! SOHN VON ZEUS!
DICH HÄTT ICH GERN FÜR MEINEN KAMPF!
DOCH SELBST LOKI FÜRCHTET DEN GEBALLTEN ZORN DES OLYMP!
WER BLEIBT MIR NOCH?
HALT! WAS SEHE ICH DORT?
WAS RAST DORT DURCH DIE HEMISPHÄRE?
EINES MANNES GESTALT.
DOCH KEINE, WIE ICH SIE JE ERBLICKTE!
4

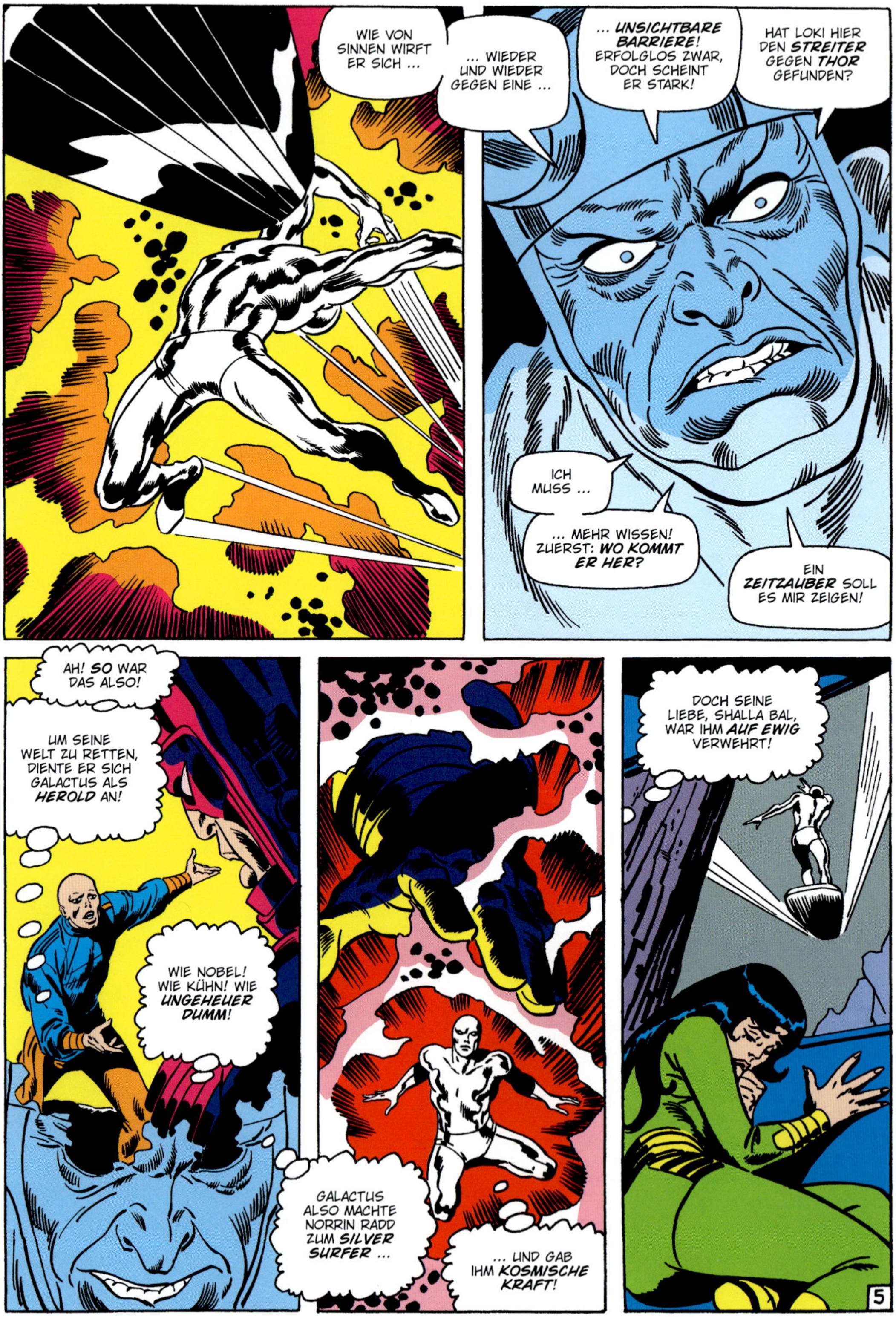

WIE VON SINNEN WIRFT ER SICH ...
... WIEDER UND WIEDER GEGEN EINE ...
... **UNSICHTBARE BARRIERE!** ERFOLGLOS ZWAR, DOCH SCHEINT ER STARK!
HAT LOKI HIER DEN **STREITER** GEGEN **THOR** GEFUNDEN?
ICH MUSS ...
... MEHR WISSEN! ZUERST: **WO KOMMT ER HER?**
EIN **ZEITZAUBER** SOLL ES MIR ZEIGEN!

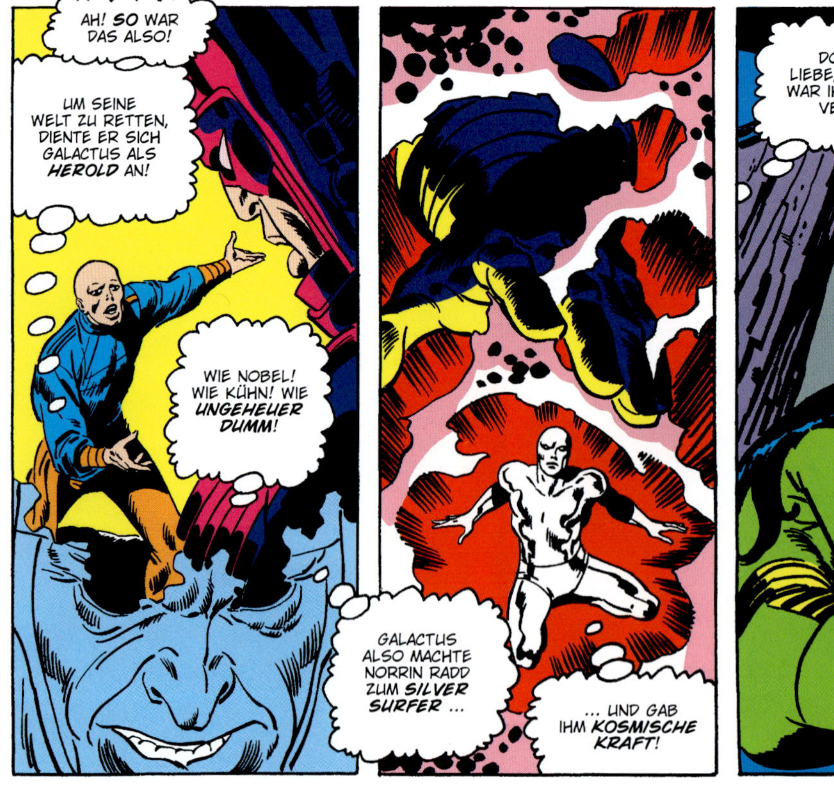

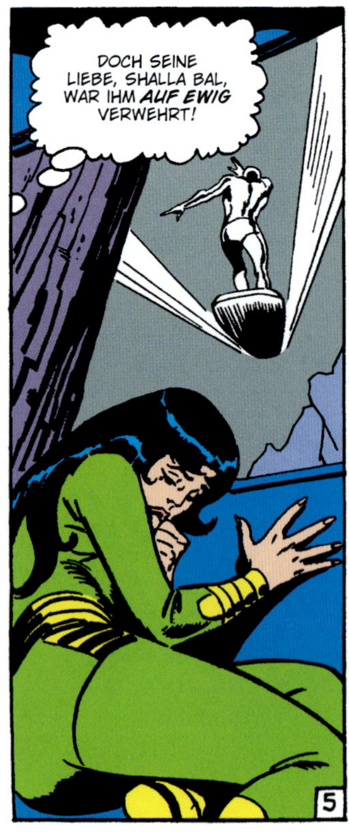

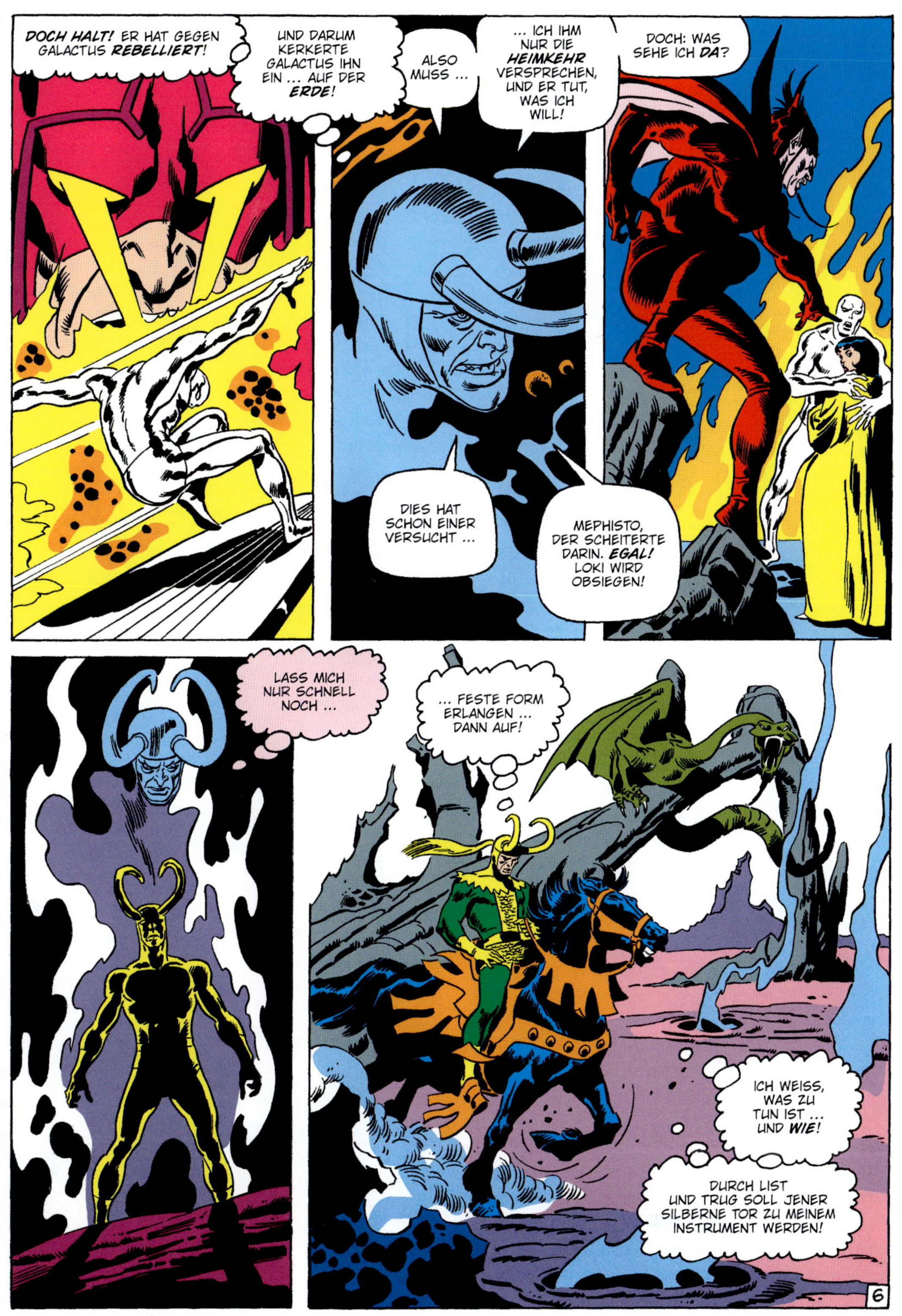
DOCH HALT! ER HAT GEGEN GALACTUS REBELLIERT!
UND DARUM KERKERTE GALACTUS IHN EIN ... AUF DER ERDE!
ALSO MUSS ...
... ICH IHM NUR DIE HEIMKEHR VERSPRECHEN, UND ER TUT, WAS ICH WILL!
DIES HAT SCHON EINER VERSUCHT ...
MEPHISTO, DER SCHEITERTE DARIN. EGAL! LOKI WIRD OBSIEGEN!
DOCH: WAS SEHE ICH DA?
LASS MICH NUR SCHNELL NOCH ...
... FESTE FORM ERLANGEN ... DANN AUF!
ICH WEISS, WAS ZU TUN IST ... UND WIE!
DURCH LIST UND TRUG SOLL JENER SILBERNE TOR ZU MEINEM INSTRUMENT WERDEN!
6

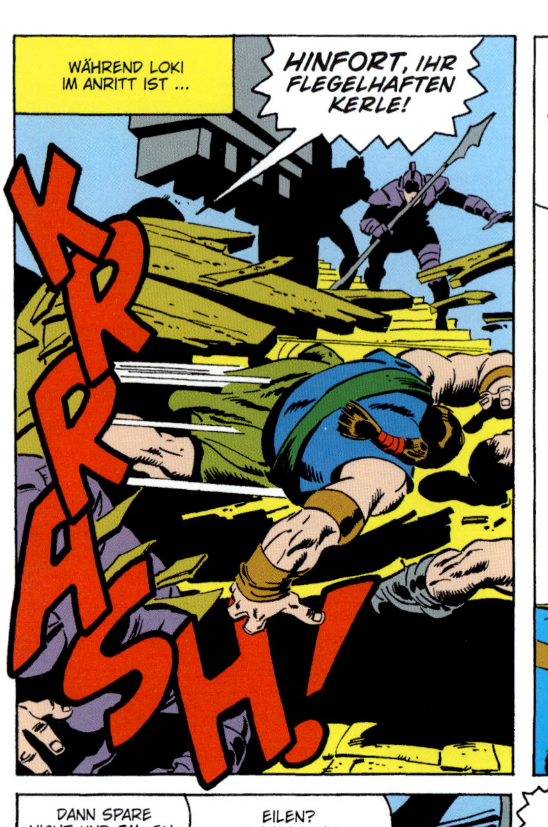
WÄHREND LOKI IM ANRITT IST ...
HINFORT, IHR FLEGELHAFTEN KERLE!
KRRAASH!

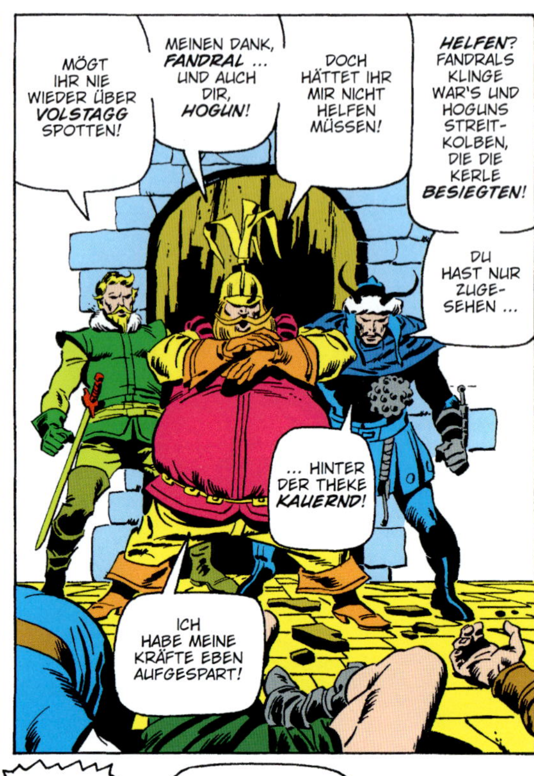
MÖGT IHR NIE WIEDER ÜBER VOLSTAGG SPOTTEN!
MEINEN DANK, FANDRAL ... UND AUCH DIR, HOGUN!
DOCH HÄTTET IHR MIR NICHT HELFEN MÜSSEN!
HELFEN? FANDRALS KLINGE WAR'S UND HOGUNS STREITKOLBEN, DIE DIE KERLE BESIEGTEN!
DU HAST NUR ZUGESEHEN ...
... HINTER DER THEKE KAUERND!
ICH HABE MEINE KRÄFTE EBEN AUFGESPART!

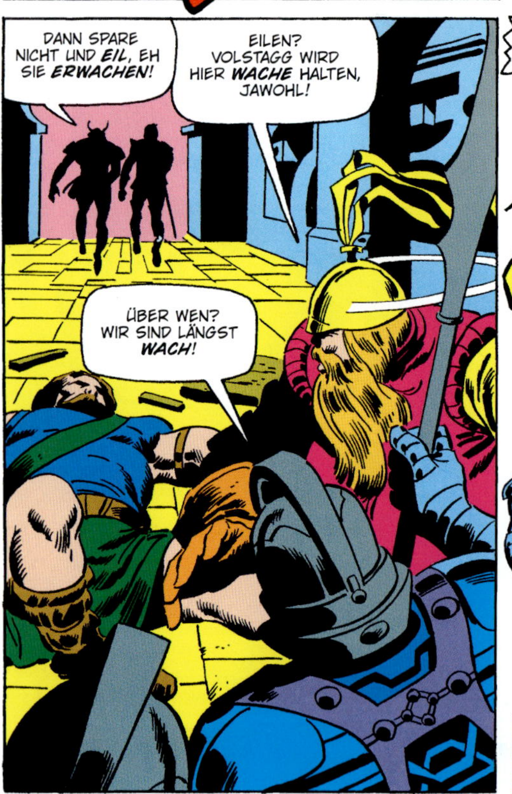
DANN SPARE NICHT UND EIL, EH SIE ERWACHEN!
EILEN? VOLSTAGG WIRD HIER WACHE HALTEN, JAWOHL!
ÜBER WEN? WIR SIND LÄNGST WACH!

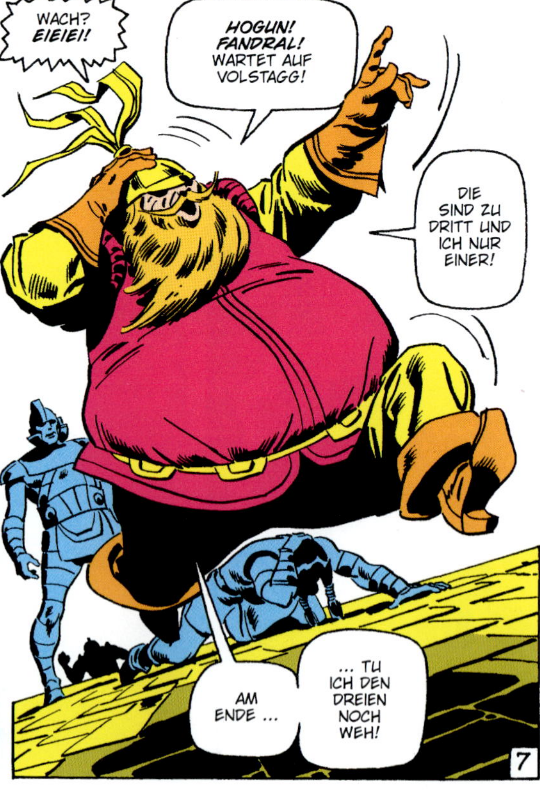
WACH? EIEIEI!
HOGUN! FANDRAL! WARTET AUF VOLSTAGG!
DIE SIND ZU DRITT UND ICH NUR EINER!
AM ENDE ...
... TU ICH DEN DREIEN NOCH WEH!

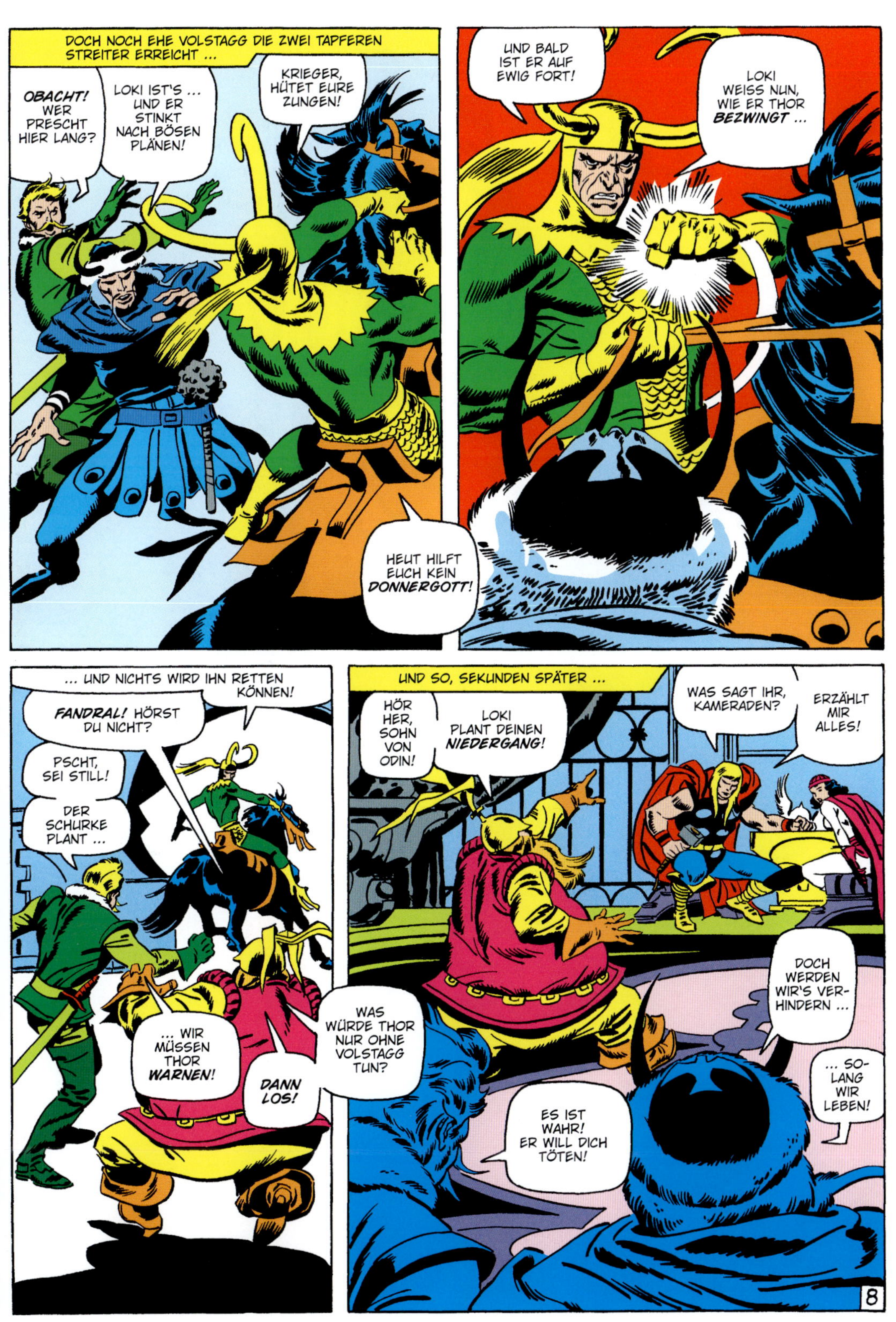
DOCH NOCH EHE VOLSTAGG DIE ZWEI TAPFEREN STREITER ERREICHT ...
OBACHT! WER PRESCHT HIER LANG?
LOKI IST'S ... UND ER STINKT NACH BÖSEN PLÄNEN!
KRIEGER, HÜTET EURE ZUNGEN!
HEUT HILFT EUCH KEIN DONNERGOTT!
UND BALD IST ER AUF EWIG FORT!
LOKI WEISS NUN, WIE ER THOR BEZWINGT ...
... UND NICHTS WIRD IHN RETTEN KÖNNEN!
FANDRAL! HÖRST DU NICHT?
PSCHT, SEI STILL!
DER SCHURKE PLANT ...
... WIR MÜSSEN THOR WARNEN!
DANN LOS!
WAS WÜRDE THOR NUR OHNE VOLSTAGG TUN?
UND SO, SEKUNDEN SPÄTER ...
HÖR HER, SOHN VON ODIN!
LOKI PLANT DEINEN NIEDERGANG!
WAS SAGT IHR, KAMERADEN?
ERZÄHLT MIR ALLES!
DOCH WERDEN WIR'S VERHINDERN ...
... SOLANG WIR LEBEN!
ES IST WAHR! ER WILL DICH TÖTEN!
8

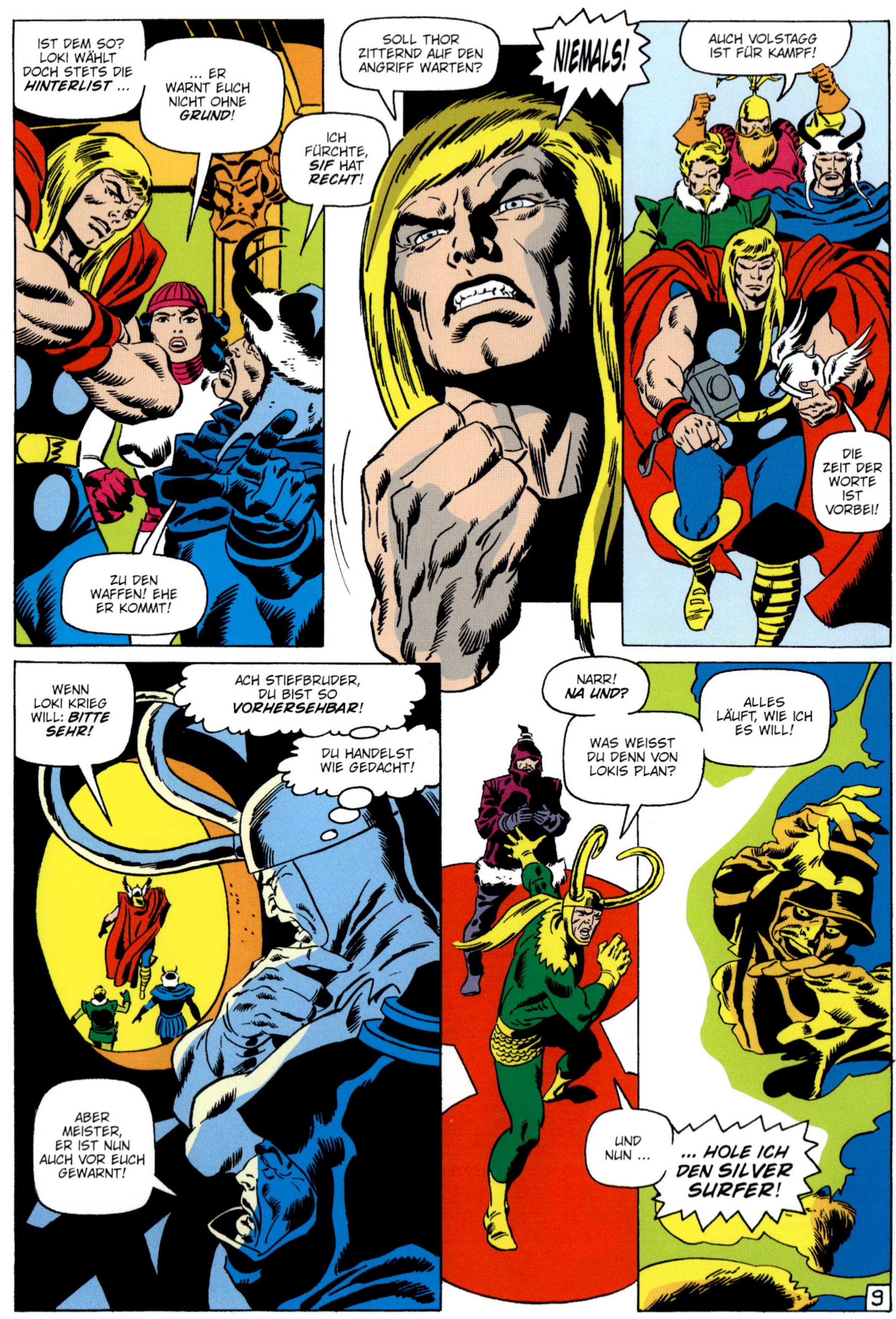

IST DEM SO? LOKI WÄHLT DOCH STETS DIE HINTERLIST ...
... ER WARNT EUCH NICHT OHNE GRUND!
ICH FÜRCHTE, SIF HAT RECHT!
ZU DEN WAFFEN! EHE ER KOMMT!
SOLL THOR ZITTERND AUF DEN ANGRIFF WARTEN?
NIEMALS!
AUCH VOLSTAGG IST FÜR KAMPF!
DIE ZEIT DER WORTE IST VORBEI!
WENN LOKI KRIEG WILL: BITTE SEHR!
ACH STIEFBRUDER, DU BIST SO VORHERSEHBAR!
DU HANDELST WIE GEDACHT!
ABER MEISTER, ER IST NUN AUCH VOR EUCH GEWARNT!
NARR! NA UND?
WAS WEISST DU DENN VON LOKIS PLAN?
ALLES LÄUFT, WIE ICH ES WILL!
UND NUN ...
... HOLE ICH DEN SILVER SURFER!

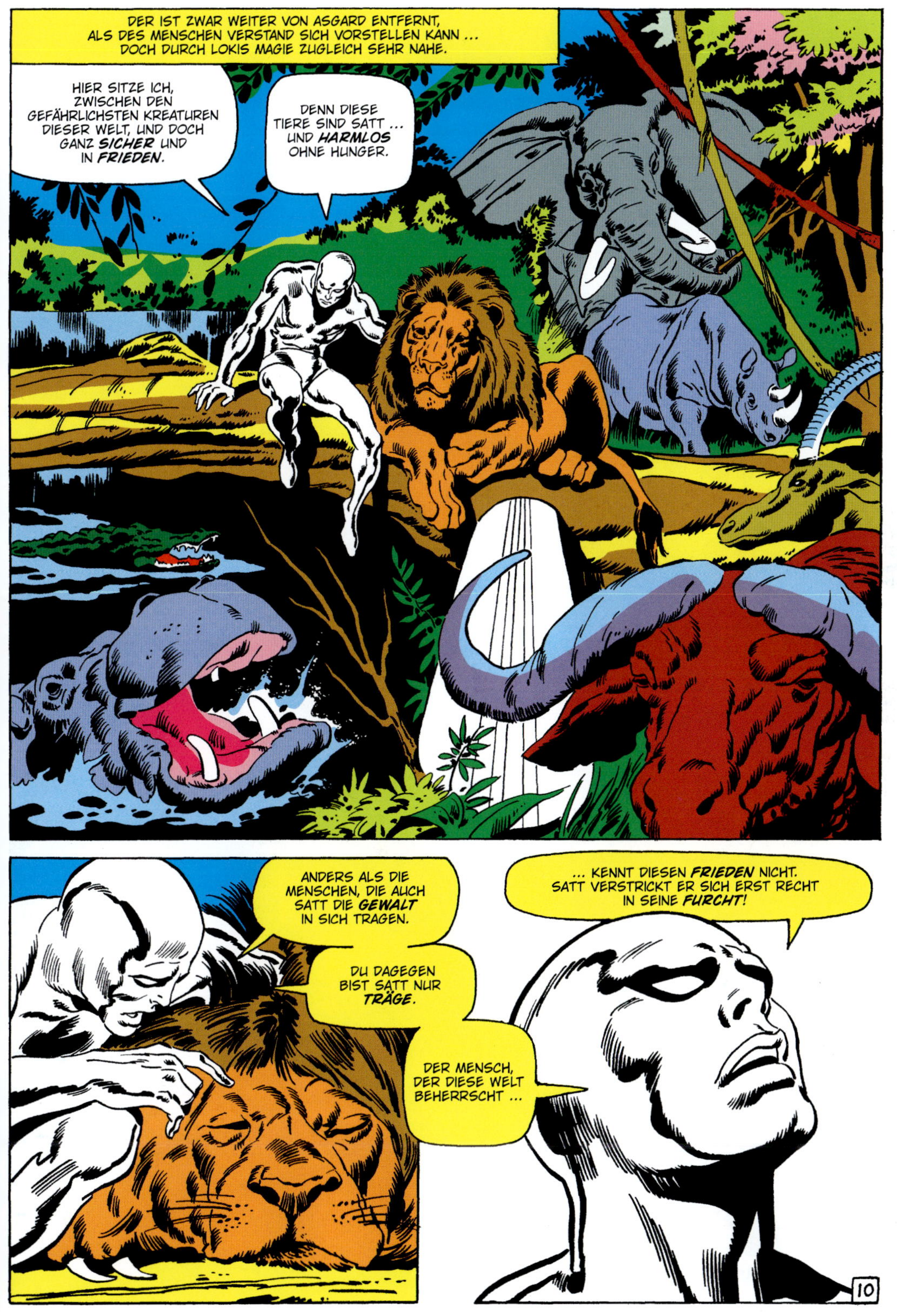
DER IST ZWAR WEITER VON ASGARD ENTFERNT, ALS DES MENSCHEN VERSTAND SICH VORSTELLEN KANN ... DOCH DURCH LOKIS MAGIE ZUGLEICH SEHR NAHE.
HIER SITZE ICH, ZWISCHEN DEN GEFÄHRLICHSTEN KREATUREN DIESER WELT, UND DOCH GANZ SICHER UND IN FRIEDEN.
DENN DIESE TIERE SIND SATT ... UND HARMLOS OHNE HUNGER.
ANDERS ALS DIE MENSCHEN, DIE AUCH SATT DIE GEWALT IN SICH TRAGEN.
DU DAGEGEN BIST SATT NUR TRÄGE.
DER MENSCH, DER DIESE WELT BEHERRSCHT ...
... KENNT DIESEN FRIEDEN NICHT. SATT VERSTRICKT ER SICH ERST RECHT IN SEINE FURCHT!
10

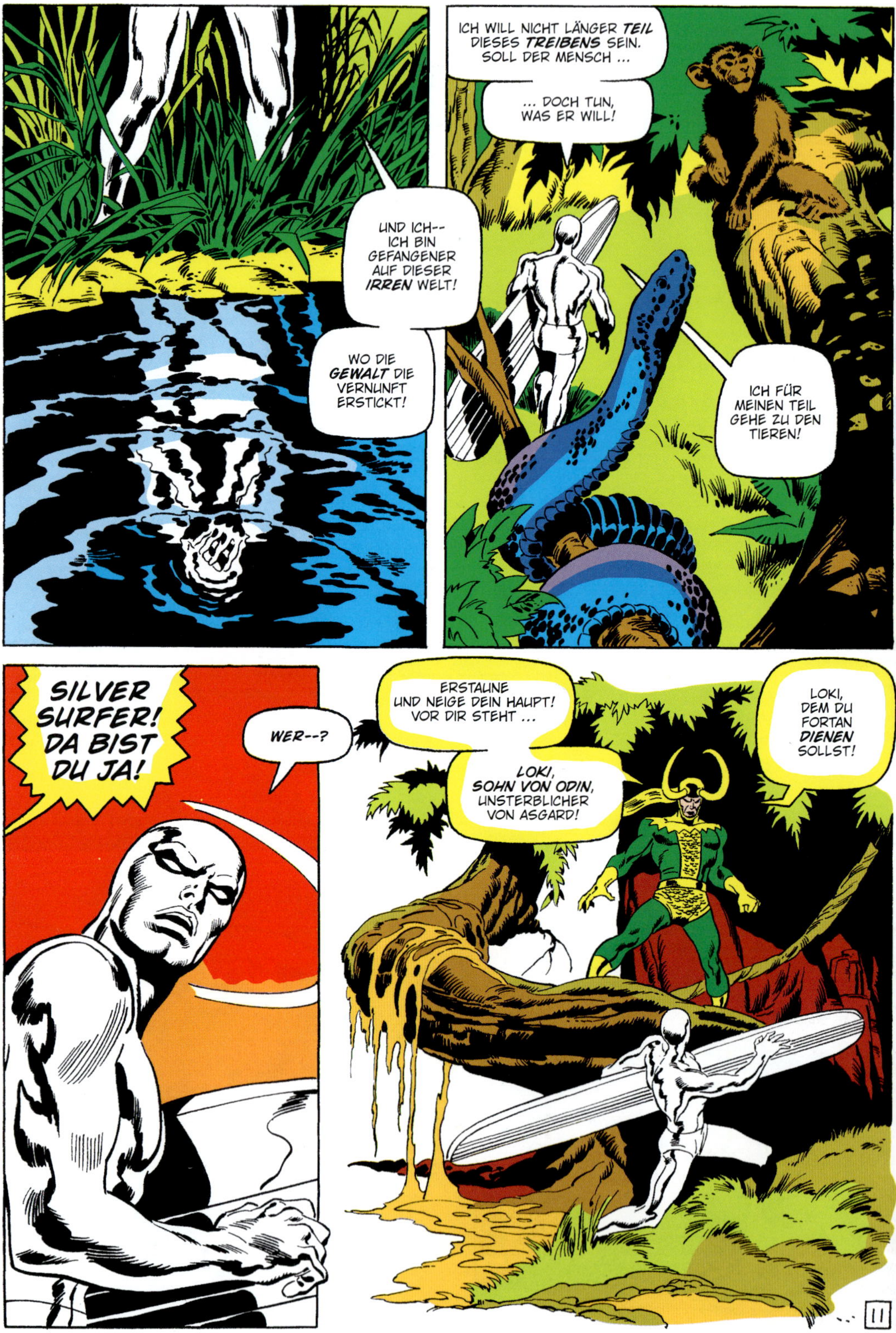

UND ICH--
ICH BIN GEFANGENER AUF DIESER *IRREN* WELT!
WO DIE *GEWALT* DIE VERNUNFT ERSTICKT!
ICH WILL NICHT LÄNGER *TEIL* DIESES *TREIBENS* SEIN. SOLL DER MENSCH ...
... DOCH TUN, WAS ER WILL!
ICH FÜR MEINEN TEIL GEHE ZU DEN TIEREN!
SILVER SURFER! DA BIST DU JA!
WER--?
ERSTAUNE UND NEIGE DEIN HAUPT! VOR DIR STEHT ...
LOKI, SOHN VON ODIN, UNSTERBLICHER VON ASGARD!
LOKI, DEM DU FORTAN *DIENEN* SOLLST!

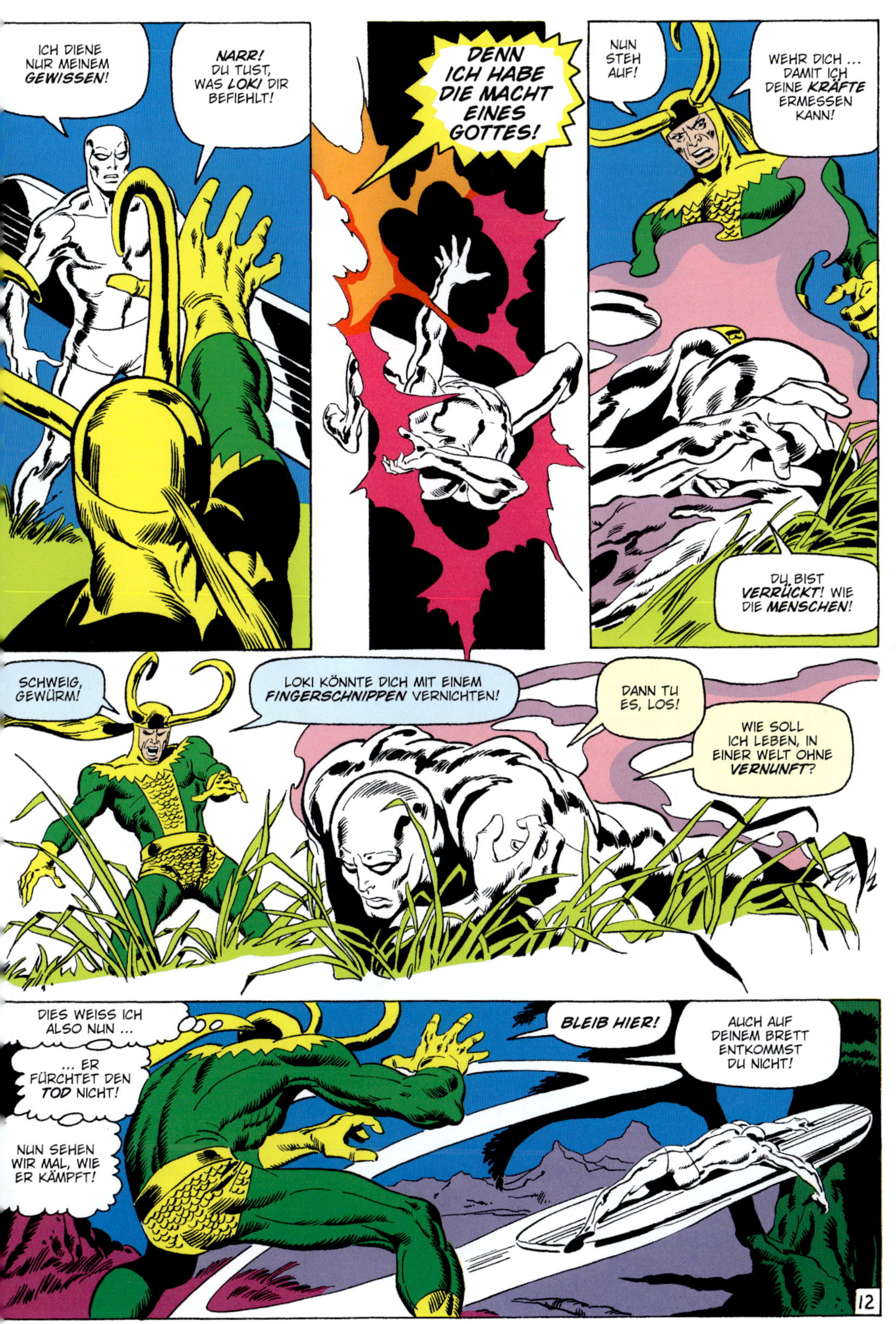

ICH DIENE NUR MEINEM GEWISSEN!
NARR! DU TUST, WAS LOKI DIR BEFIEHLT!
DENN ICH HABE DIE MACHT EINES GOTTES!
NUN STEH AUF!
WEHR DICH ... DAMIT ICH DEINE KRÄFTE ERMESSEN KANN!
DU BIST VERRÜCKT! WIE DIE MENSCHEN!
SCHWEIG, GEWÜRM!
LOKI KÖNNTE DICH MIT EINEM FINGERSCHNIPPEN VERNICHTEN!
DANN TU ES, LOS!
WIE SOLL ICH LEBEN, IN EINER WELT OHNE VERNUNFT?
DIES WEISS ICH ALSO NUN ...
... ER FÜRCHTET DEN TOD NICHT!
NUN SEHEN WIR MAL, WIE ER KÄMPFT!
BLEIB HIER!
AUCH AUF DEINEM BRETT ENTKOMMST DU NICHT!

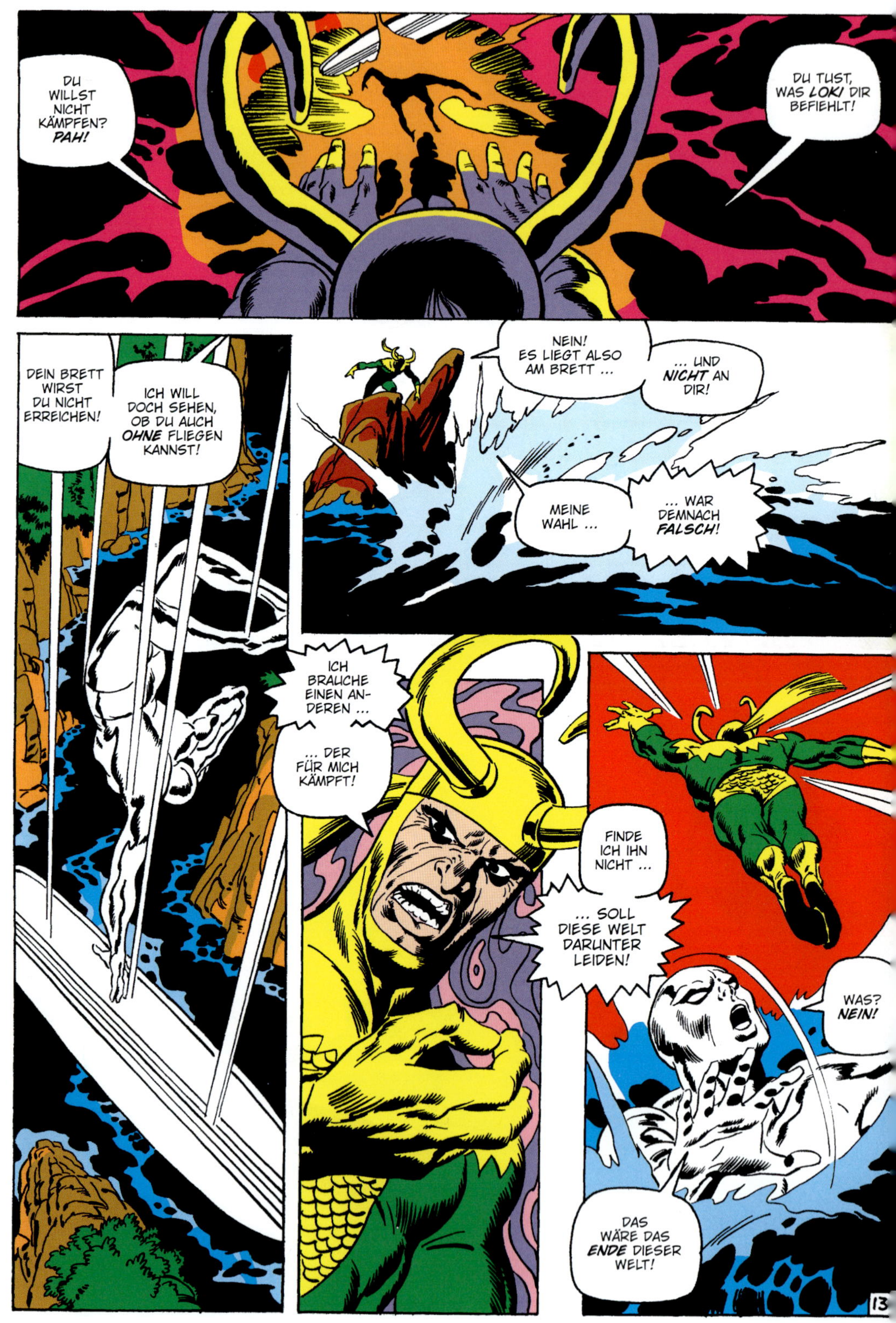
DU WILLST NICHT KÄMPFEN? PAH!
DU TUST, WAS LOKI DIR BEFIEHLT!
DEIN BRETT WIRST DU NICHT ERREICHEN!
ICH WILL DOCH SEHEN, OB DU AUCH OHNE FLIEGEN KANNST!
NEIN! ES LIEGT ALSO AM BRETT ...
... UND NICHT AN DIR!
MEINE WAHL ...
... WAR DEMNACH FALSCH!
ICH BRAUCHE EINEN ANDEREN ...
... DER FÜR MICH KÄMPFT!
FINDE ICH IHN NICHT ...
... SOLL DIESE WELT DARUNTER LEIDEN!
WAS? NEIN!
DAS WÄRE DAS ENDE DIESER WELT!
13

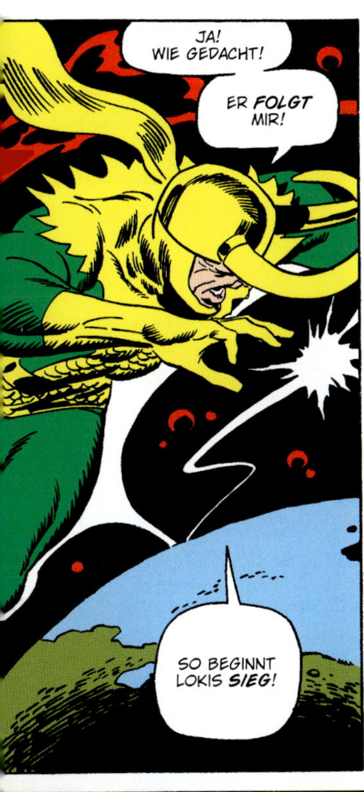
JA!
WIE GEDACHT!
ER FOLGT MIR!
SO BEGINNT LOKIS SIEG!

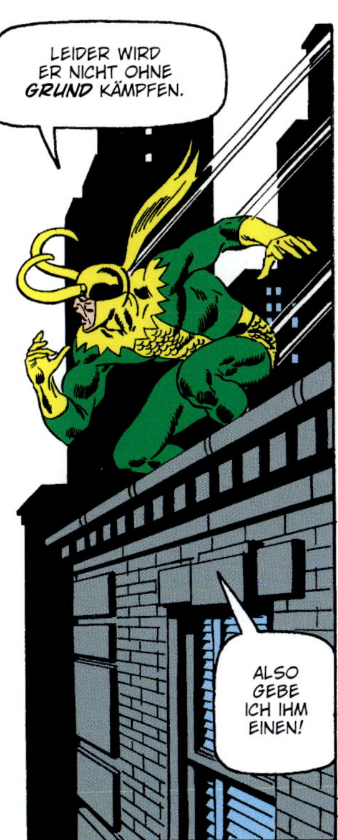
LEIDER WIRD ER NICHT OHNE GRUND KÄMPFEN.
ALSO GEBE ICH IHM EINEN!

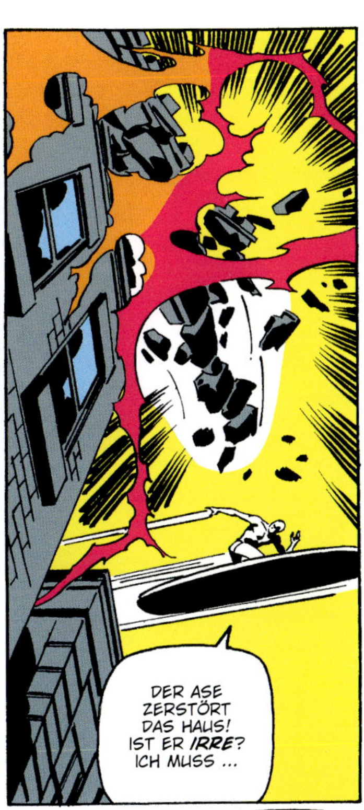
DER ASE ZERSTÖRT DAS HAUS! IST ER IRRE? ICH MUSS ...

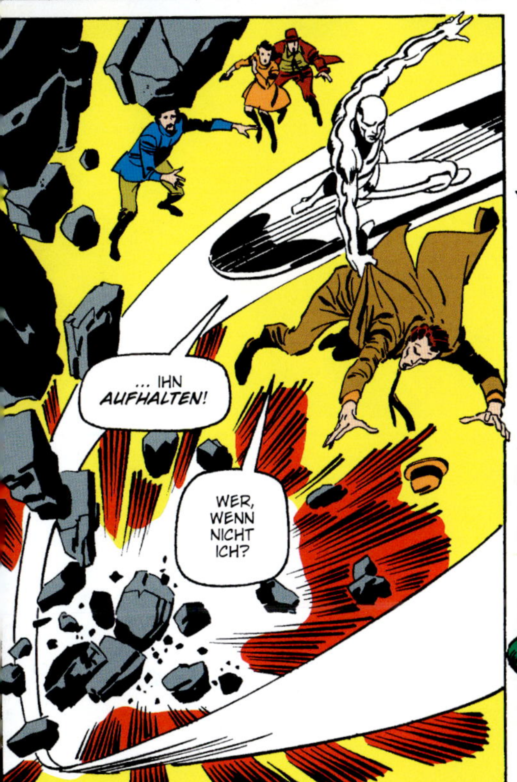
... IHN AUFHALTEN!
WER, WENN NICHT ICH?

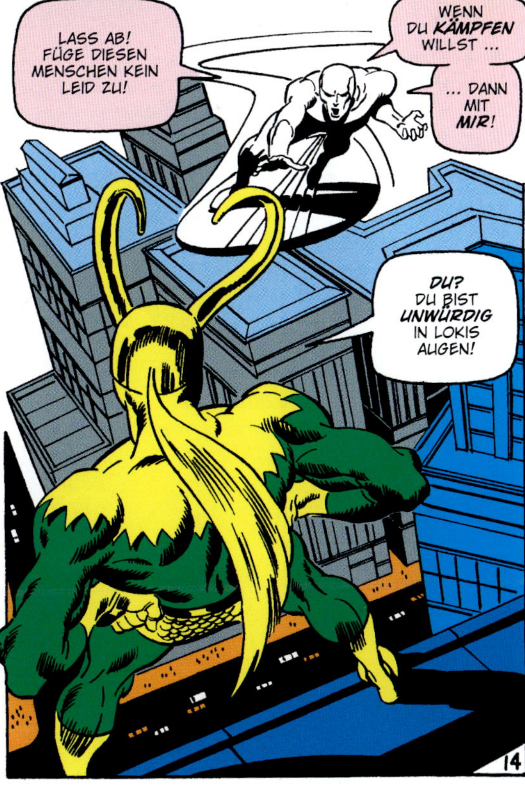
LASS AB! FÜGE DIESEN MENSCHEN KEIN LEID ZU!
WENN DU KÄMPFEN WILLST ...
... DANN MIT MIR!
DU? DU BIST UNWÜRDIG IN LOKIS AUGEN!
14

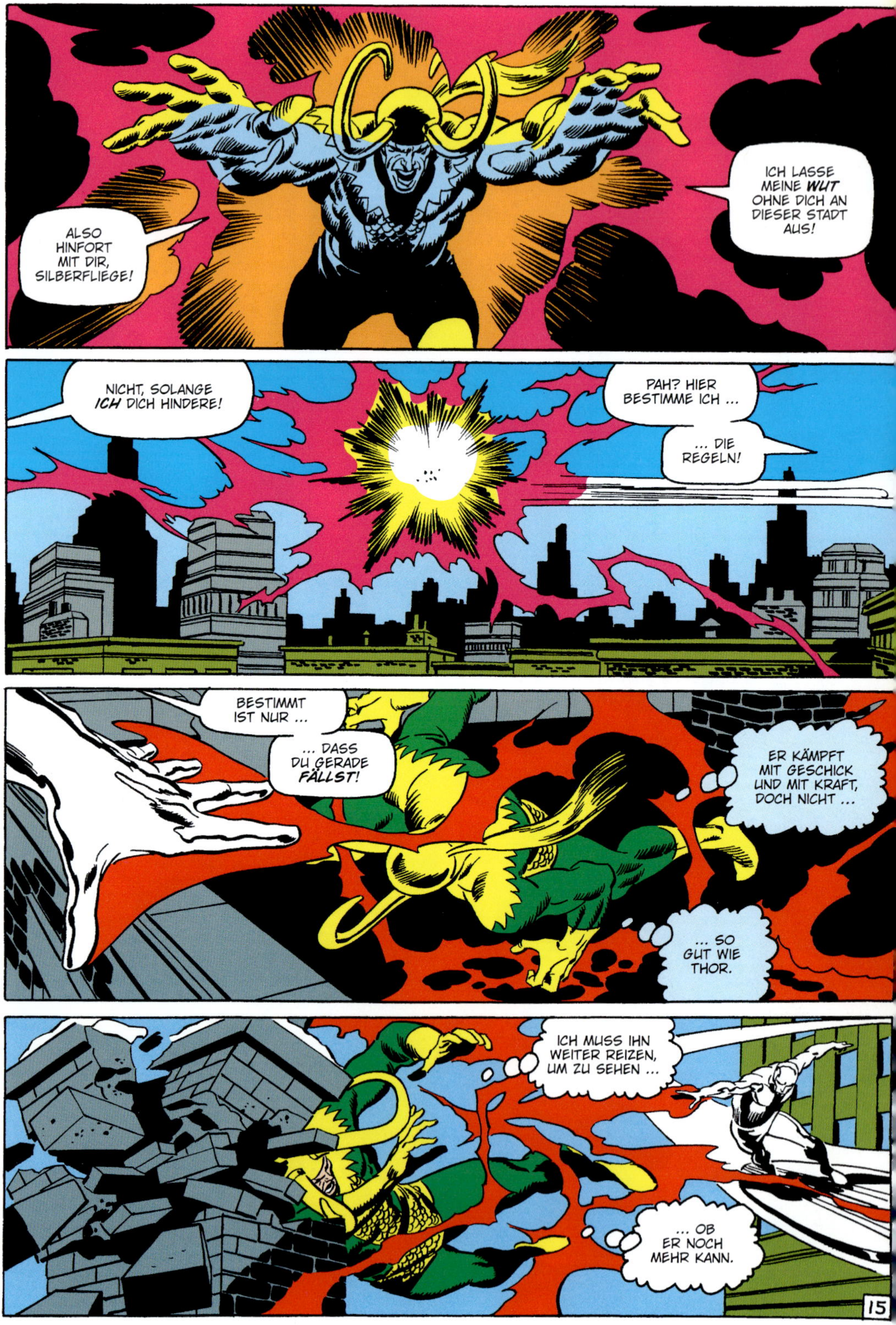

ALSO HINFORT MIT DIR, SILBERFLIEGE!
ICH LASSE MEINE **WUT** OHNE DICH AN DIESER STADT AUS!

NICHT, SOLANGE ***ICH*** DICH HINDERE!
PAH? HIER BESTIMME ICH ...
... DIE REGELN!

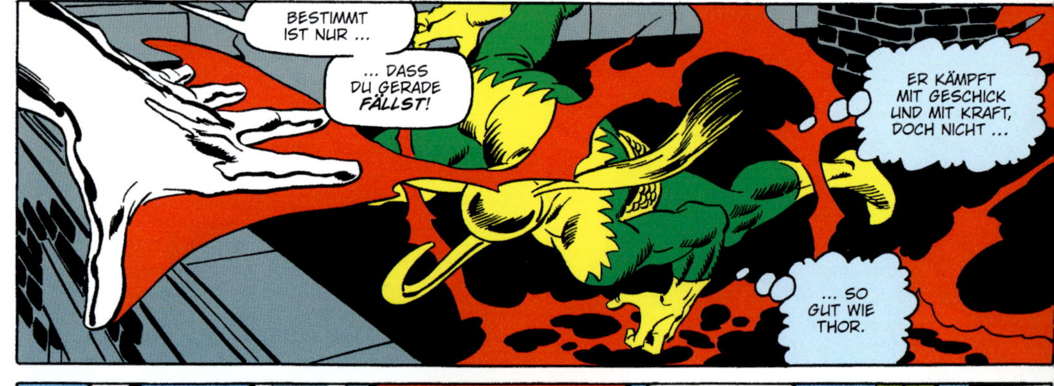

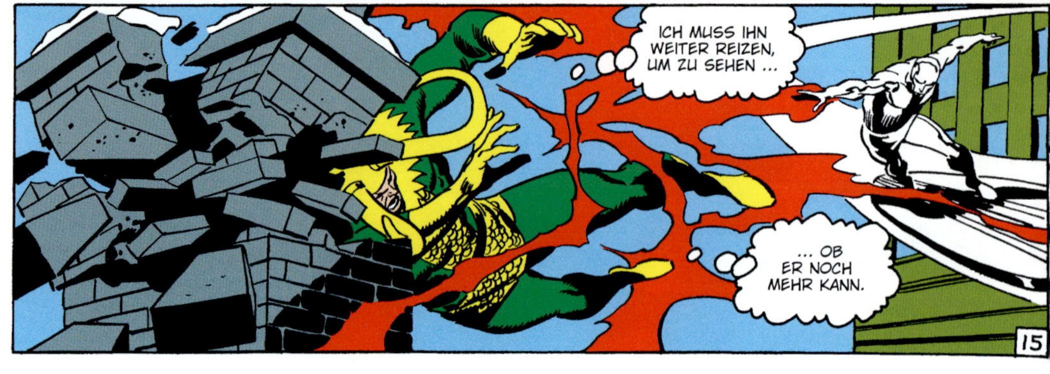

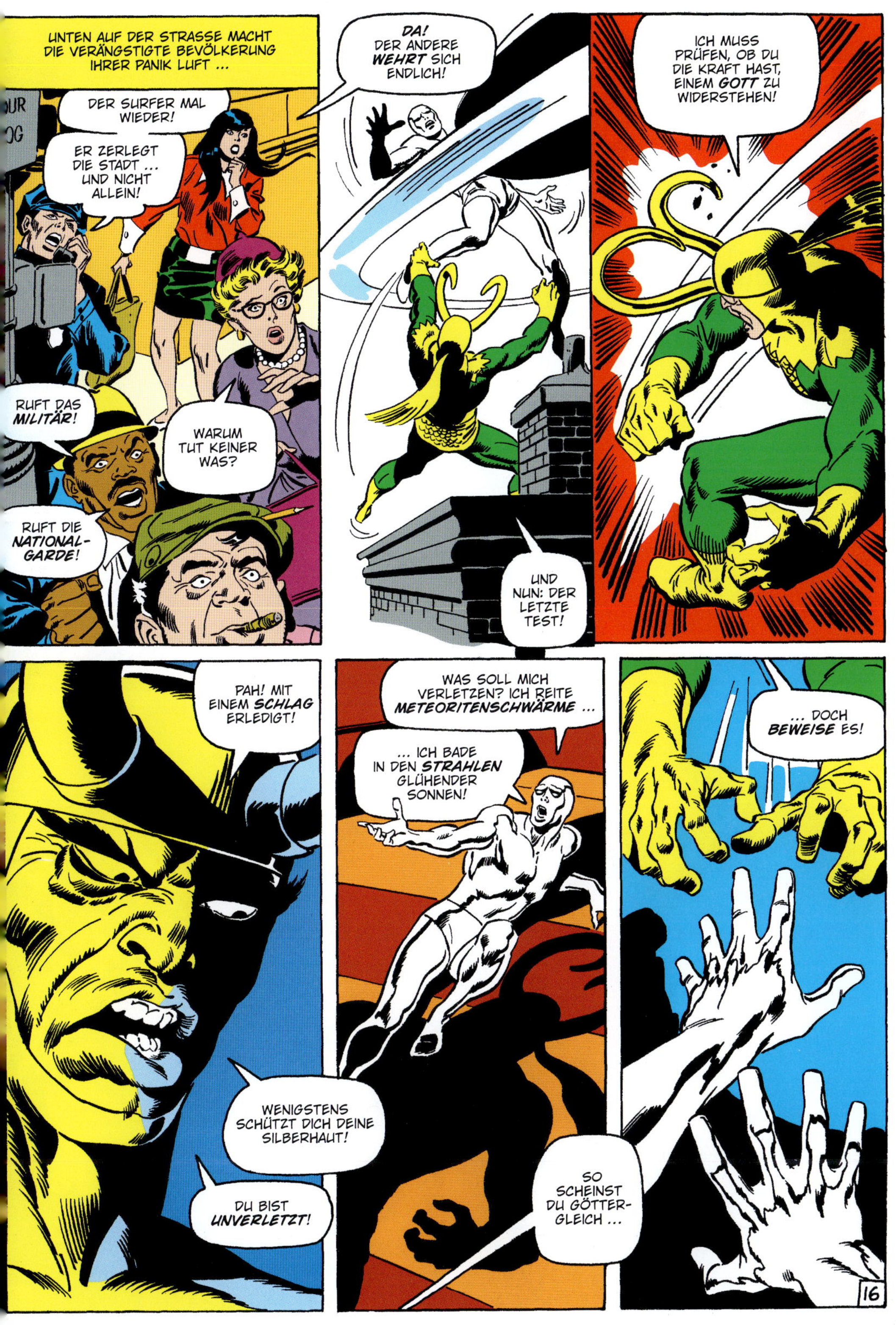
UNTEN AUF DER STRASSE MACHT DIE VERÄNGSTIGTE BEVÖLKERUNG IHRER PANIK LUFT ...
DER SURFER MAL WIEDER!
ER ZERLEGT DIE STADT ... UND NICHT ALLEIN!
RUFT DAS MILITÄR!
WARUM TUT KEINER WAS?
RUFT DIE NATIONAL-GARDE!
DA! DER ANDERE WEHRT SICH ENDLICH!
UND NUN: DER LETZTE TEST!
ICH MUSS PRÜFEN, OB DU DIE KRAFT HAST, EINEM GOTT ZU WIDERSTEHEN!
PAH! MIT EINEM SCHLAG ERLEDIGT!
WENIGSTENS SCHÜTZT DICH DEINE SILBERHAUT!
DU BIST UNVERLETZT!
WAS SOLL MICH VERLETZEN? ICH REITE METEORITENSCHWÄRME ...
... ICH BADE IN DEN STRAHLEN GLÜHENDER SONNEN!
SO SCHEINST DU GÖTTER-GLEICH ...
... DOCH BEWEISE ES!
16

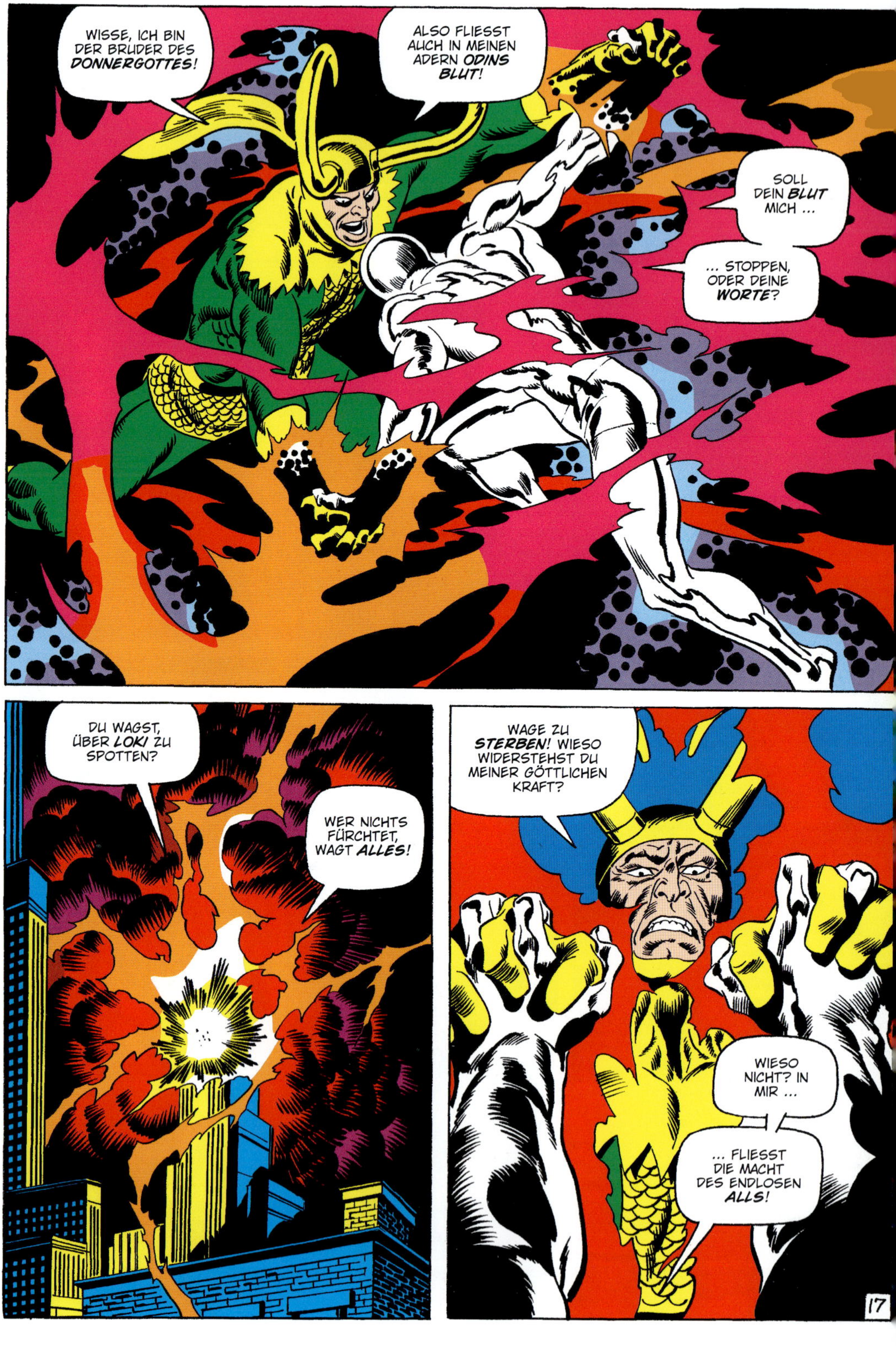

WISSE, ICH BIN DER BRUDER DES **DONNERGOTTES**!
ALSO FLIESST AUCH IN MEINEN ADERN **ODINS BLUT**!
SOLL DEIN **BLUT** MICH ...
... STOPPEN, ODER DEINE **WORTE**?

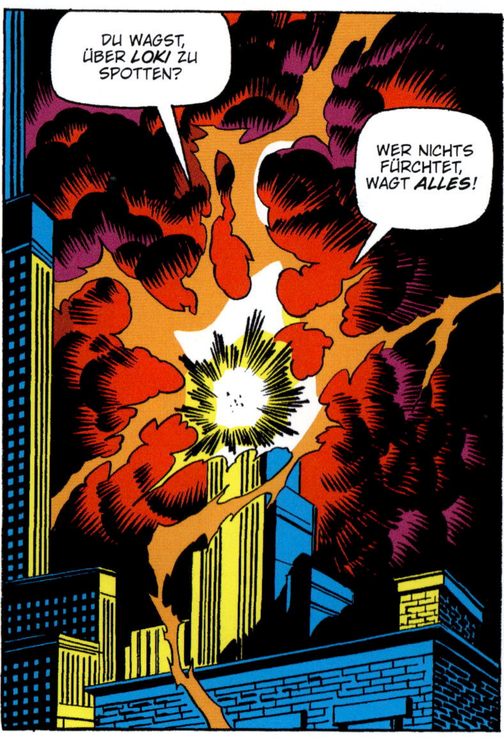

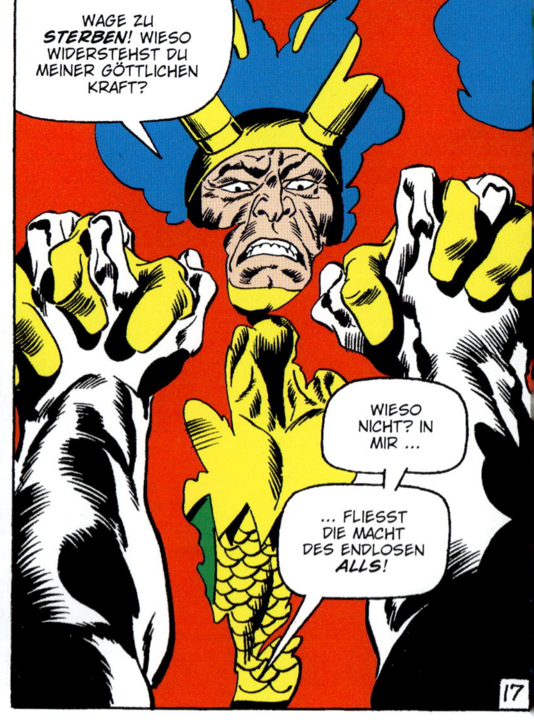

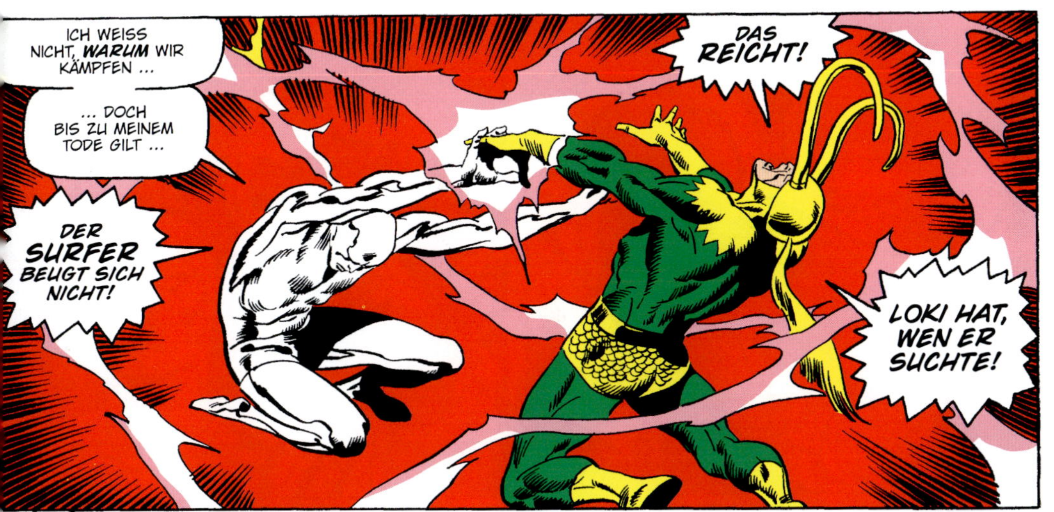
ICH WEISS NICHT, WARUM WIR KÄMPFEN ...
... DOCH BIS ZU MEINEM TODE GILT ...
DER SURFER BEUGT SICH NICHT!
DAS REICHT!
LOKI HAT, WEN ER SUCHTE!

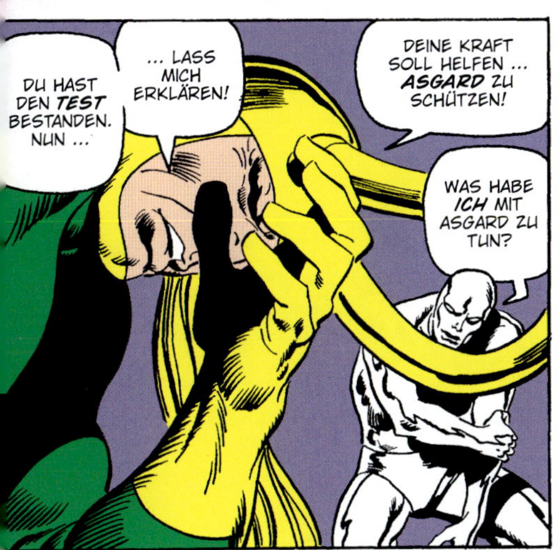
DU HAST DEN TEST BESTANDEN. NUN ...
... LASS MICH ERKLÄREN!
DEINE KRAFT SOLL HELFEN ... ASGARD ZU SCHÜTZEN!
WAS HABE ICH MIT ASGARD ZU TUN?

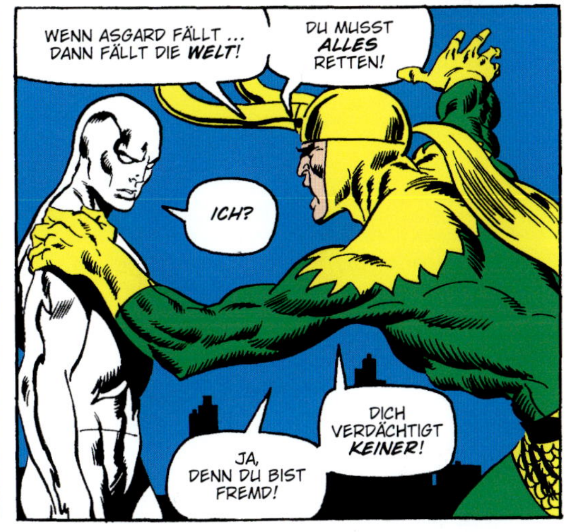
WENN ASGARD FÄLLT ... DANN FÄLLT DIE WELT!
DU MUSST ALLES RETTEN!
ICH?
DICH VERDÄCHTIGT KEINER!
JA, DENN DU BIST FREMD!

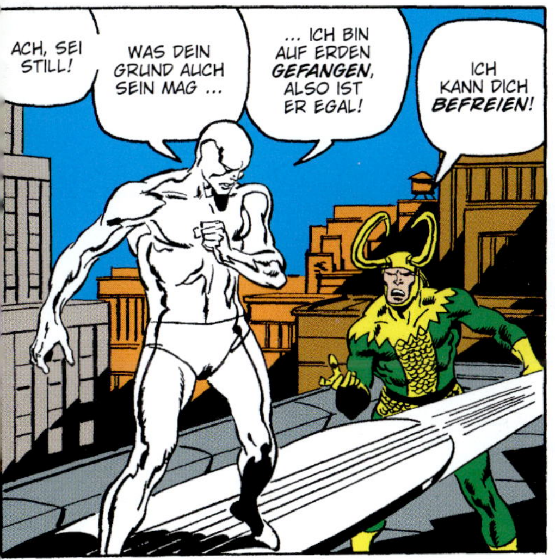
ACH, SEI STILL!
WAS DEIN GRUND AUCH SEIN MAG ...
... ICH BIN AUF ERDEN GEFANGEN, ALSO IST ER EGAL!
ICH KANN DICH BEFREIEN!

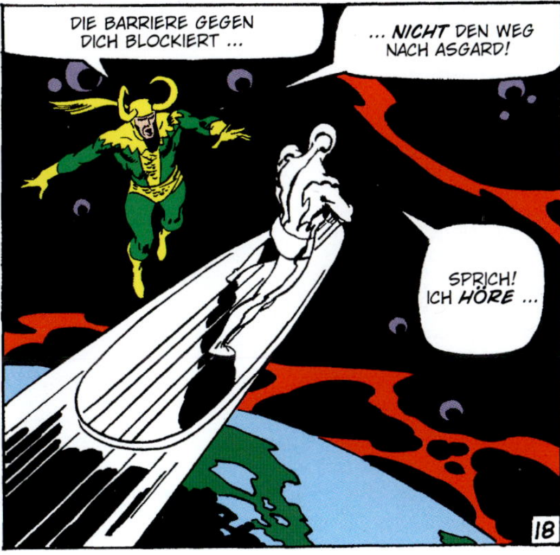
DIE BARRIERE GEGEN DICH BLOCKIERT ...
... NICHT DEN WEG NACH ASGARD!
SPRICH! ICH HÖRE ...

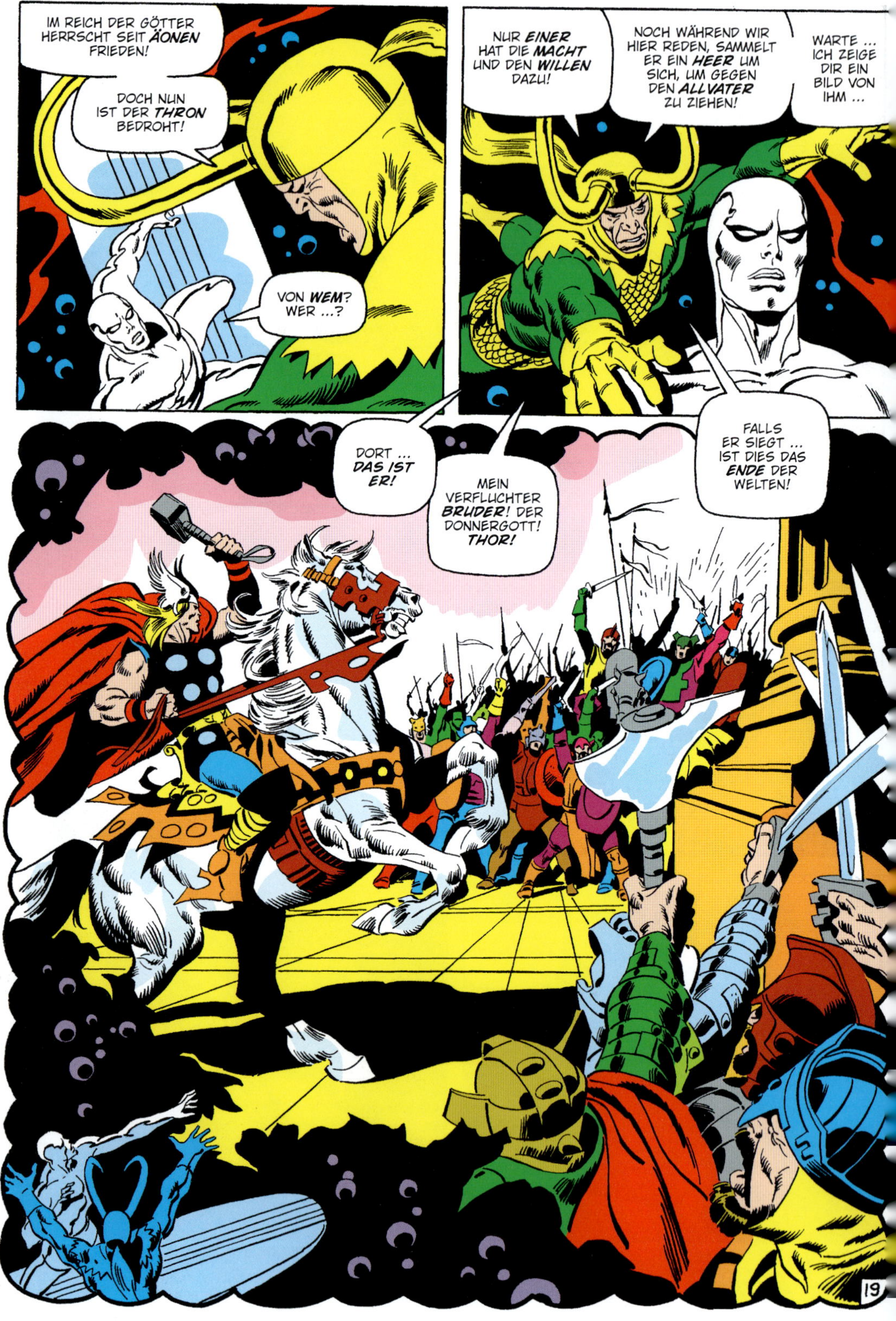
IM REICH DER GÖTTER HERRSCHT SEIT ÄONEN FRIEDEN!
DOCH NUN IST DER THRON BEDROHT!
VON WEM? WER ...?
NUR EINER HAT DIE MACHT UND DEN WILLEN DAZU!
NOCH WÄHREND WIR HIER REDEN, SAMMELT ER EIN HEER UM SICH, UM GEGEN DEN ALLVATER ZU ZIEHEN!
WARTE ... ICH ZEIGE DIR EIN BILD VON IHM ...
DORT ... DAS IST ER!
MEIN VERFLUCHTER BRUDER! DER DONNERGOTT! THOR!
FALLS ER SIEGT ... IST DIES DAS ENDE DER WELTEN!

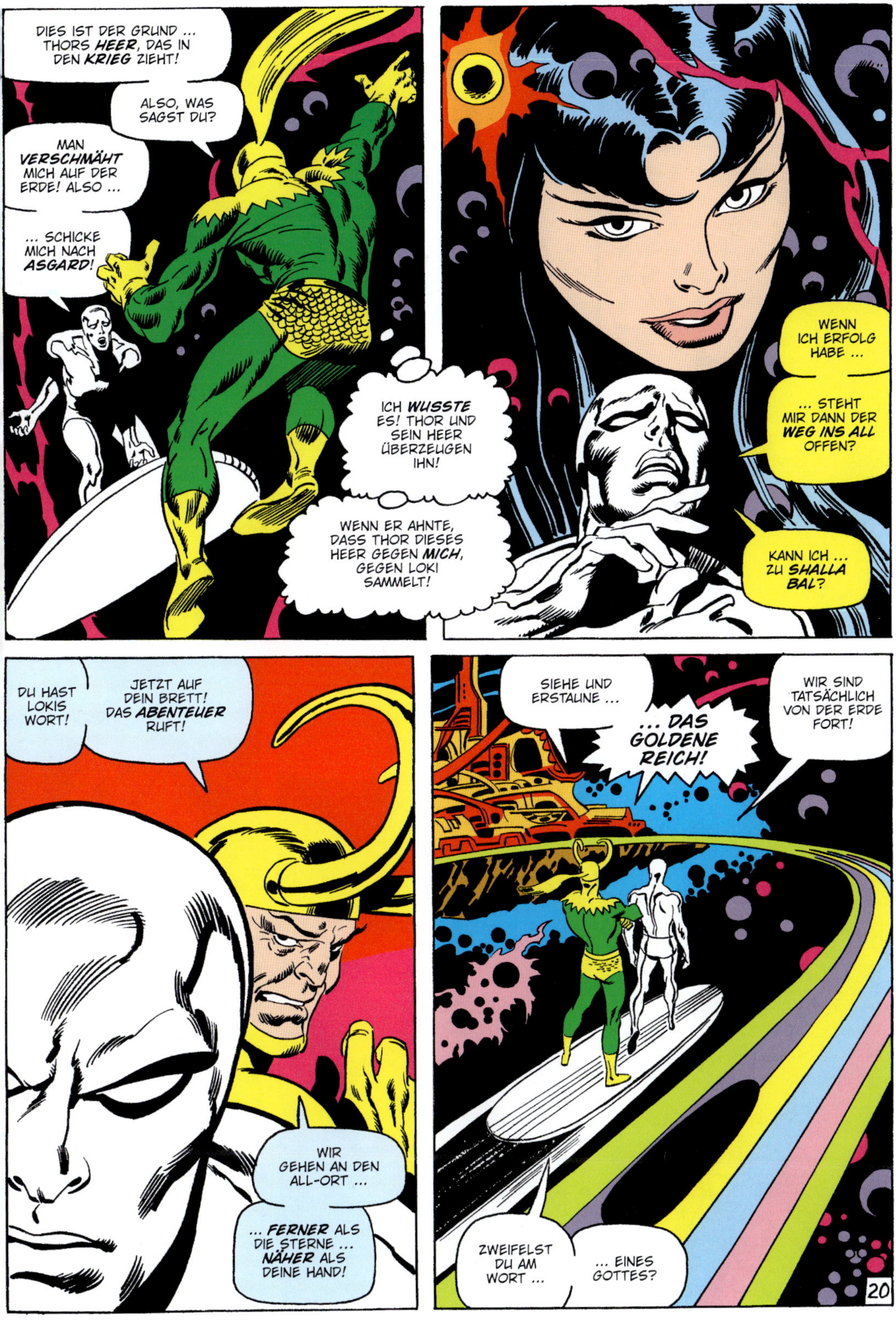

DIES IST DER GRUND … THORS **HEER**, DAS IN DEN **KRIEG** ZIEHT!
ALSO, WAS SAGST DU?
MAN **VERSCHMÄHT** MICH AUF DER ERDE! ALSO …
… SCHICKE MICH NACH **ASGARD**!
ICH **WUSSTE** ES! THOR UND SEIN HEER ÜBERZEUGEN IHN!
WENN ER AHNTE, DASS THOR DIESES HEER GEGEN **MICH**, GEGEN LOKI SAMMELT!

WENN ICH ERFOLG HABE …
… STEHT MIR DANN DER **WEG INS ALL** OFFEN?
KANN ICH … ZU **SHALLA BAL**?

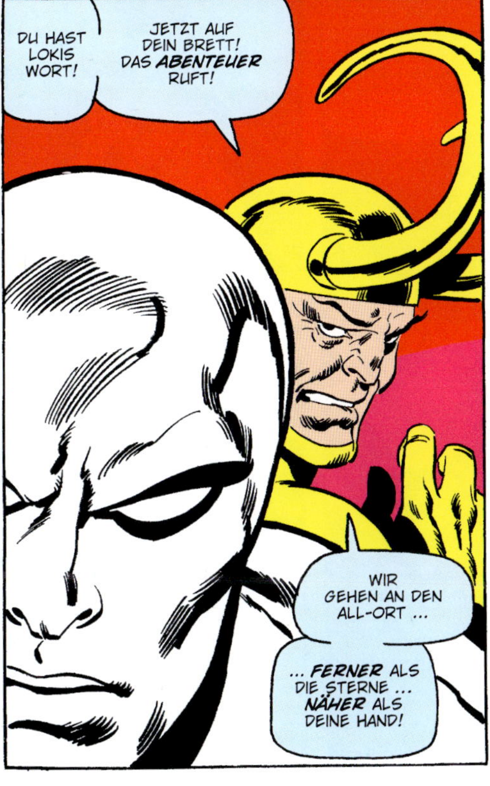

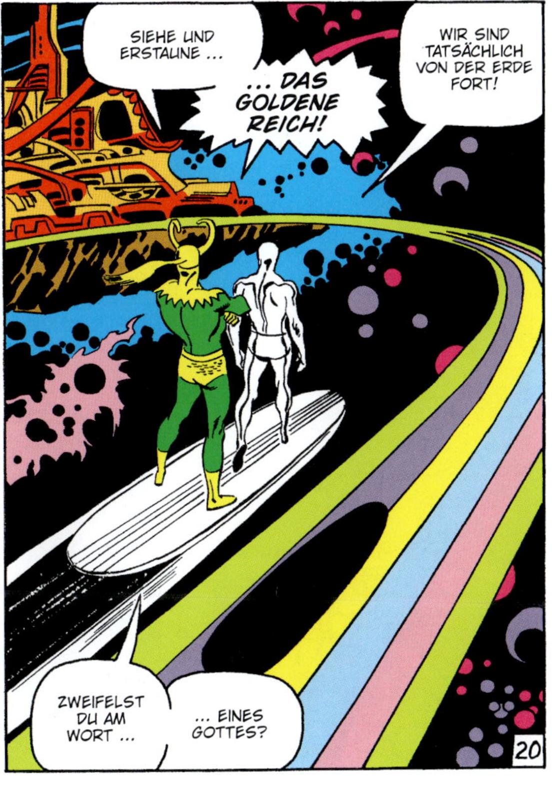

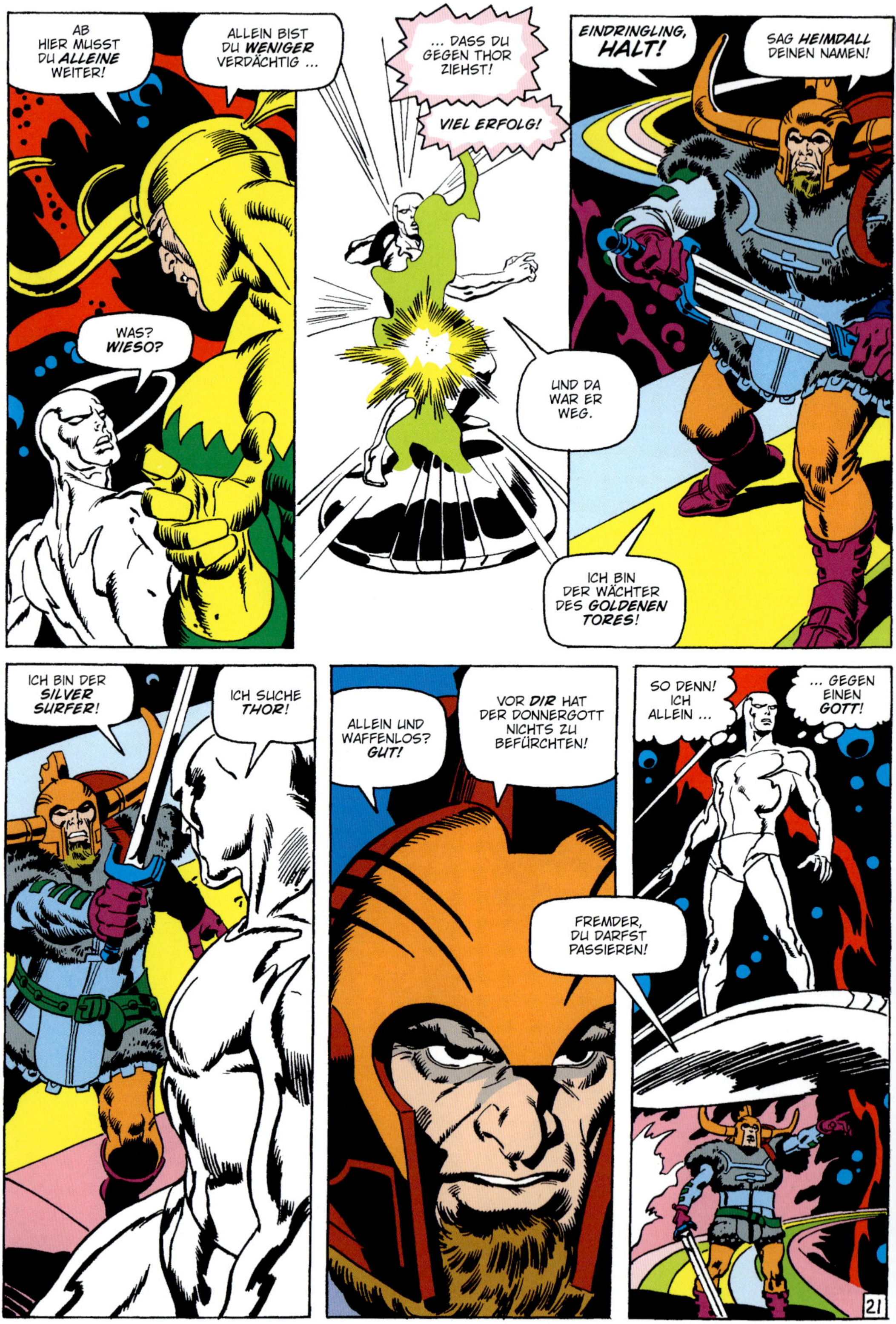

AB HIER MUSST DU ALLEINE WEITER!
ALLEIN BIST DU WENIGER VERDÄCHTIG ...
WAS? WIESO?
... DASS DU GEGEN THOR ZIEHST!
VIEL ERFOLG!
UND DA WAR ER WEG.
EINDRINGLING, HALT!
SAG HEIMDALL DEINEN NAMEN!
ICH BIN DER WÄCHTER DES GOLDENEN TORES!

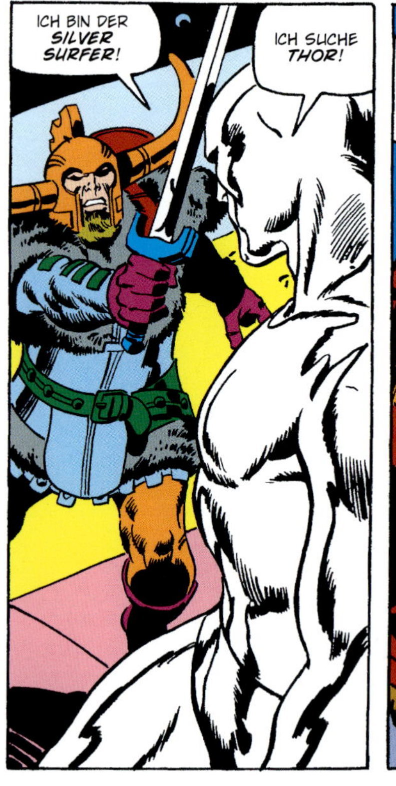

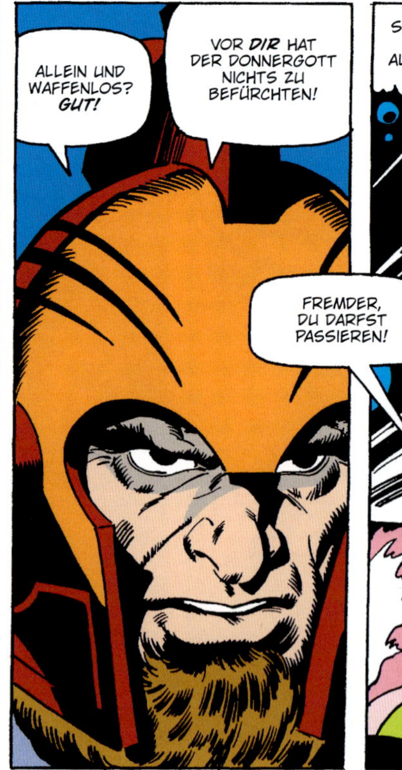

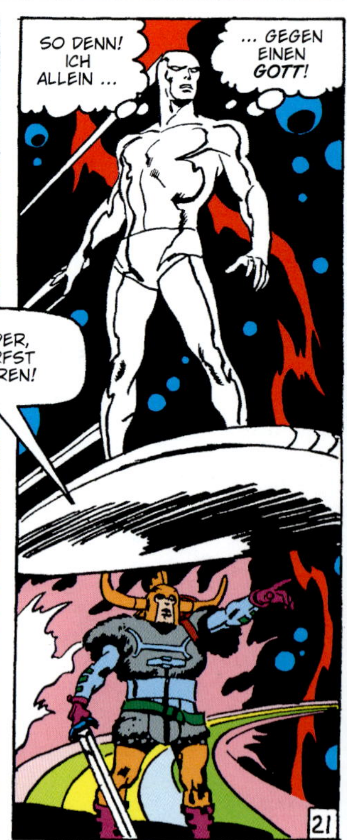

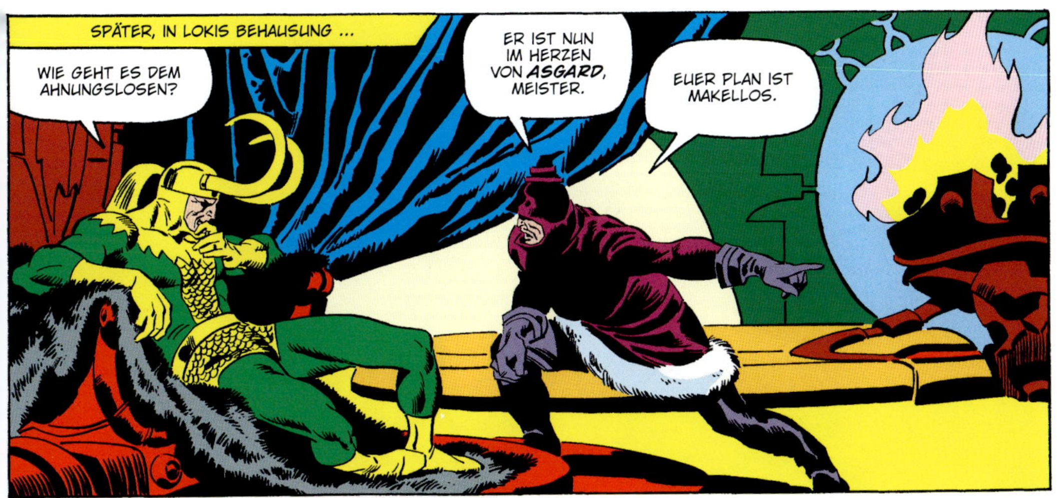
SPÄTER, IN LOKIS BEHAUSUNG ...
WIE GEHT ES DEM AHNUNGSLOSEN?
ER IST NUN IM HERZEN VON ASGARD, MEISTER.
EUER PLAN IST MAKELLOS.

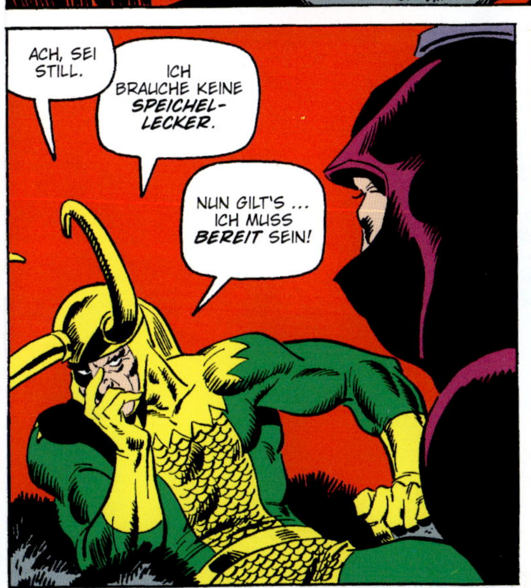
ACH, SEI STILL.
ICH BRAUCHE KEINE SPEICHEL-LECKER.
NUN GILT'S ... ICH MUSS BEREIT SEIN!

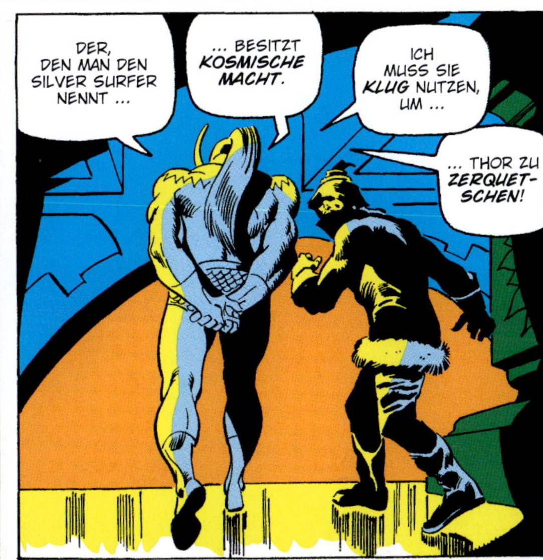
DER, DEN MAN DEN SILVER SURFER NENNT ...
... BESITZT KOSMISCHE MACHT.
ICH MUSS SIE KLUG NUTZEN, UM ...
... THOR ZU ZERQUET-SCHEN!

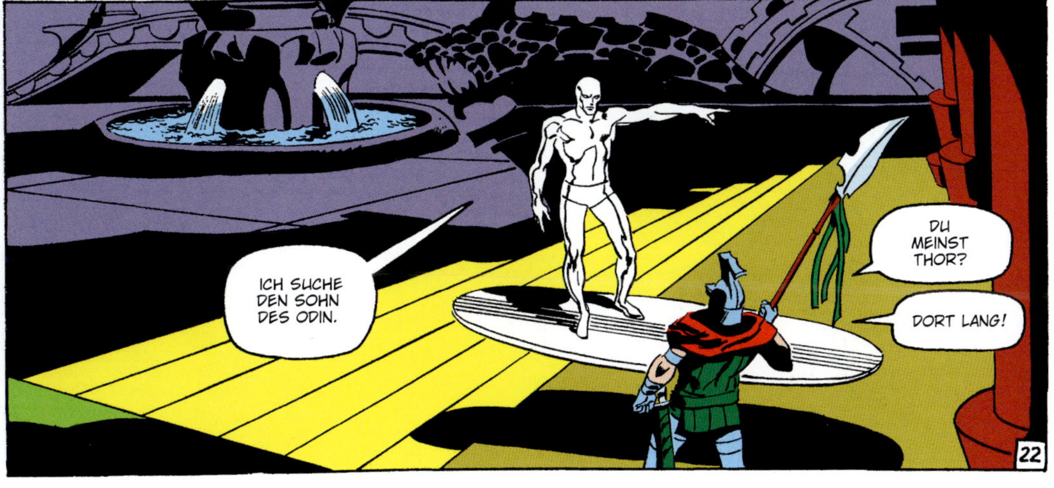
ICH SUCHE DEN SOHN DES ODIN.
DU MEINST THOR?
DORT LANG!

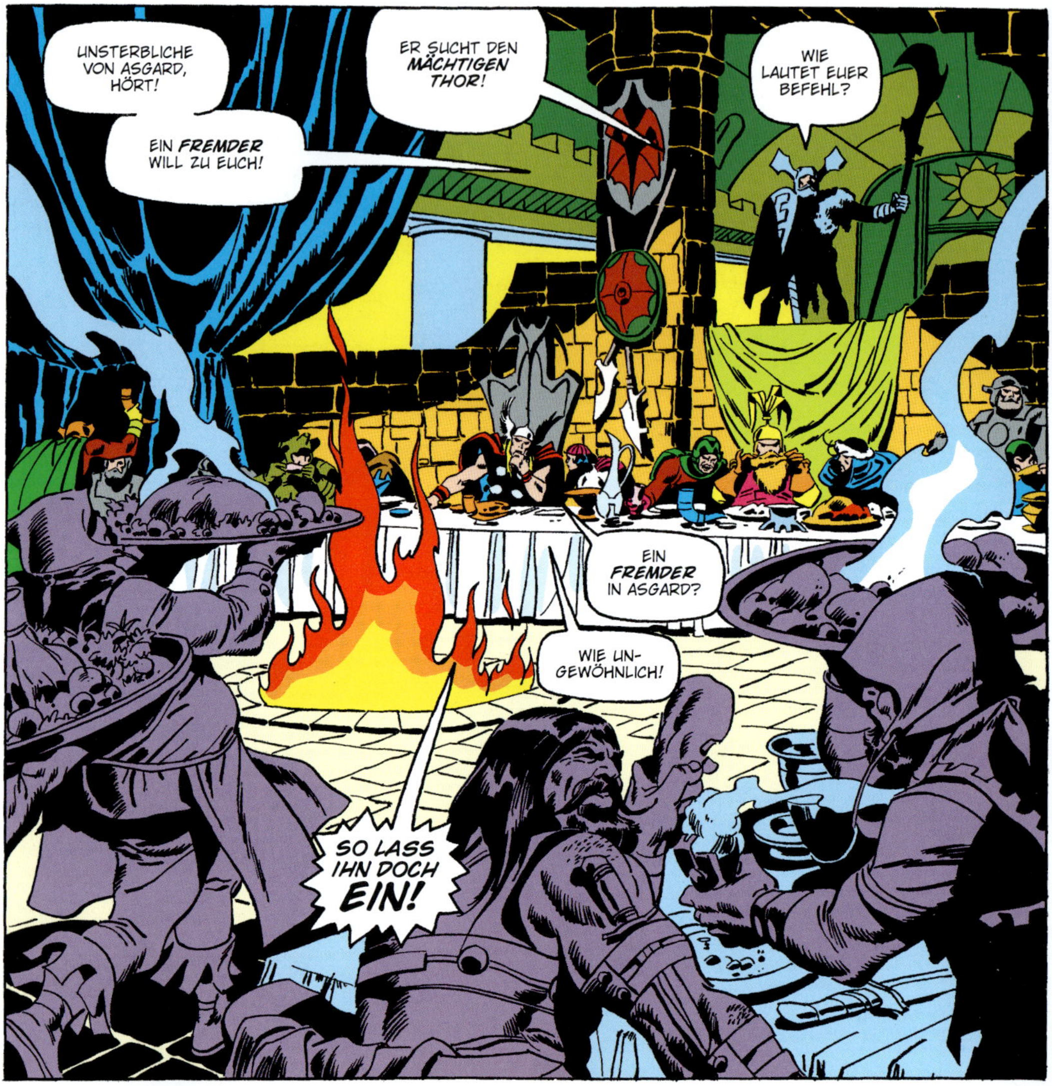

UNSTERBLICHE VON ASGARD, HÖRT!
EIN **FREMDER** WILL ZU EUCH!
ER SUCHT DEN **MÄCHTIGEN THOR**!
WIE LAUTET EUER BEFEHL?
EIN **FREMDER** IN ASGARD?
WIE UN-GEWÖHNLICH!
SO LASS IHN DOCH EIN!

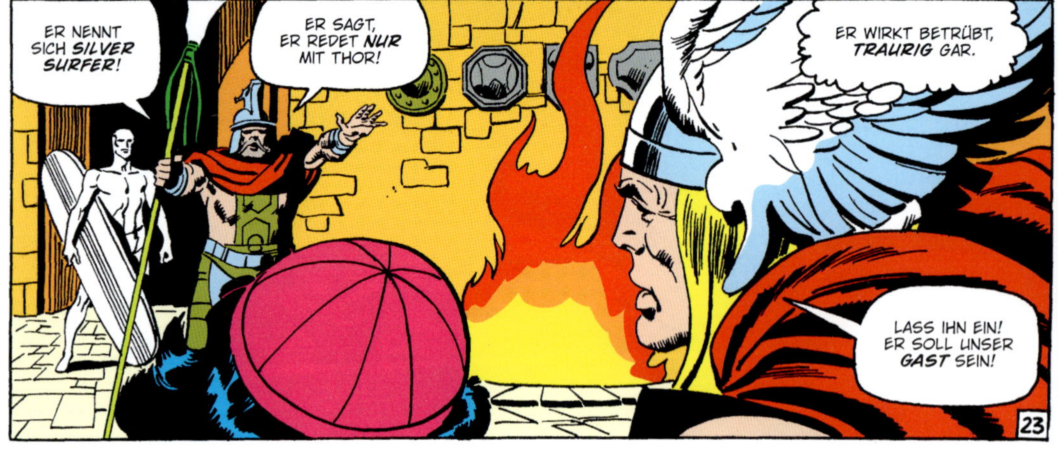

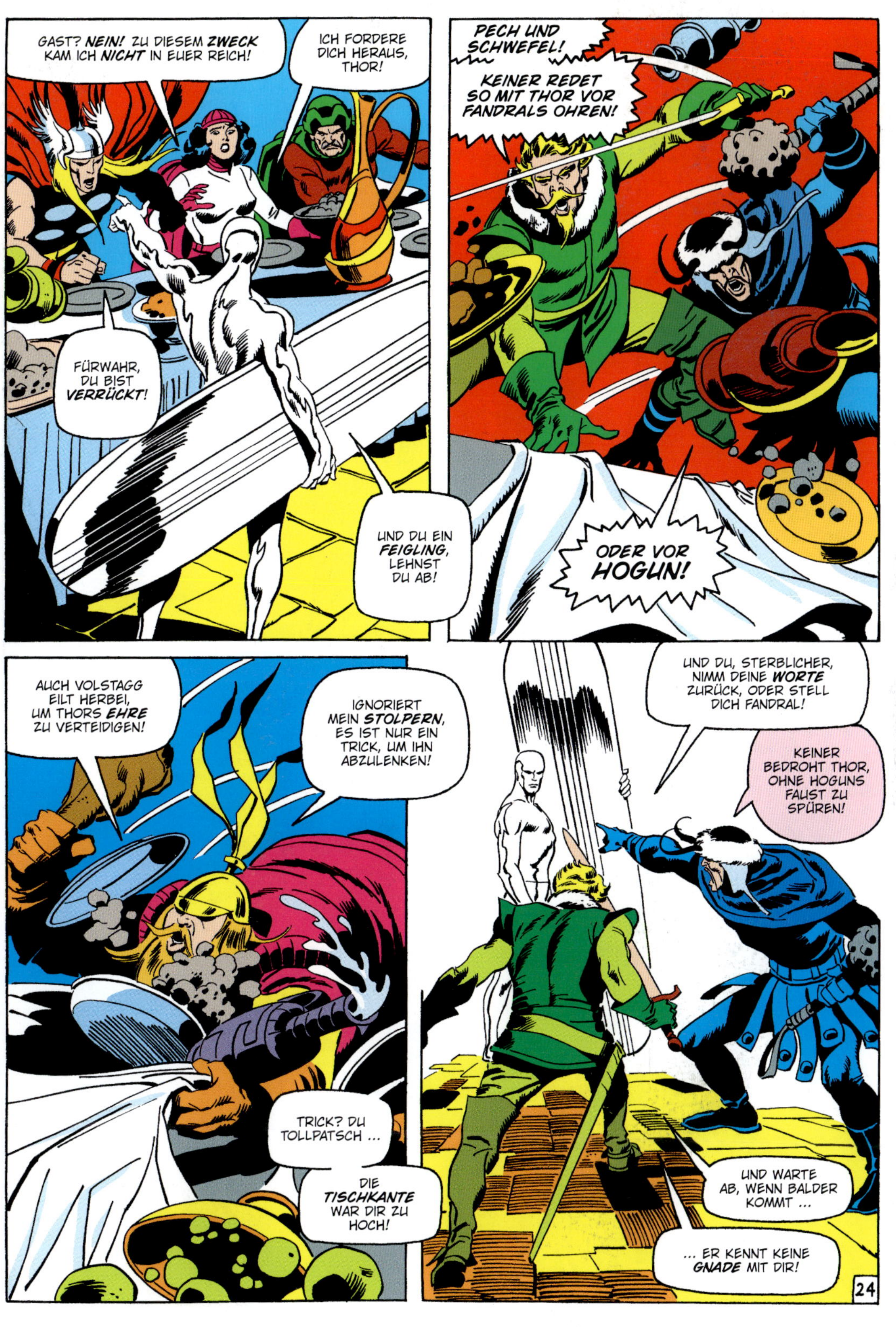
GAST? NEIN! ZU DIESEM ZWECK KAM ICH NICHT IN EUER REICH!
ICH FORDERE DICH HERAUS, THOR!
FÜRWAHR, DU BIST VERRÜCKT!
UND DU EIN FEIGLING, LEHNST DU AB!
PECH UND SCHWEFEL!
KEINER REDET SO MIT THOR VOR FANDRALS OHREN!
ODER VOR HOGUN!
AUCH VOLSTAGG EILT HERBEI, UM THORS EHRE ZU VERTEIDIGEN!
IGNORIERT MEIN STOLPERN, ES IST NUR EIN TRICK, UM IHN ABZULENKEN!
TRICK? DU TOLLPATSCH ...
DIE TISCHKANTE WAR DIR ZU HOCH!
UND DU, STERBLICHER, NIMM DEINE WORTE ZURÜCK, ODER STELL DICH FANDRAL!
KEINER BEDROHT THOR, OHNE HOGUNS FAUST ZU SPÜREN!
UND WARTE AB, WENN BALDER KOMMT ...
... ER KENNT KEINE GNADE MIT DIR!

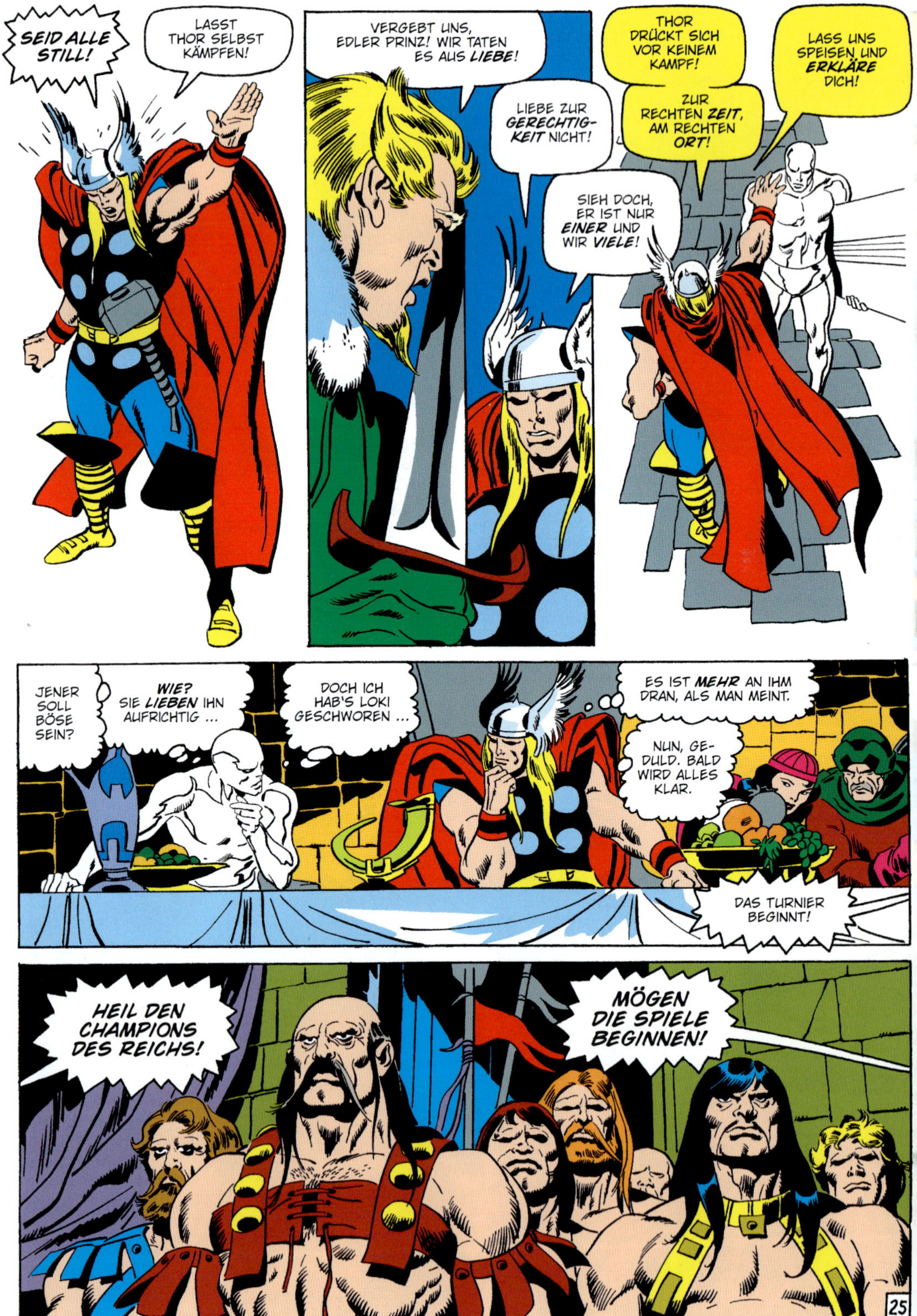

SEID ALLE STILL!
LASST THOR SELBST KÄMPFEN!
VERGEBT UNS, EDLER PRINZ! WIR TATEN ES AUS *LIEBE*!
LIEBE ZUR *GERECHTIGKEIT* NICHT!
SIEH DOCH, ER IST NUR *EINER* UND WIR *VIELE*!
THOR DRÜCKT SICH VOR KEINEM KAMPF!
ZUR RECHTEN *ZEIT*, AM RECHTEN *ORT*!
LASS UNS SPEISEN UND *ERKLÄRE* DICH!

JENER SOLL BÖSE SEIN?
WIE? SIE *LIEBEN* IHN AUFRICHTIG ...
DOCH ICH HAB'S LOKI GESCHWOREN ...
ES IST *MEHR* AN IHM DRAN, ALS MAN MEINT.
NUN, GEDULD. BALD WIRD ALLES KLAR.
DAS TURNIER BEGINNT!

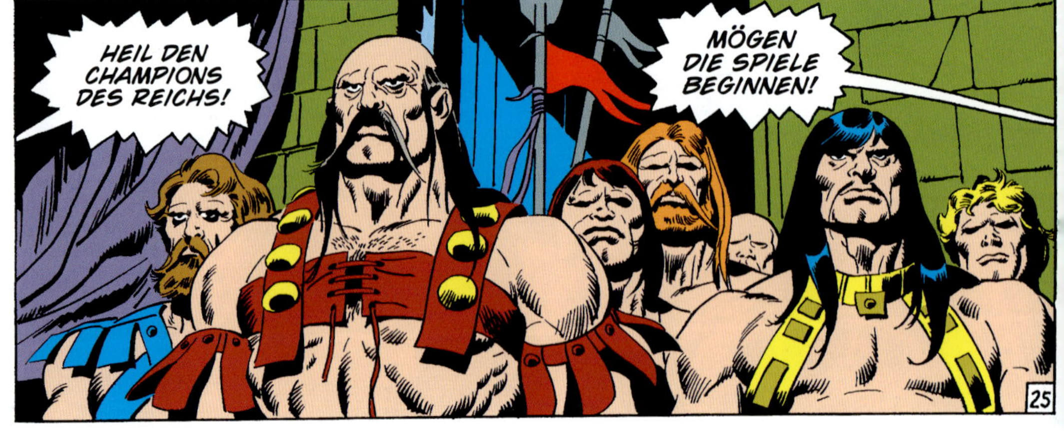

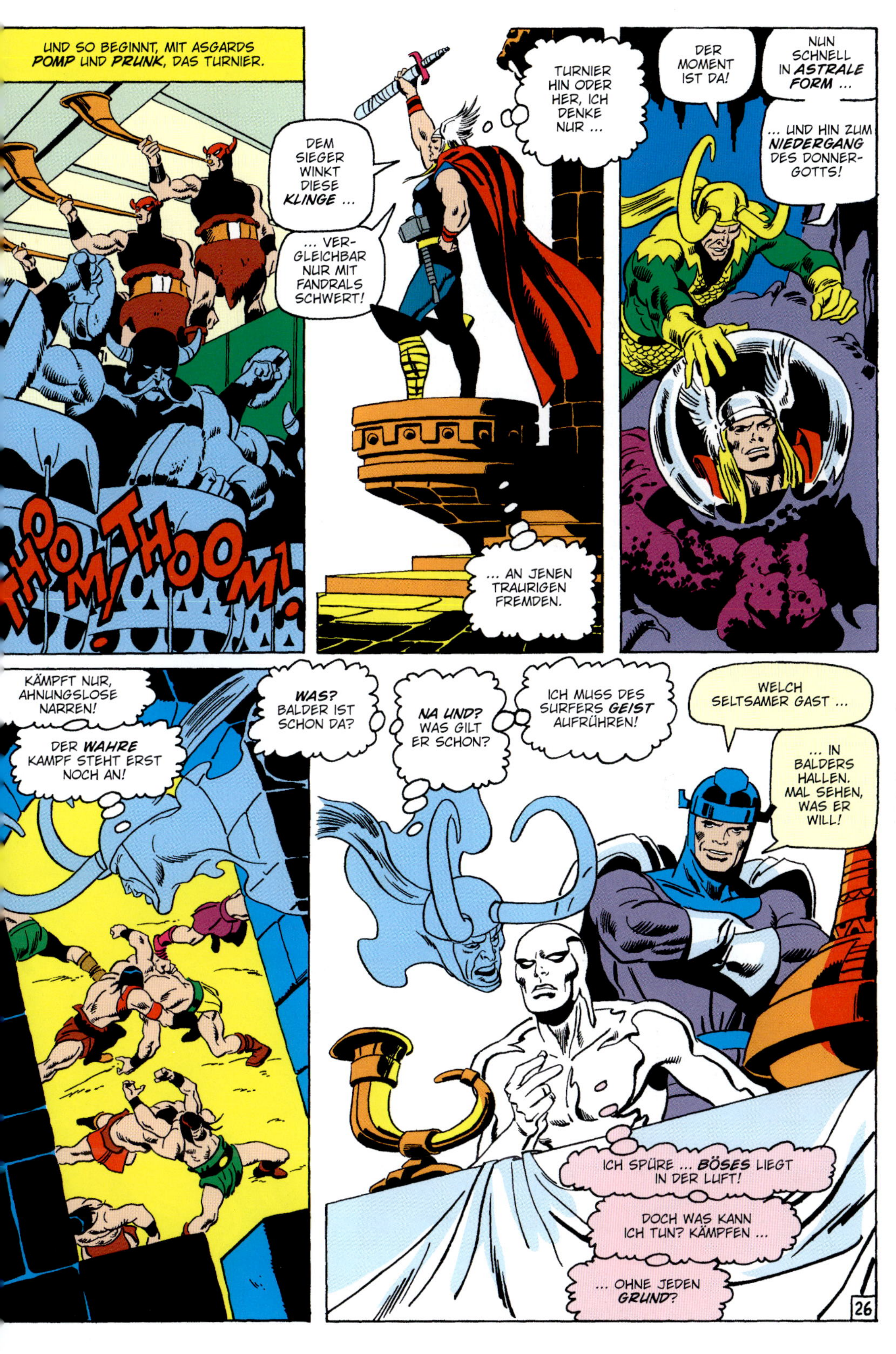

UND SO BEGINNT, MIT ASGARDS POMP UND PRUNK, DAS TURNIER.
THOOM! THOOM!
DEM SIEGER WINKT DIESE KLINGE ...
... VERGLEICHBAR NUR MIT FANDRALS SCHWERT!
TURNIER HIN ODER HER, ICH DENKE NUR ...
... AN JENEN TRAURIGEN FREMDEN.
DER MOMENT IST DA!
NUN SCHNELL IN ASTRALE FORM ...
... UND HIN ZUM NIEDERGANG DES DONNERGOTTS!
KÄMPFT NUR, AHNUNGSLOSE NARREN!
DER WAHRE KAMPF STEHT ERST NOCH AN!
WAS? BALDER IST SCHON DA?
NA UND? WAS GILT ER SCHON?
ICH MUSS DES SURFERS GEIST AUFRÜHREN!
WELCH SELTSAMER GAST ...
... IN BALDERS HALLEN. MAL SEHEN, WAS ER WILL!
ICH SPÜRE ... BÖSES LIEGT IN DER LUFT!
DOCH WAS KANN ICH TUN? KÄMPFEN ...
... OHNE JEDEN GRUND?

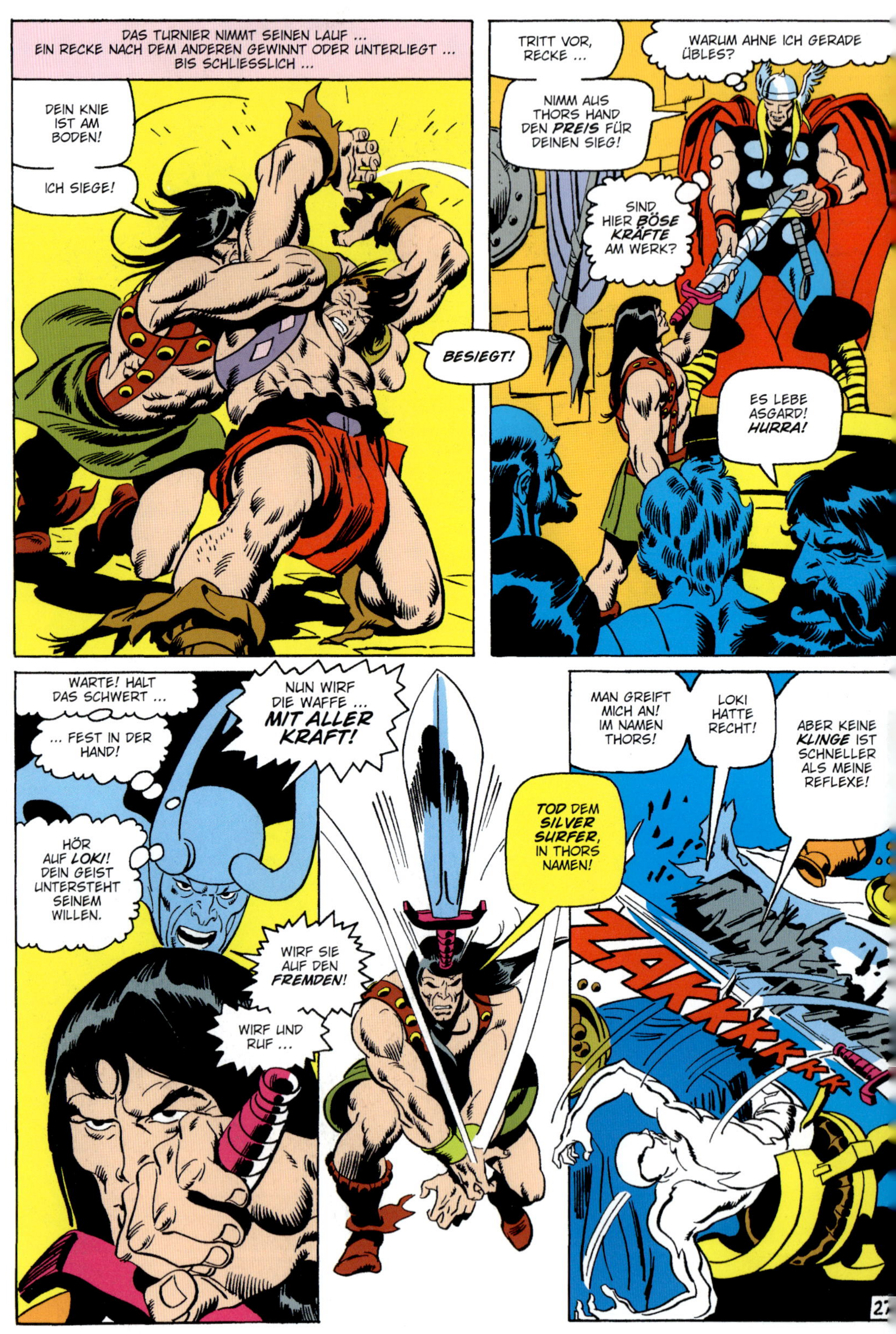

DAS TURNIER NIMMT SEINEN LAUF ...
EIN RECKE NACH DEM ANDEREN GEWINNT ODER UNTERLIEGT ...
BIS SCHLIESSLICH ...
DEIN KNIE IST AM BODEN!
ICH SIEGE!
BESIEGT!
TRITT VOR, RECKE ...
WARUM AHNE ICH GERADE ÜBLES?
NIMM AUS THORS HAND DEN PREIS FÜR DEINEN SIEG!
SIND HIER BÖSE KRÄFTE AM WERK?
ES LEBE ASGARD! HURRA!
WARTE! HALT DAS SCHWERT ...
... FEST IN DER HAND!
NUN WIRF DIE WAFFE ... MIT ALLER KRAFT!
HÖR AUF LOKI! DEIN GEIST UNTERSTEHT SEINEM WILLEN.
WIRF SIE AUF DEN FREMDEN!
WIRF UND RUF ...
TOD DEM SILVER SURFER, IN THORS NAMEN!
MAN GREIFT MICH AN! IM NAMEN THORS!
LOKI HATTE RECHT!
ABER KEINE KLINGE IST SCHNELLER ALS MEINE REFLEXE!
ZAKKKKKK

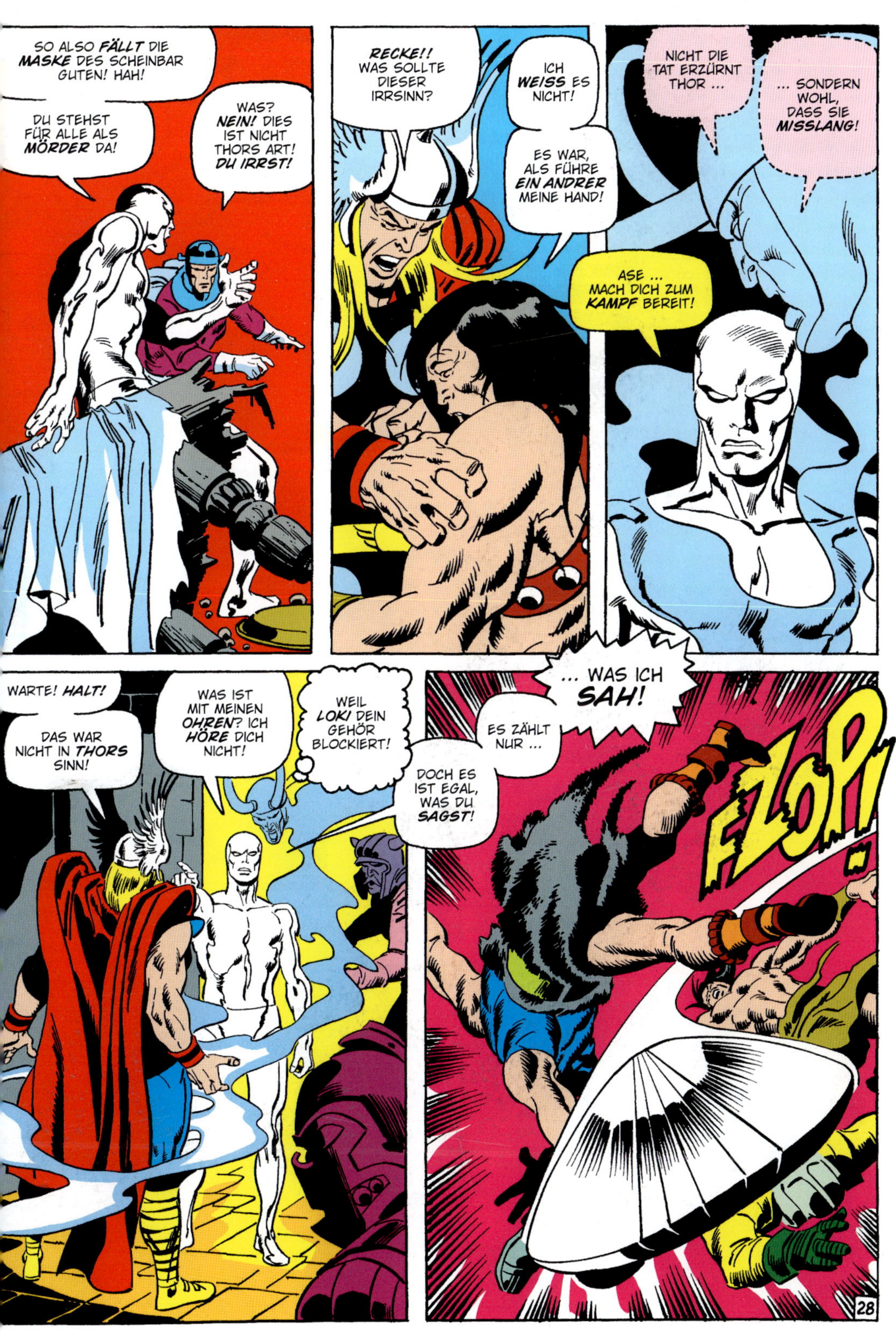
SO ALSO FÄLLT DIE MASKE DES SCHEINBAR GUTEN! HAH!
DU STEHST FÜR ALLE ALS MÖRDER DA!
WAS? NEIN! DIES IST NICHT THORS ART! DU IRRST!
RECKE!! WAS SOLLTE DIESER IRRSINN?
ICH WEISS ES NICHT!
ES WAR, ALS FÜHRE EIN ANDRER MEINE HAND!
NICHT DIE TAT ERZÜRNT THOR ...
... SONDERN WOHL, DASS SIE MISSLANG!
ASE ... MACH DICH ZUM KAMPF BEREIT!
WARTE! HALT!
DAS WAR NICHT IN THORS SINN!
WAS IST MIT MEINEN OHREN? ICH HÖRE DICH NICHT!
WEIL LOKI DEIN GEHÖR BLOCKIERT!
DOCH ES IST EGAL, WAS DU SAGST!
ES ZÄHLT NUR ...
... WAS ICH SAH!
FZOP!

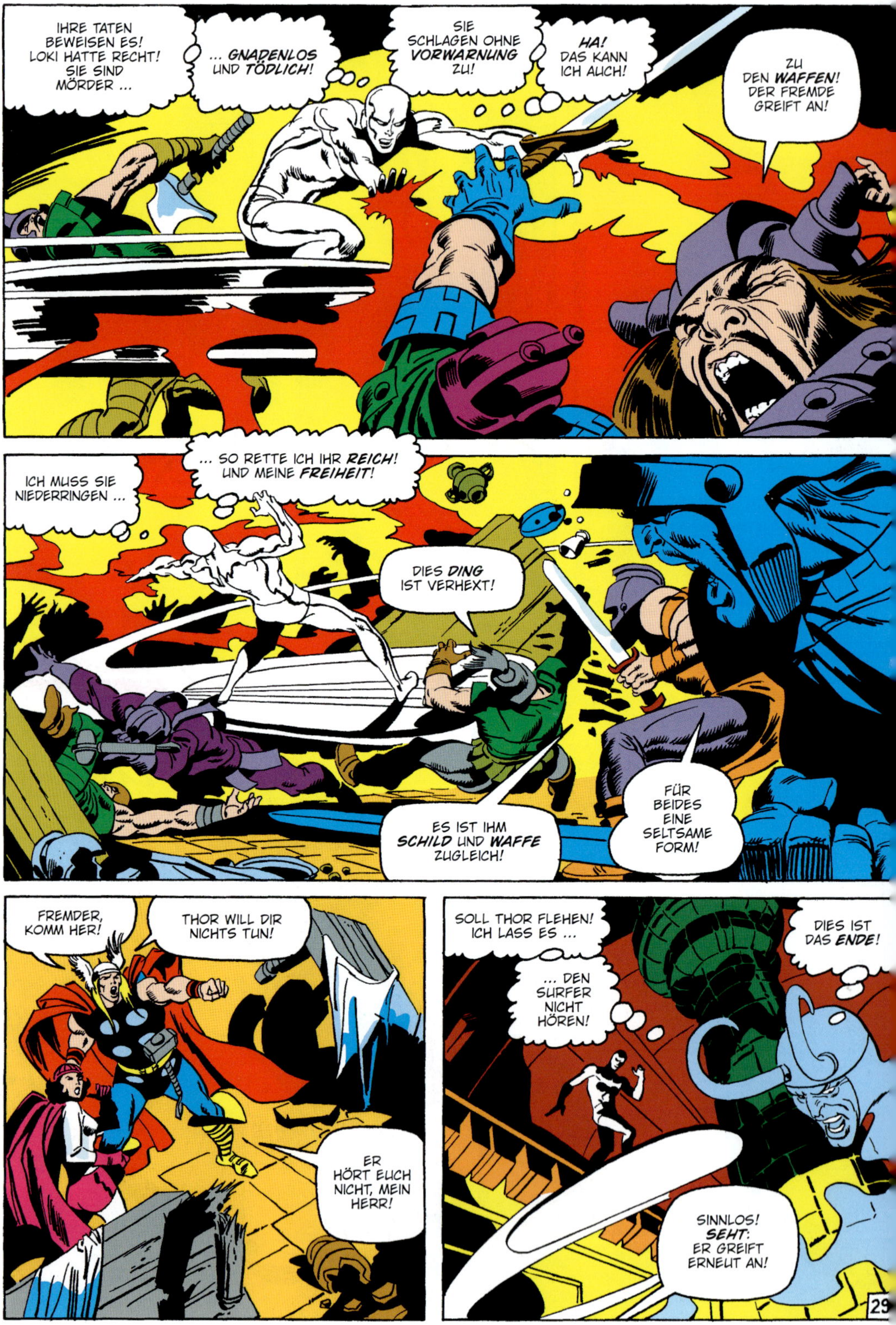

IHRE TATEN BEWEISEN ES! LOKI HATTE RECHT! SIE SIND MÖRDER ...

... **GNADENLOS** UND **TÖDLICH**!

SIE SCHLAGEN OHNE **VORWARNUNG** ZU!

HA! DAS KANN ICH AUCH!

ZU DEN **WAFFEN**! DER FREMDE GREIFT AN!

ICH MUSS SIE NIEDERRINGEN ...

... SO RETTE ICH IHR **REICH**! UND MEINE **FREIHEIT**!

DIES **DING** IST VERHEXT!

ES IST IHM **SCHILD** UND **WAFFE** ZUGLEICH!

FÜR BEIDES EINE SELTSAME FORM!

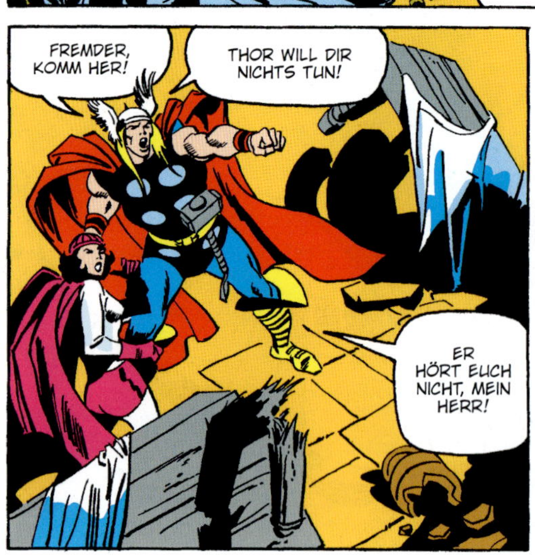

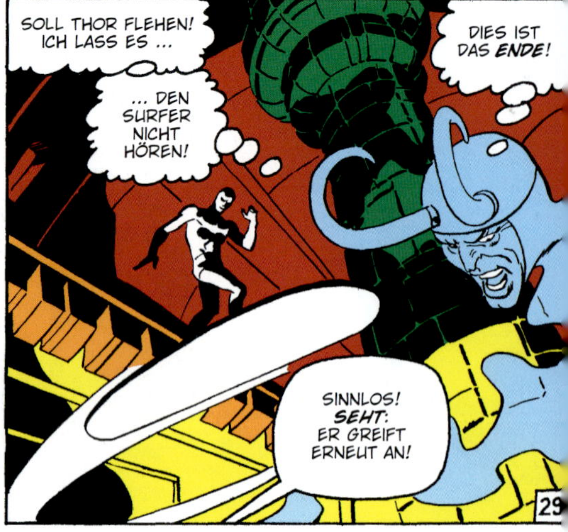

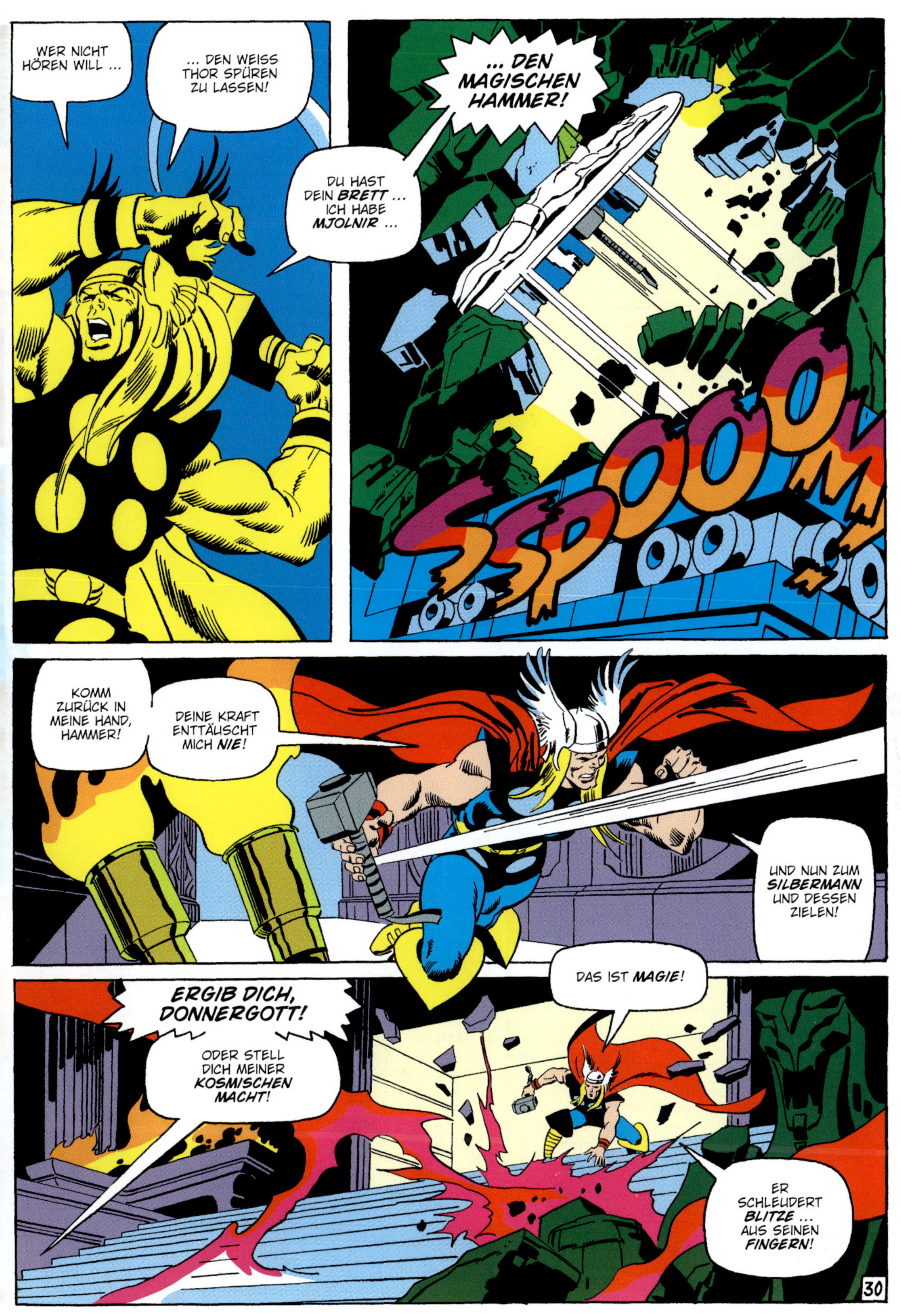
WER NICHT HÖREN WILL ...
... DEN WEISS THOR SPÜREN ZU LASSEN!
DU HAST DEIN BRETT ... ICH HABE MJOLNIR ...
... DEN MAGISCHEN HAMMER!
SSPOOOM!
KOMM ZURÜCK IN MEINE HAND, HAMMER!
DEINE KRAFT ENTTÄUSCHT MICH NIE!
UND NUN ZUM SILBERMANN UND DESSEN ZIELEN!
ERGIB DICH, DONNERGOTT!
ODER STELL DICH MEINER KOSMISCHEN MACHT!
DAS IST MAGIE!
ER SCHLEUDERT BLITZE ... AUS SEINEN FINGERN!

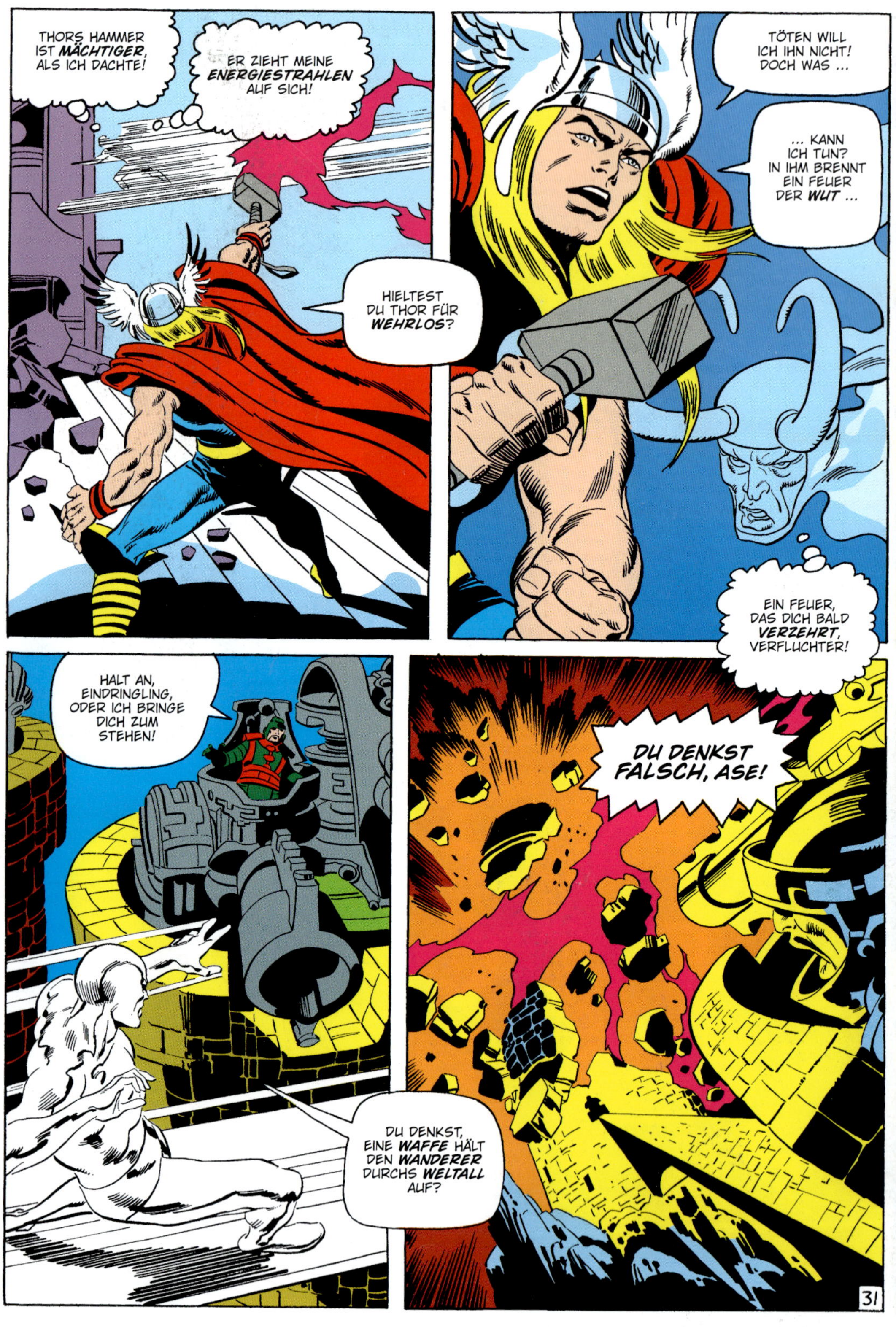
THORS HAMMER IST MÄCHTIGER, ALS ICH DACHTE!
ER ZIEHT MEINE ENERGIESTRAHLEN AUF SICH!
HIELTEST DU THOR FÜR WEHRLOS?
TÖTEN WILL ICH IHN NICHT! DOCH WAS ...
... KANN ICH TUN? IN IHM BRENNT EIN FEUER DER WUT ...
EIN FEUER, DAS DICH BALD VERZEHRT, VERFLUCHTER!
HALT AN, EINDRINGLING, ODER ICH BRINGE DICH ZUM STEHEN!
DU DENKST, EINE WAFFE HÄLT DEN WANDERER DURCHS WELTALL AUF?
DU DENKST FALSCH, ASE!

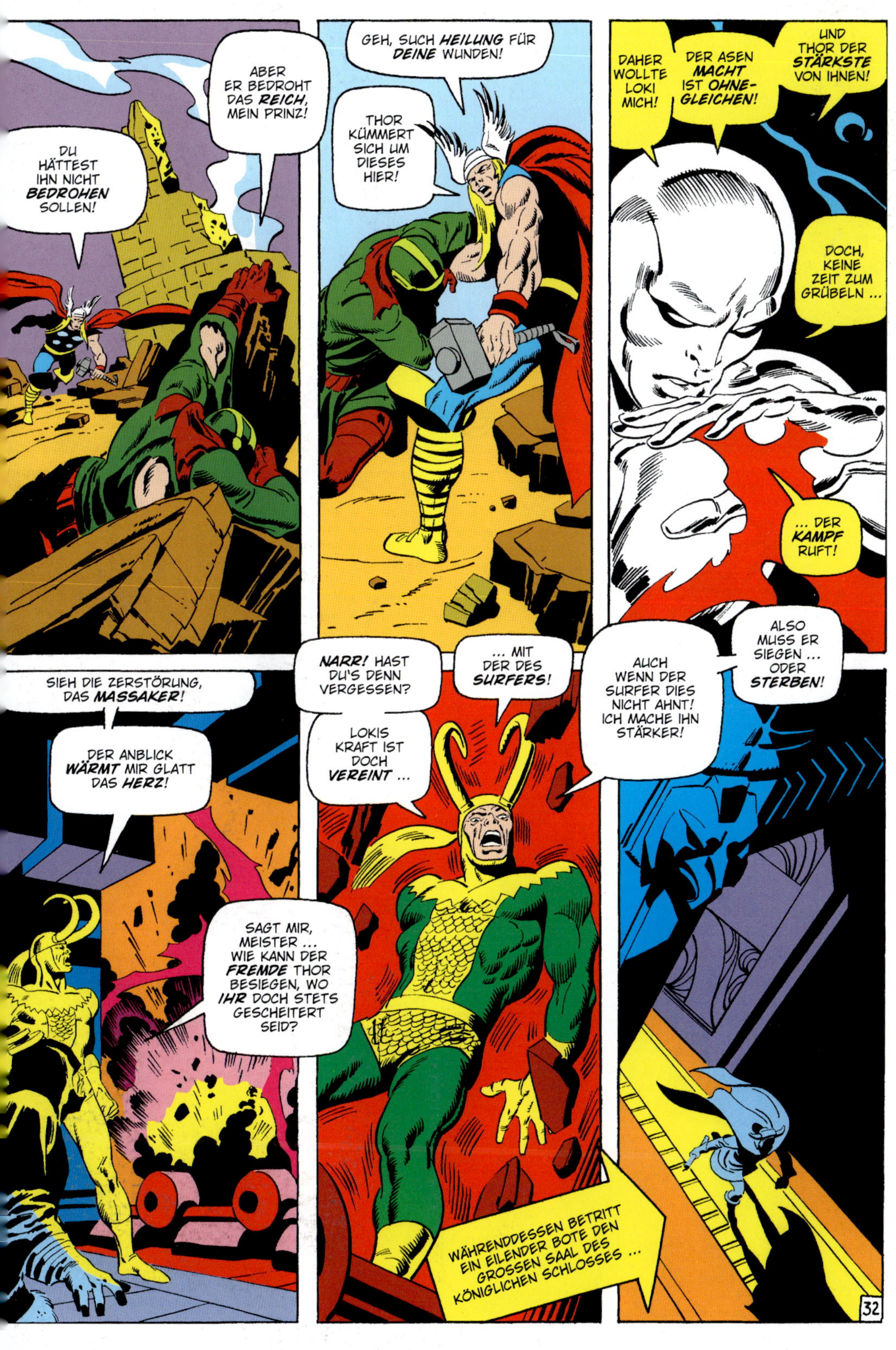

DU HÄTTEST IHN NICHT BEDROHEN SOLLEN!
ABER ER BEDROHT DAS REICH, MEIN PRINZ!
GEH, SUCH HEILUNG FÜR DEINE WUNDEN!
THOR KÜMMERT SICH UM DIESES HIER!
DAHER WOLLTE LOKI MICH!
DER ASEN MACHT IST OHNEGLEICHEN!
UND THOR DER STÄRKSTE VON IHNEN!
DOCH, KEINE ZEIT ZUM GRÜBELN ...
... DER KAMPF RUFT!
SIEH DIE ZERSTÖRUNG, DAS MASSAKER!
DER ANBLICK WÄRMT MIR GLATT DAS HERZ!
SAGT MIR, MEISTER ... WIE KANN DER FREMDE THOR BESIEGEN, WO IHR DOCH STETS GESCHEITERT SEID?
NARR! HAST DU'S DENN VERGESSEN?
LOKIS KRAFT IST DOCH VEREINT ...
... MIT DER DES SURFERS!
AUCH WENN DER SURFER DIES NICHT AHNT! ICH MACHE IHN STÄRKER!
ALSO MUSS ER SIEGEN ... ODER STERBEN!
WÄHRENDDESSEN BETRITT EIN EILENDER BOTE DEN GROSSEN SAAL DES KÖNIGLICHEN SCHLOSSES ...

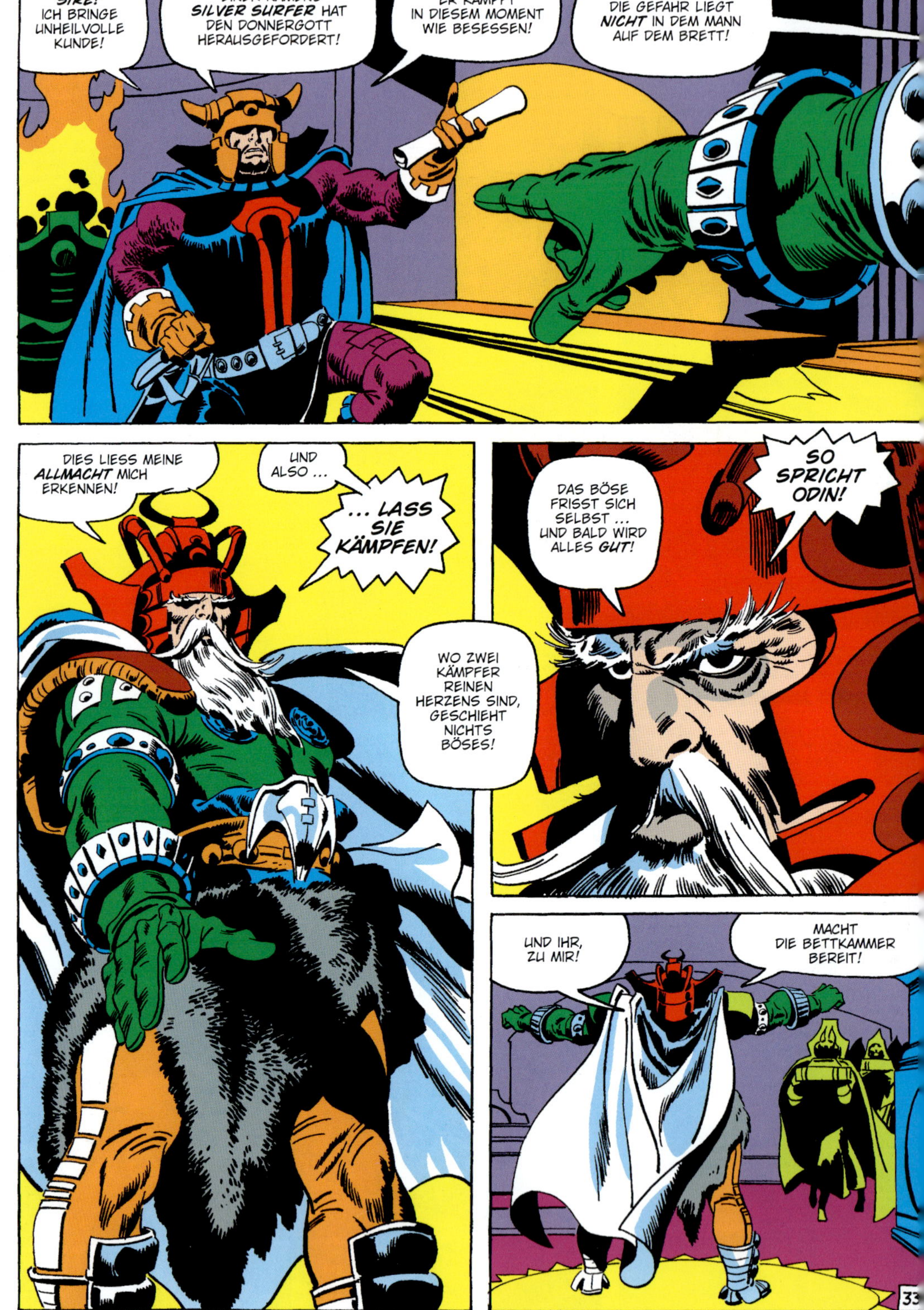
SIRE! ICH BRINGE UNHEILVOLLE KUNDE!
EINER NAMENS SILVER SURFER HAT DEN DONNERGOTT HERAUSGEFORDERT!
ER KÄMPFT IN DIESEM MOMENT WIE BESESSEN!
DIE GEFAHR LIEGT NICHT IN DEM MANN AUF DEM BRETT!
DIES LIESS MEINE ALLMACHT MICH ERKENNEN!
UND ALSO ...
... LASS SIE KÄMPFEN!
WO ZWEI KÄMPFER REINEN HERZENS SIND, GESCHIEHT NICHTS BÖSES!
DAS BÖSE FRISST SICH SELBST ... UND BALD WIRD ALLES GUT!
SO SPRICHT ODIN!
UND IHR, ZU MIR!
MACHT DIE BETTKAMMER BEREIT!
33

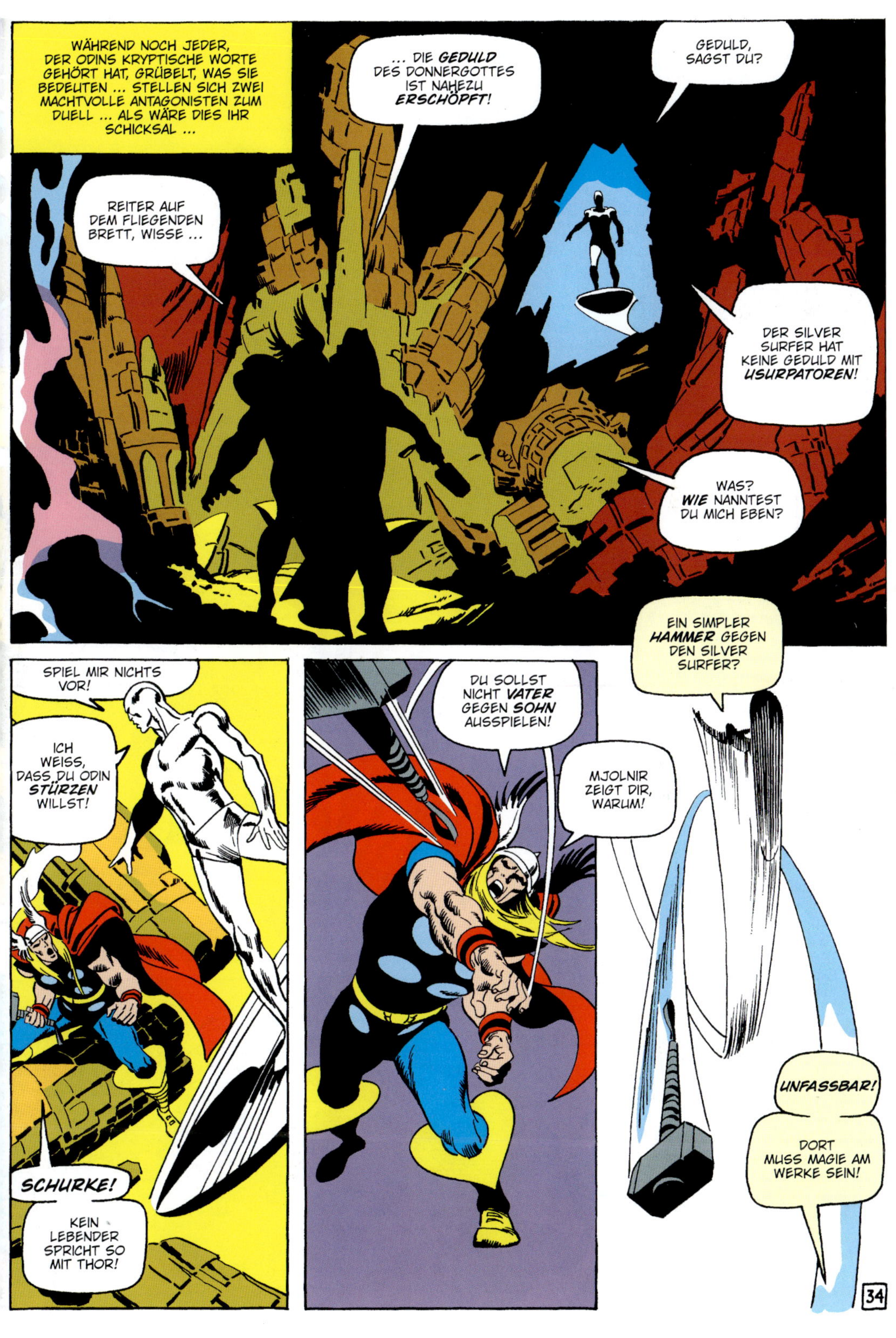
WÄHREND NOCH JEDER, DER ODINS KRYPTISCHE WORTE GEHÖRT HAT, GRÜBELT, WAS SIE BEDEUTEN ... STELLEN SICH ZWEI MACHTVOLLE ANTAGONISTEN ZUM DUELL ... ALS WÄRE DIES IHR SCHICKSAL ...
REITER AUF DEM FLIEGENDEN BRETT, WISSE ...
... DIE GEDULD DES DONNERGOTTES IST NAHEZU ERSCHÖPFT!
GEDULD, SAGST DU?
DER SILVER SURFER HAT KEINE GEDULD MIT USURPATOREN!
WAS? WIE NANNTEST DU MICH EBEN?
SPIEL MIR NICHTS VOR!
ICH WEISS, DASS DU ODIN STÜRZEN WILLST!
SCHURKE!
KEIN LEBENDER SPRICHT SO MIT THOR!
DU SOLLST NICHT VATER GEGEN SOHN AUSSPIELEN!
MJOLNIR ZEIGT DIR, WARUM!
EIN SIMPLER HAMMER GEGEN DEN SILVER SURFER?
UNFASSBAR!
DORT MUSS MAGIE AM WERKE SEIN!

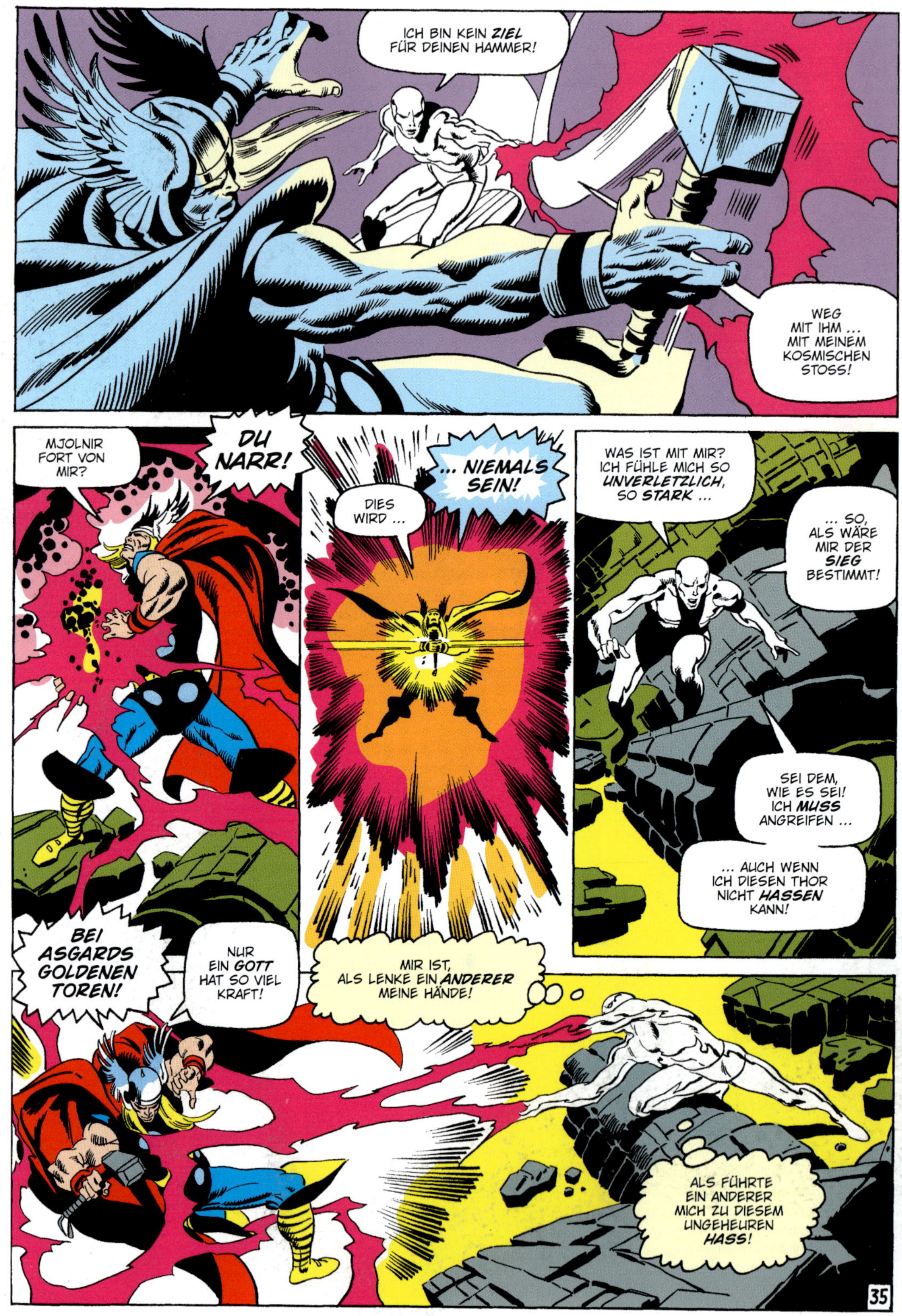
ICH BIN KEIN ZIEL FÜR DEINEN HAMMER!
WEG MIT IHM ... MIT MEINEM KOSMISCHEN STOSS!
MJOLNIR FORT VON MIR?
DU NARR!
DIES WIRD ...
... NIEMALS SEIN!
WAS IST MIT MIR? ICH FÜHLE MICH SO UNVERLETZLICH, SO STARK ...
... SO, ALS WÄRE MIR DER SIEG BESTIMMT!
SEI DEM, WIE ES SEI! ICH MUSS ANGREIFEN ...
... AUCH WENN ICH DIESEN THOR NICHT HASSEN KANN!
BEI ASGARDS GOLDENEN TOREN!
NUR EIN GOTT HAT SO VIEL KRAFT!
MIR IST, ALS LENKE EIN ANDERER MEINE HÄNDE!
ALS FÜHRTE EIN ANDERER MICH ZU DIESEM UNGEHEUREN HASS!

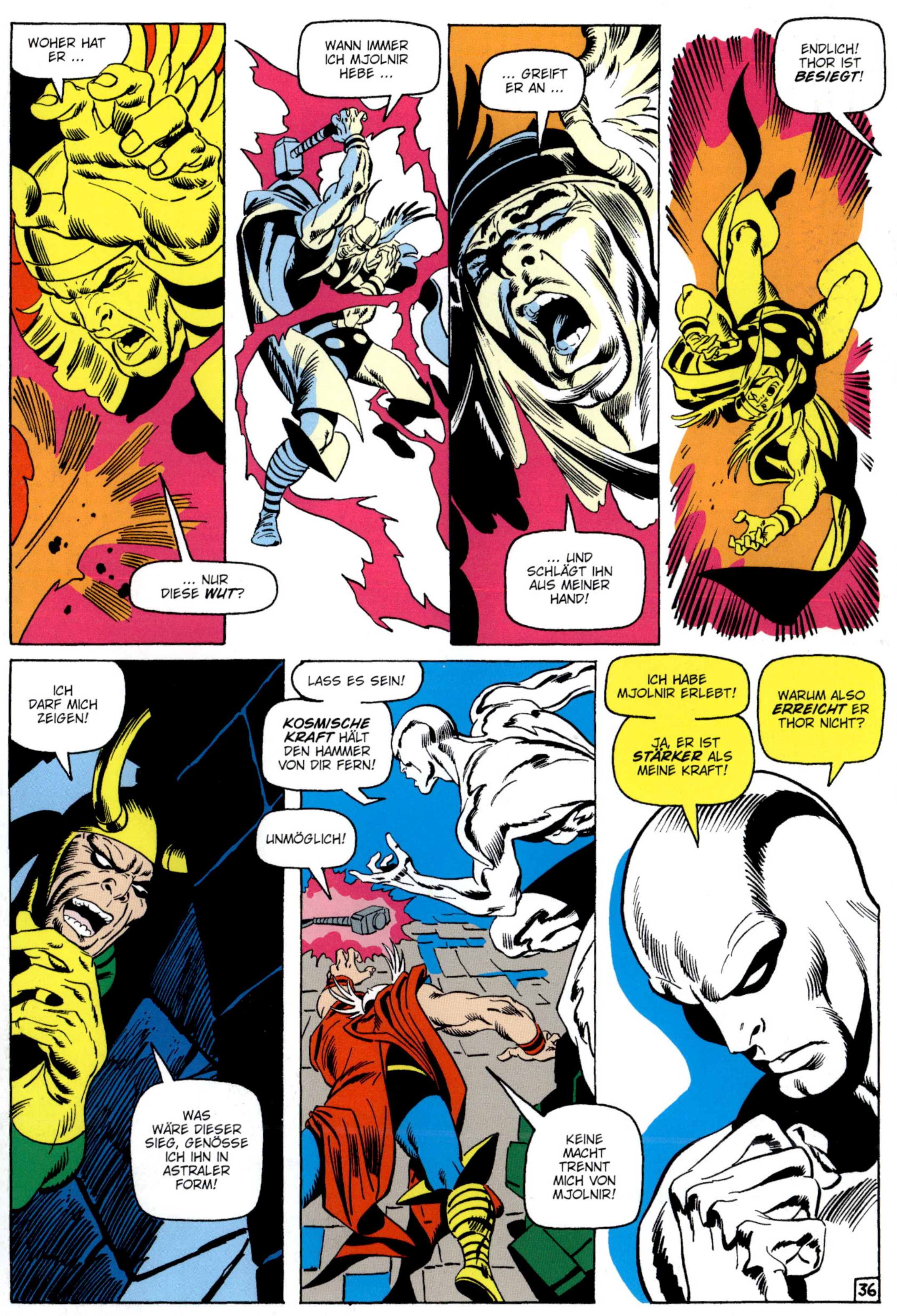
WOHER HAT ER ...
... NUR DIESE WUT?
WANN IMMER ICH MJOLNIR HEBE ...
... GREIFT ER AN ...
... UND SCHLÄGT IHN AUS MEINER HAND!
ENDLICH! THOR IST BESIEGT!
ICH DARF MICH ZEIGEN!
WAS WÄRE DIESER SIEG, GENÖSSE ICH IHN IN ASTRALER FORM!
LASS ES SEIN!
KOSMISCHE KRAFT HÄLT DEN HAMMER VON DIR FERN!
UNMÖGLICH!
KEINE MACHT TRENNT MICH VON MJOLNIR!
ICH HABE MJOLNIR ERLEBT!
JA, ER IST STÄRKER ALS MEINE KRAFT!
WARUM ALSO ERREICHT ER THOR NICHT?
36

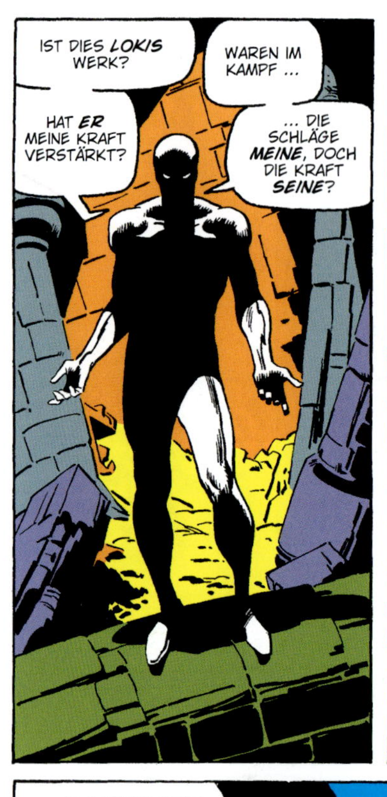
IST DIES LOKIS WERK?
HAT ER MEINE KRAFT VERSTÄRKT?
WAREN IM KAMPF ...
... DIE SCHLÄGE MEINE, DOCH DIE KRAFT SEINE?

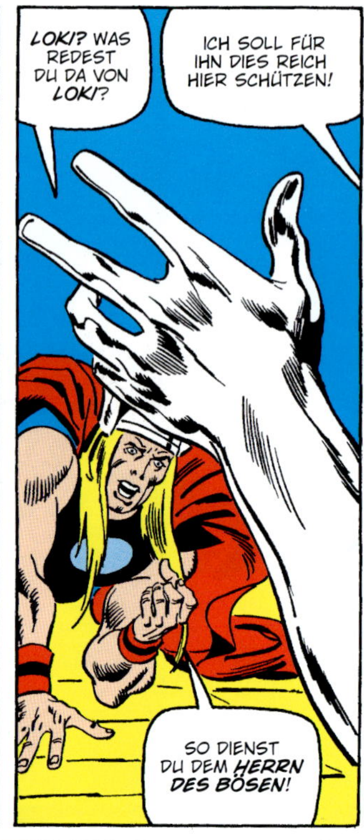
LOKI? WAS REDEST DU DA VON LOKI?
ICH SOLL FÜR IHN DIES REICH HIER SCHÜTZEN!
SO DIENST DU DEM HERRN DES BÖSEN!

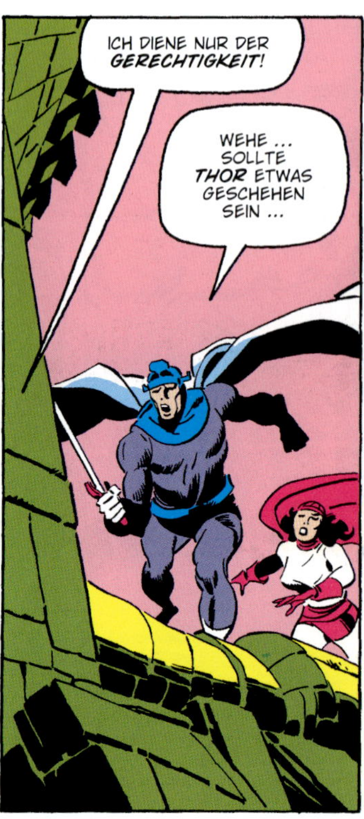
ICH DIENE NUR DER GERECHTIGKEIT!
WEHE ... SOLLTE THOR ETWAS GESCHEHEN SEIN ...

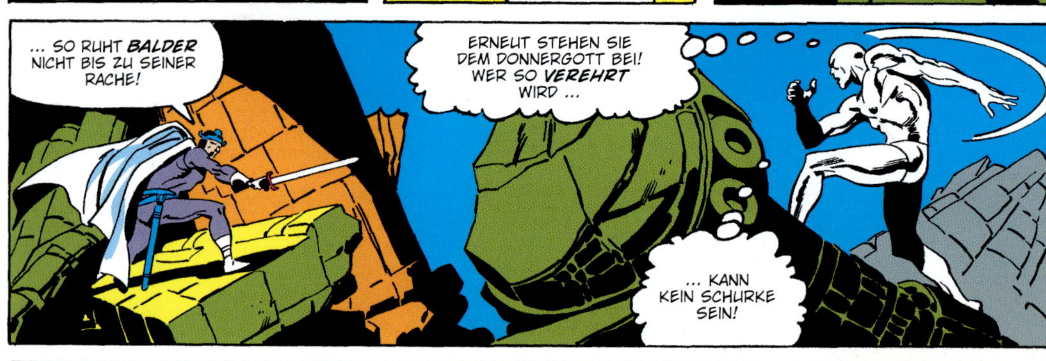
... SO RUHT BALDER NICHT BIS ZU SEINER RACHE!
ERNEUT STEHEN SIE DEM DONNERGOTT BEI! WER SO VEREHRT WIRD ...
... KANN KEIN SCHURKE SEIN!

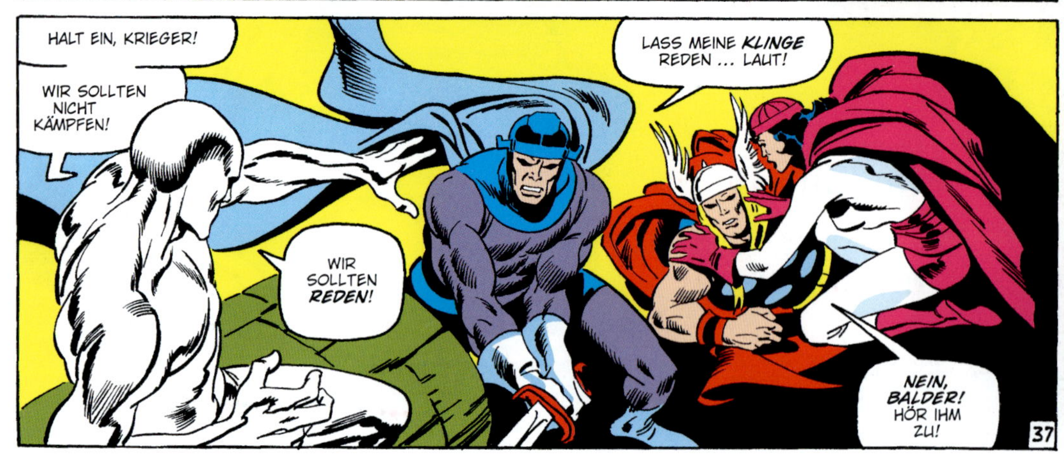
HALT EIN, KRIEGER!
WIR SOLLTEN NICHT KÄMPFEN!
WIR SOLLTEN REDEN!
LASS MEINE KLINGE REDEN ... LAUT!
NEIN, BALDER! HÖR IHM ZU!

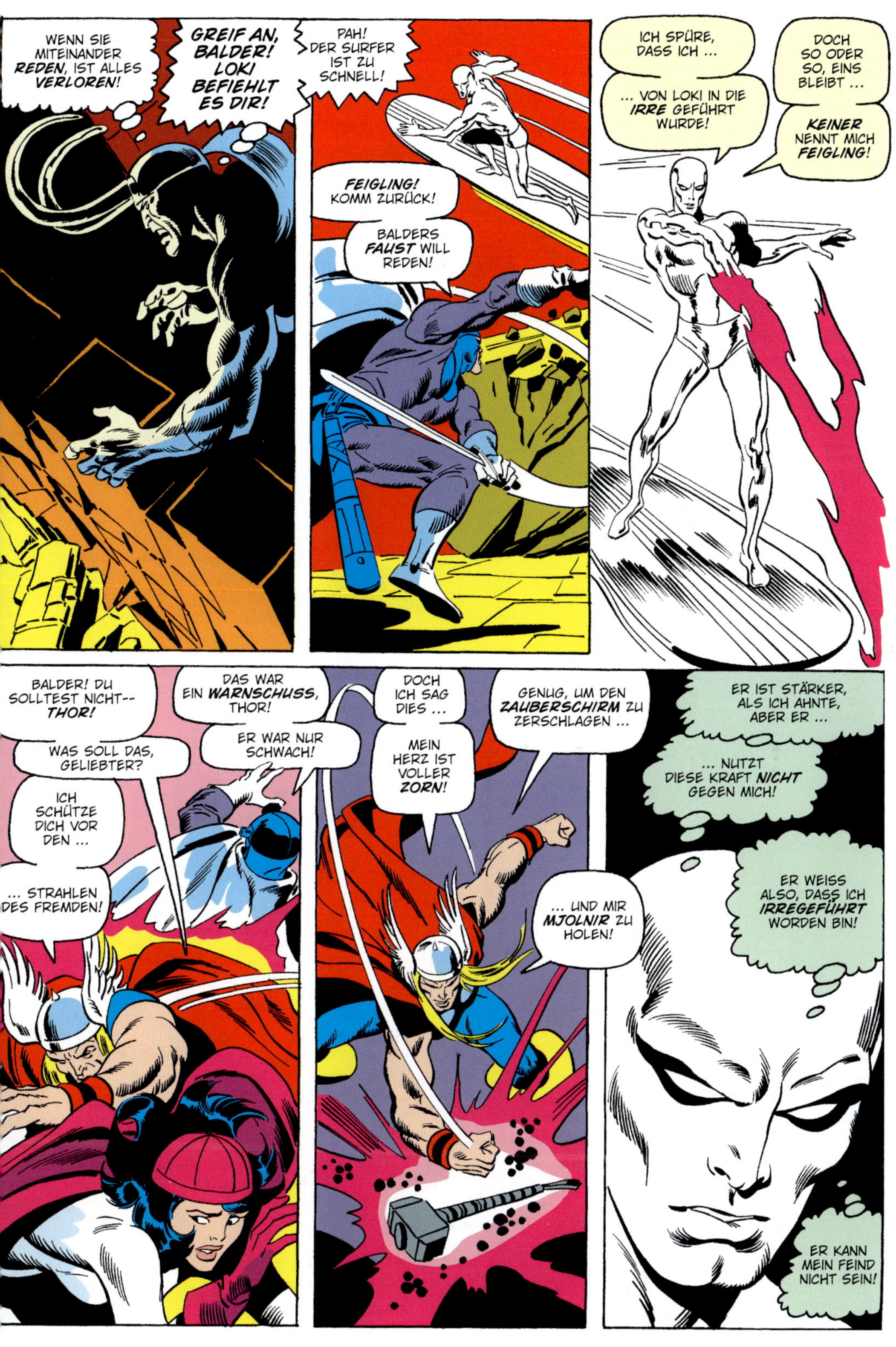

WENN SIE MITEINANDER REDEN, IST ALLES VERLOREN!
GREIF AN, BALDER! LOKI BEFIEHLT ES DIR!
PAH! DER SURFER IST ZU SCHNELL!
FEIGLING! KOMM ZURÜCK!
BALDERS FAUST WILL REDEN!
ICH SPÜRE, DASS ICH ...
... VON LOKI IN DIE IRRE GEFÜHRT WURDE!
DOCH SO ODER SO, EINS BLEIBT ...
KEINER NENNT MICH FEIGLING!
BALDER! DU SOLLTEST NICHT-- THOR!
WAS SOLL DAS, GELIEBTER?
ICH SCHÜTZE DICH VOR DEN ...
... STRAHLEN DES FREMDEN!
DAS WAR EIN WARNSCHUSS, THOR!
ER WAR NUR SCHWACH!
DOCH ICH SAG DIES ...
MEIN HERZ IST VOLLER ZORN!
GENUG, UM DEN ZAUBERSCHIRM ZU ZERSCHLAGEN ...
... UND MIR MJOLNIR ZU HOLEN!
ER IST STÄRKER, ALS ICH AHNTE, ABER ER ...
... NUTZT DIESE KRAFT NICHT GEGEN MICH!
ER WEISS ALSO, DASS ICH IRREGEFÜHRT WORDEN BIN!
ER KANN MEIN FEIND NICHT SEIN!

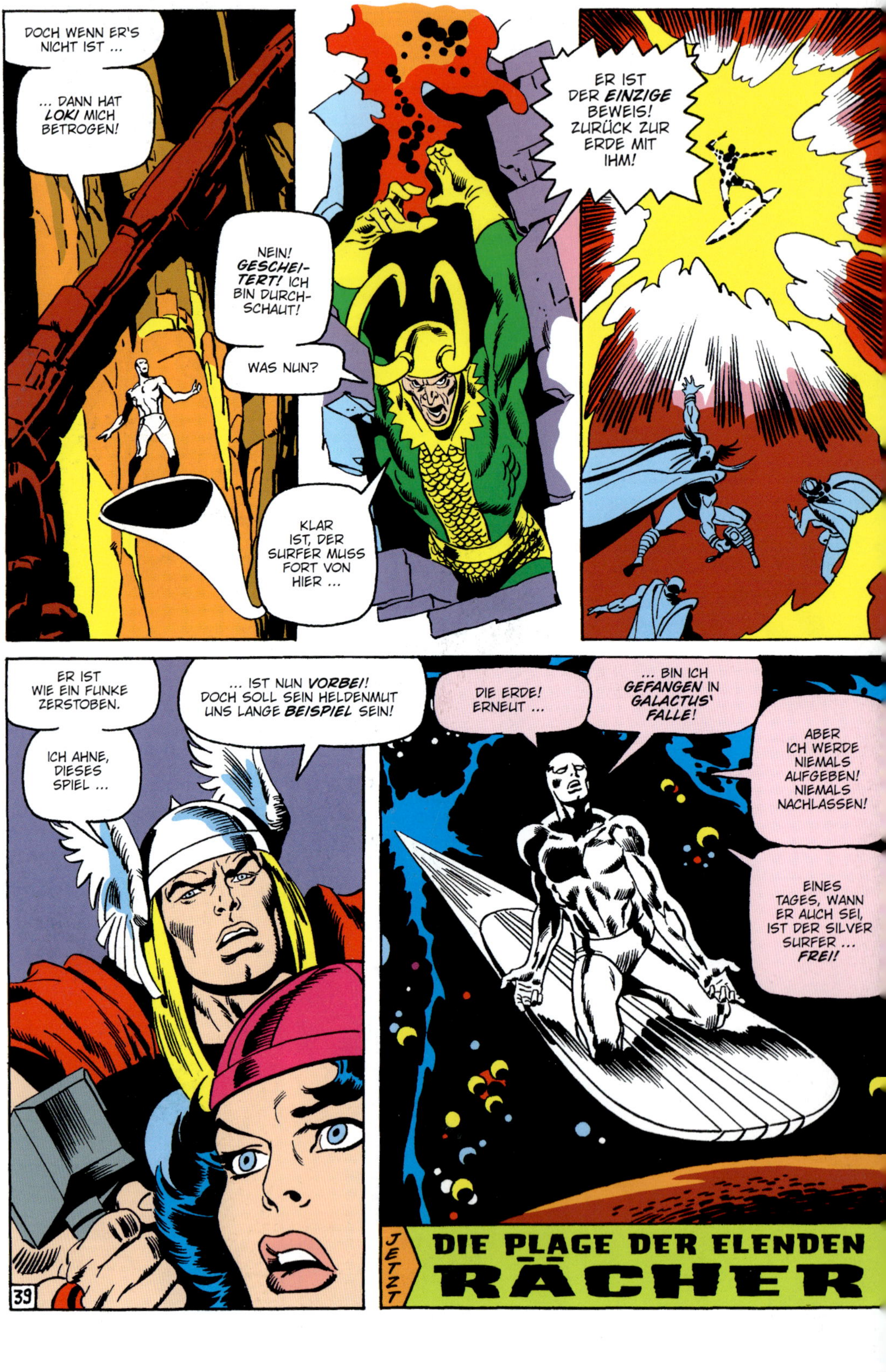

DOCH WENN ER'S NICHT IST ...
... DANN HAT *LOKI* MICH BETROGEN!
NEIN! *GESCHEITERT!* ICH BIN DURCHSCHAUT!
WAS NUN?
KLAR IST, DER SURFER MUSS FORT VON HIER ...
ER IST DER *EINZIGE* BEWEIS! ZURÜCK ZUR ERDE MIT IHM!
ER IST WIE EIN FUNKE ZERSTOBEN.
ICH AHNE, DIESES SPIEL ...
... IST NUN *VORBEI!* DOCH SOLL SEIN HELDENMUT UNS LANGE *BEISPIEL* SEIN!
DIE ERDE! ERNEUT ...
... BIN ICH *GEFANGEN* IN *GALACTUS'* *FALLE!*
ABER ICH WERDE NIEMALS AUFGEBEN! NIEMALS NACHLASSEN!
EINES TAGES, WANN ER AUCH SEI, IST DER SILVER SURFER ... *FREI!*

JETZT

DIE PLAGE DER ELENDEN RÄCHER

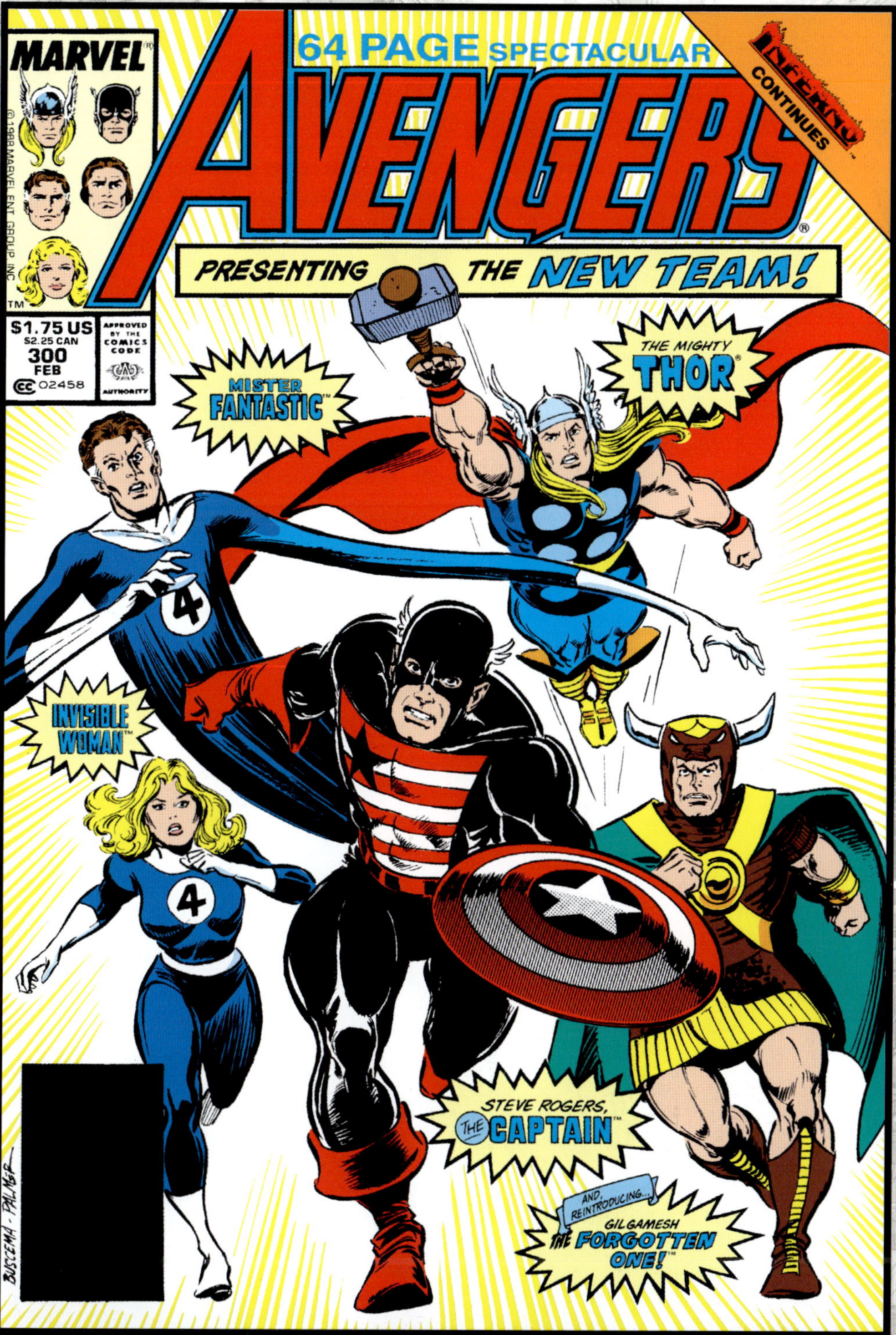

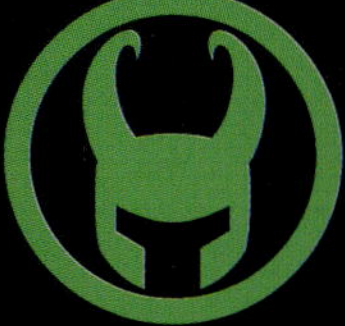

AVENGERS (1963) 300

Wusstet ihr, dass es die Avengers ohne Loki nie gegeben hätte? In dieser Kurzgeschichte erfahrt ihr, wie Loki zur Gründung des mächtigsten Heldenteams der Welt beitrug.

COVER VON **JOHN BUSCEMA**

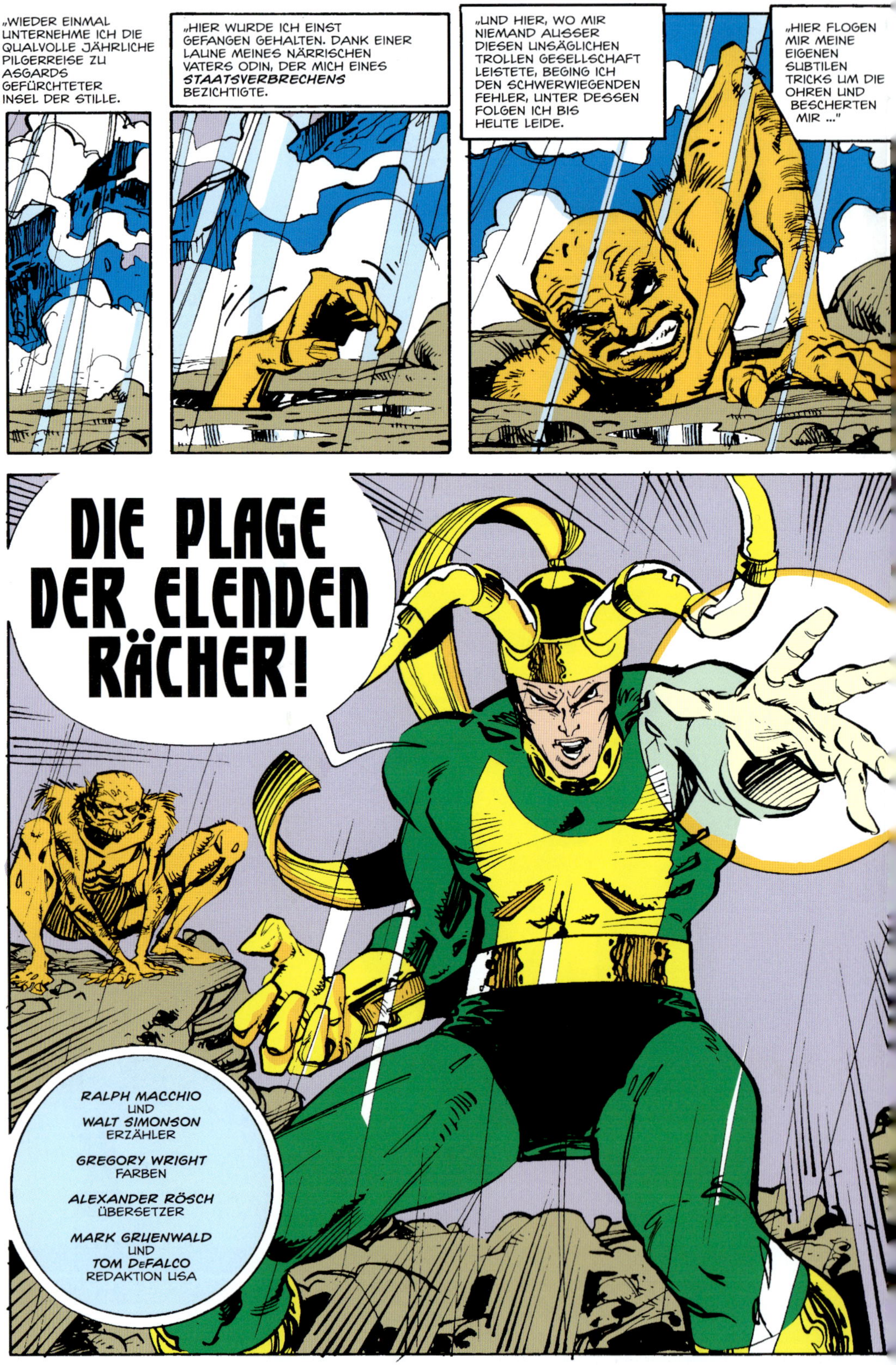

„WIEDER EINMAL UNTERNEHME ICH DIE QUALVOLLE JÄHRLICHE PILGERREISE ZU ASGARDS GEFÜRCHTETER INSEL DER STILLE.

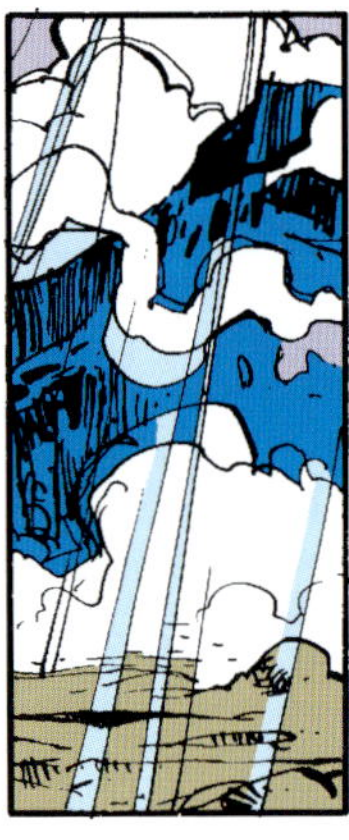

„HIER WURDE ICH EINST GEFANGEN GEHALTEN. DANK EINER LAUNE MEINES NÄRRISCHEN VATERS ODIN, DER MICH EINES ***STAATSVERBRECHENS*** BEZICHTIGTE.

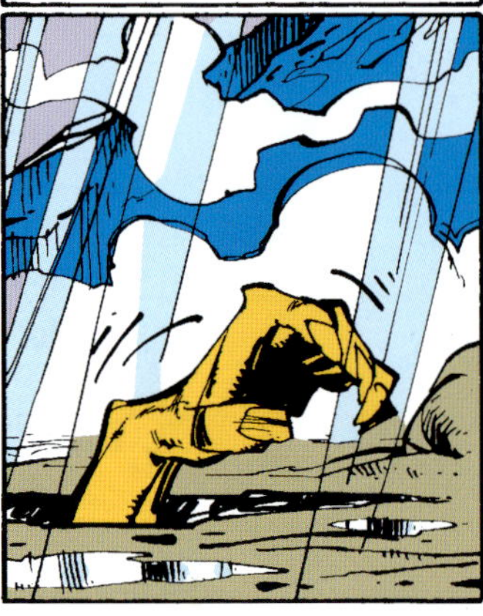

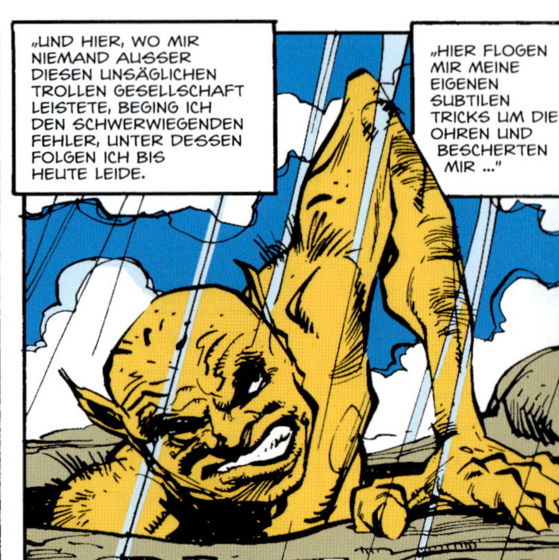

DIE PLAGE DER ELENDEN RÄCHER!

RALPH MACCHIO
UND
WALT SIMONSON
ERZÄHLER

GREGORY WRIGHT
FARBEN

ALEXANDER RÖSCH
ÜBERSETZER

MARK GRUENWALD
UND
TOM DeFALCO
REDAKTION USA

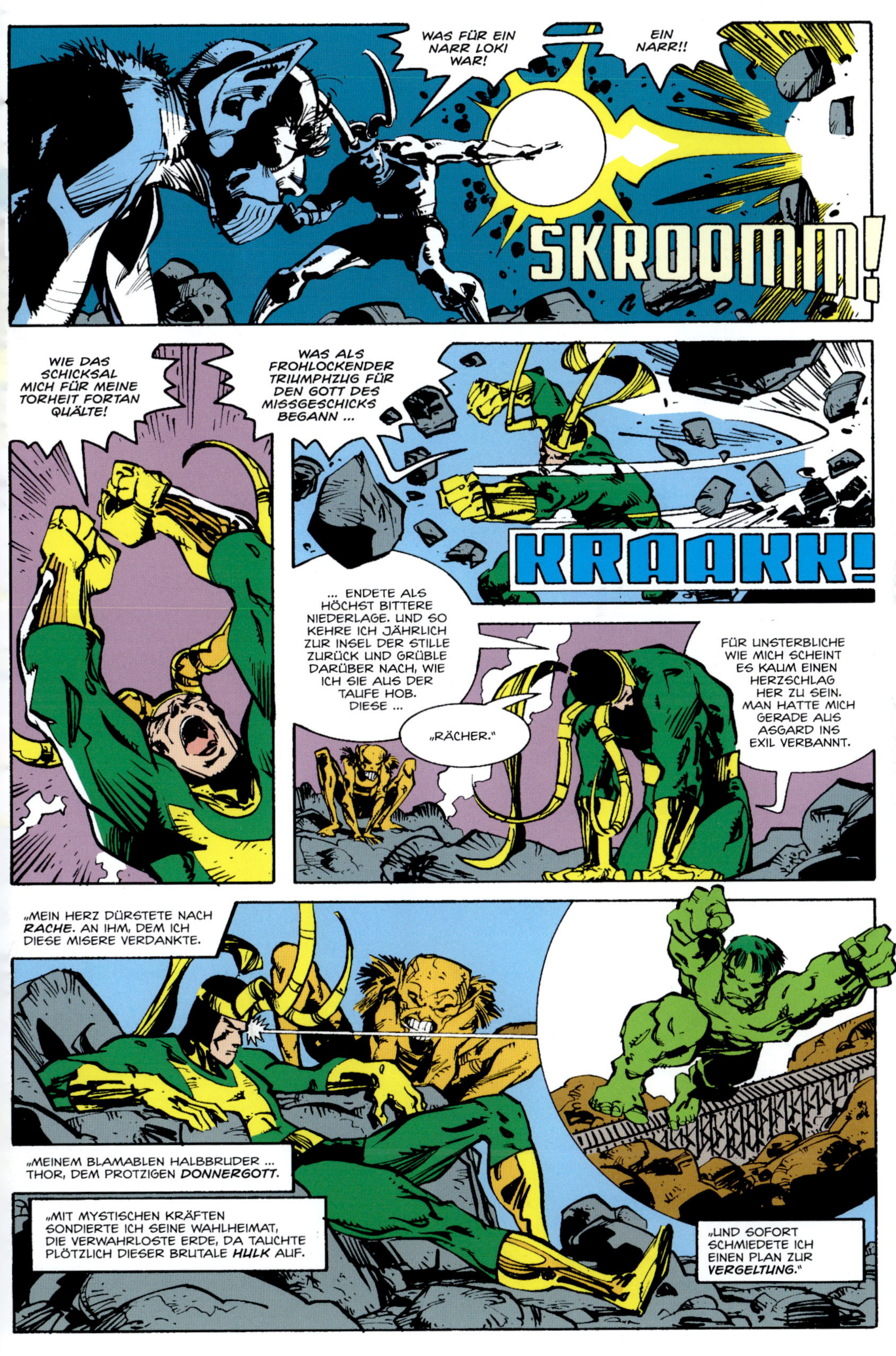
WAS FÜR EIN NARR LOKI WAR!
EIN NARR!!
SKROOMM!
WIE DAS SCHICKSAL MICH FÜR MEINE TORHEIT FORTAN QUÄLTE!
WAS ALS FROHLOCKENDER TRIUMPHZUG FÜR DEN GOTT DES MISSGESCHICKS BEGANN ...
KRAAKK!
... ENDETE ALS HÖCHST BITTERE NIEDERLAGE. UND SO KEHRE ICH JÄHRLICH ZUR INSEL DER STILLE ZURÜCK UND GRÜBLE DARÜBER NACH, WIE ICH SIE AUS DER TAUFE HOB. DIESE ...
„RÄCHER."
FÜR UNSTERBLICHE WIE MICH SCHEINT ES KAUM EINEN HERZSCHLAG HER ZU SEIN. MAN HATTE MICH GERADE AUS ASGARD INS EXIL VERBANNT.
„MEIN HERZ DÜRSTETE NACH RACHE. AN IHM, DEM ICH DIESE MISERE VERDANKTE.
„MEINEM BLAMABLEN HALBBRUDER ... THOR, DEM PROTZIGEN DONNERGOTT.
„MIT MYSTISCHEN KRÄFTEN SONDIERTE ICH SEINE WAHLHEIMAT, DIE VERWAHRLOSTE ERDE, DA TAUCHTE PLÖTZLICH DIESER BRUTALE HULK AUF.
„UND SOFORT SCHMIEDETE ICH EINEN PLAN ZUR VERGELTUNG."

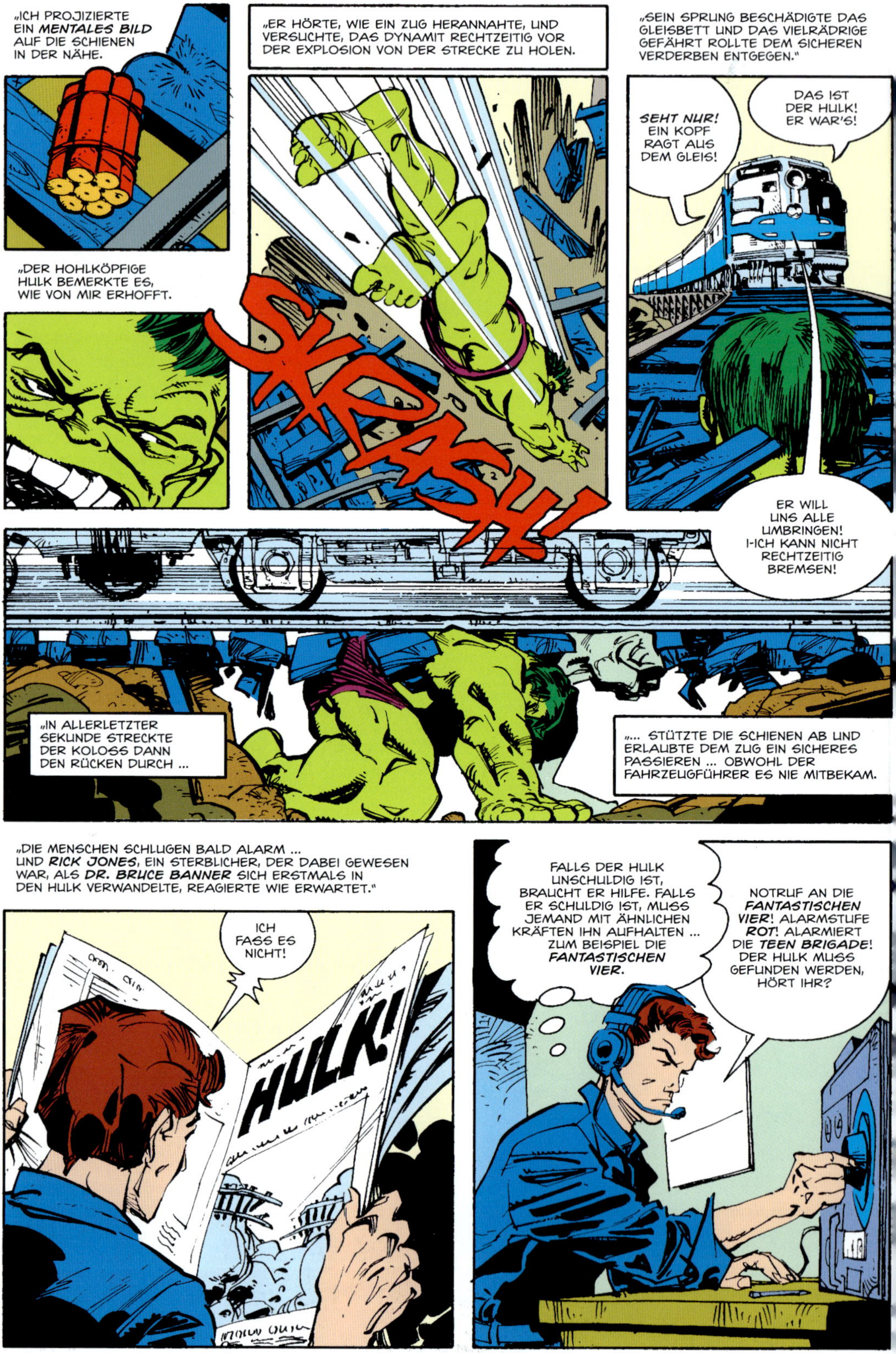

„ICH PROJIZIERTE EIN **MENTALES BILD** AUF DIE SCHIENEN IN DER NÄHE.

„ER HÖRTE, WIE EIN ZUG HERANNAHTE, UND VERSUCHTE, DAS DYNAMIT RECHTZEITIG VOR DER EXPLOSION VON DER STRECKE ZU HOLEN.

„DER HOHLKÖPFIGE HULK BEMERKTE ES, WIE VON MIR ERHOFFT.

SKRASH!

„SEIN SPRUNG BESCHÄDIGTE DAS GLEISBETT UND DAS VIELRÄDRIGE GEFÄHRT ROLLTE DEM SICHEREN VERDERBEN ENTGEGEN."

SEHT NUR! EIN KOPF RAGT AUS DEM GLEIS!

DAS IST DER HULK! ER WAR'S!

ER WILL UNS ALLE UMBRINGEN! I-ICH KANN NICHT RECHTZEITIG BREMSEN!

„IN ALLERLETZTER SEKUNDE STRECKTE DER KOLOSS DANN DEN RÜCKEN DURCH ...

„... STÜTZTE DIE SCHIENEN AB UND ERLAUBTE DEM ZUG EIN SICHERES PASSIEREN ... OBWOHL DER FAHRZEUGFÜHRER ES NIE MITBEKAM.

„DIE MENSCHEN SCHLUGEN BALD ALARM ... UND ***RICK JONES***, EIN STERBLICHER, DER DABEI GEWESEN WAR, ALS ***DR. BRUCE BANNER*** SICH ERSTMALS IN DEN HULK VERWANDELTE, REAGIERTE WIE ERWARTET."

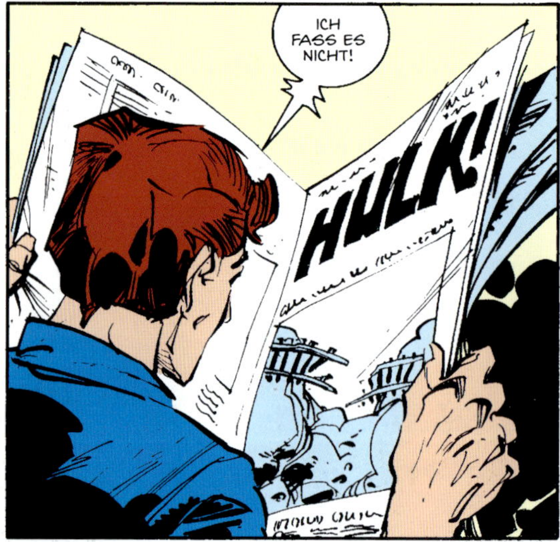

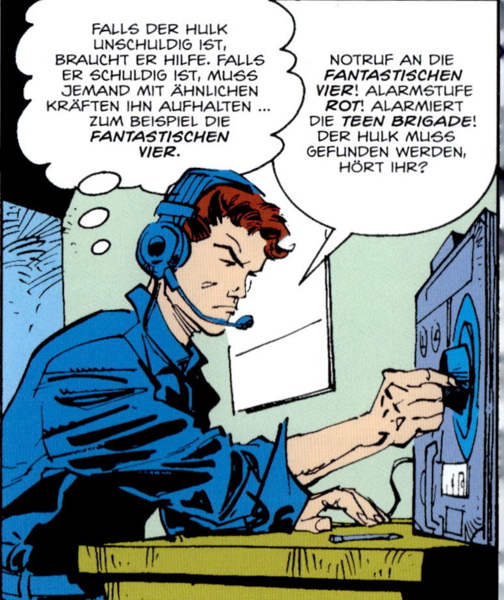

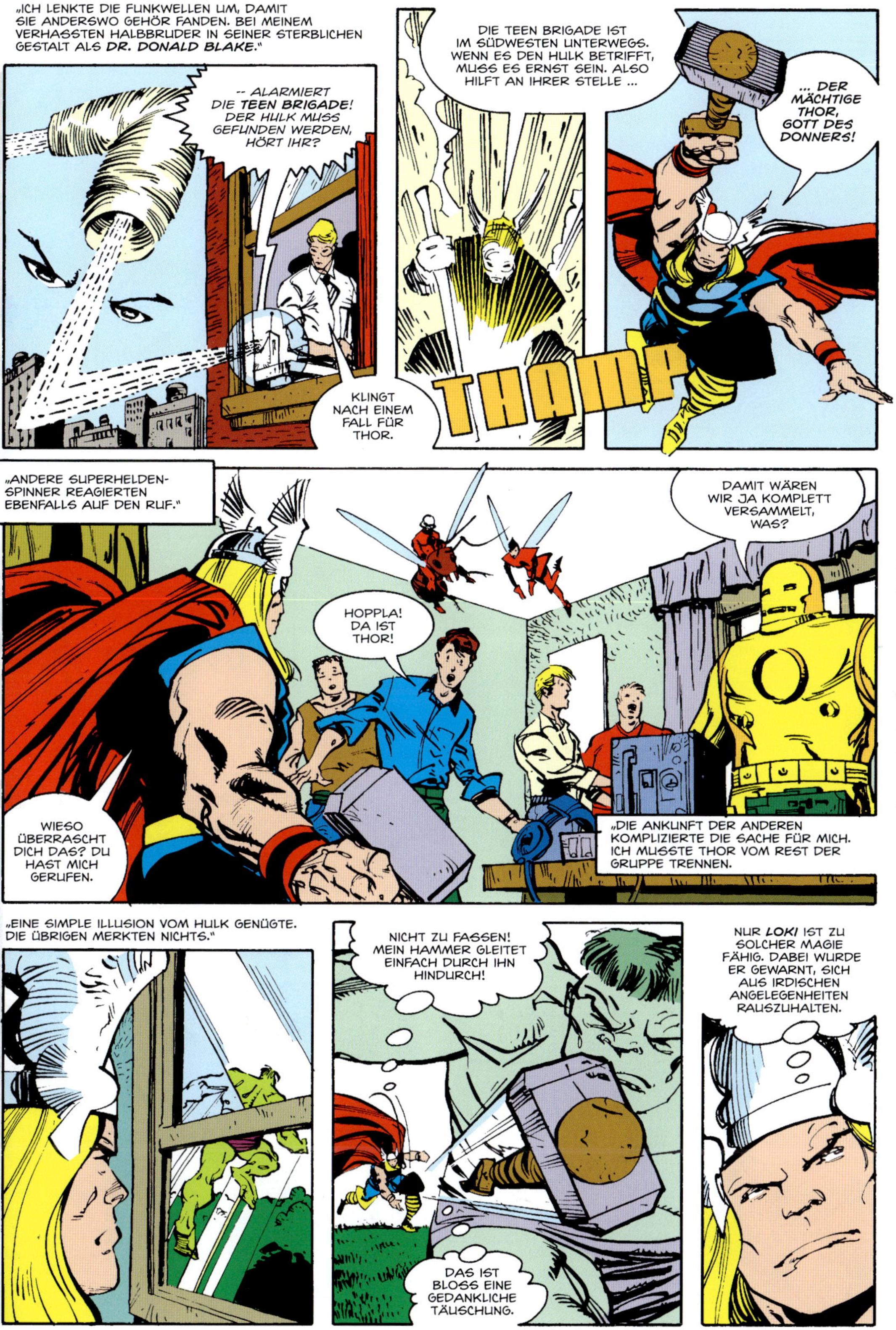

„ICH LENKTE DIE FUNKWELLEN UM, DAMIT SIE ANDERSWO GEHÖR FANDEN. BEI MEINEM VERHASSTEN HALBBRUDER IN SEINER STERBLICHEN GESTALT ALS ***DR. DONALD BLAKE***."

*-- ALARMIERT DIE **TEEN BRIGADE**! DER HULK MUSS GEFUNDEN WERDEN, HÖRT IHR?*

KLINGT NACH EINEM FALL FÜR THOR.

DIE TEEN BRIGADE IST IM SÜDWESTEN UNTERWEGS. WENN ES DEN HULK BETRIFFT, MUSS ES ERNST SEIN. ALSO HILFT AN IHRER STELLE ...

THOMP

... DER MÄCHTIGE THOR, GOTT DES DONNERS!

„ANDERE SUPERHELDEN-SPINNER REAGIERTEN EBENFALLS AUF DEN RUF."

DAMIT WÄREN WIR JA KOMPLETT VERSAMMELT, WAS?

HOPPLA! DA IST THOR!

WIESO ÜBERRASCHT DICH DAS? DU HAST MICH GERUFEN.

„DIE ANKUNFT DER ANDEREN KOMPLIZIERTE DIE SACHE FÜR MICH. ICH MUSSTE THOR VOM REST DER GRUPPE TRENNEN."

„EINE SIMPLE ILLUSION VOM HULK GENÜGTE. DIE ÜBRIGEN MERKTEN NICHTS."

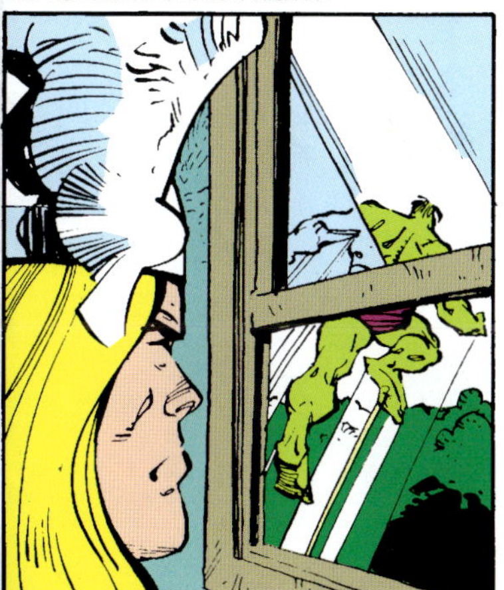

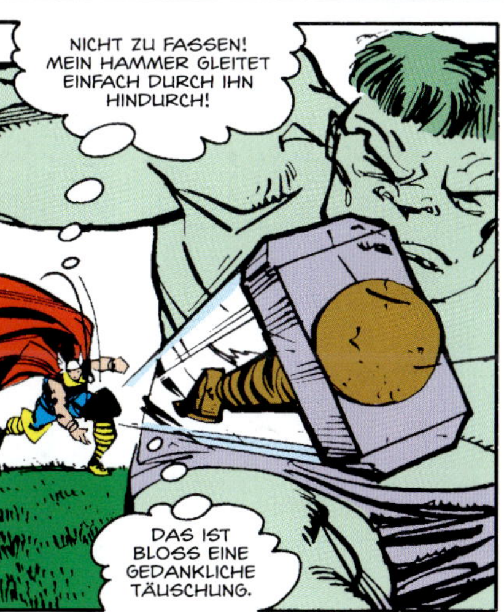

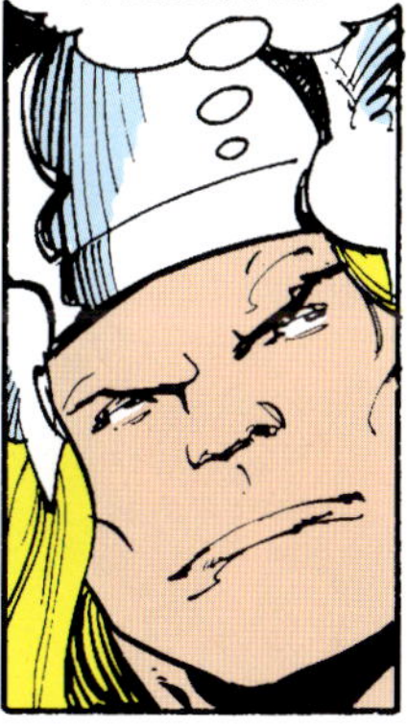

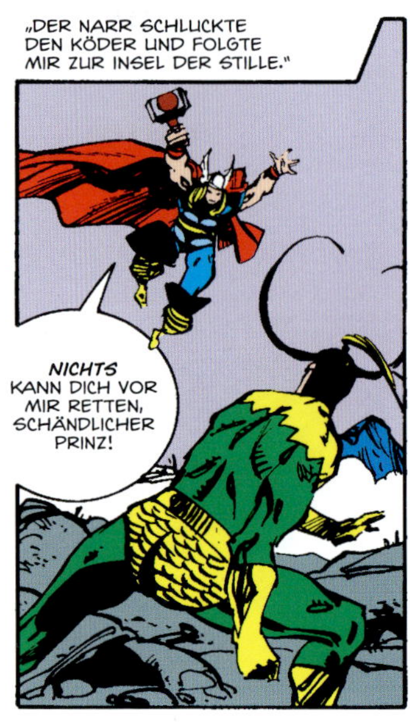
„DER NARR SCHLUCKTE DEN KÖDER UND FOLGTE MIR ZUR INSEL DER STILLE."
NICHTS KANN DICH VOR MIR RETTEN, SCHÄNDLICHER PRINZ!

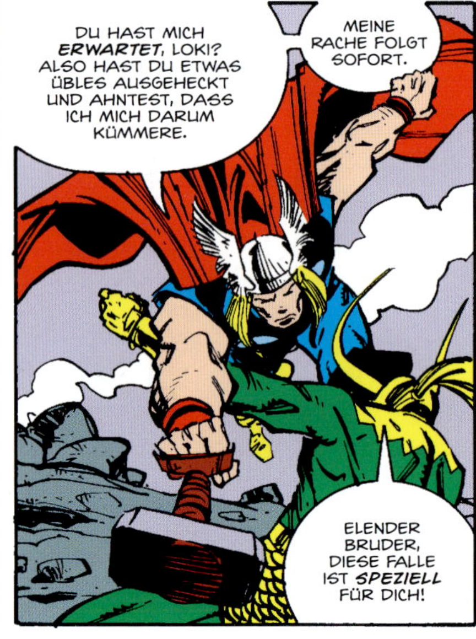
DU HAST MICH ERWARTET, LOKI? ALSO HAST DU ETWAS ÜBLES AUSGEHECKT UND AHNTEST, DASS ICH MICH DARUM KÜMMERE.
MEINE RACHE FOLGT SOFORT.
ELENDER BRUDER, DIESE FALLE IST SPEZIELL FÜR DICH!

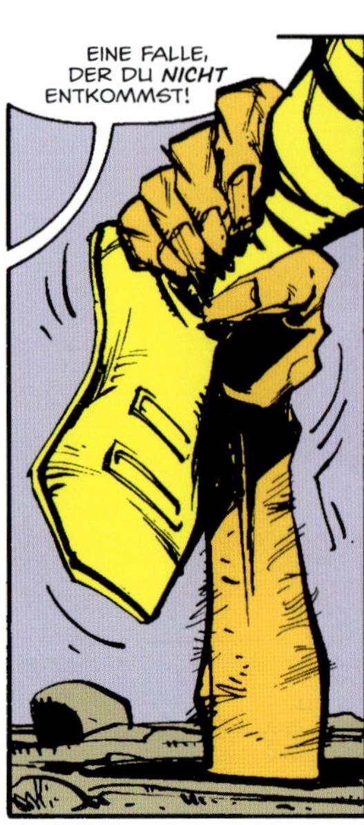
EINE FALLE, DER DU NICHT ENTKOMMST!

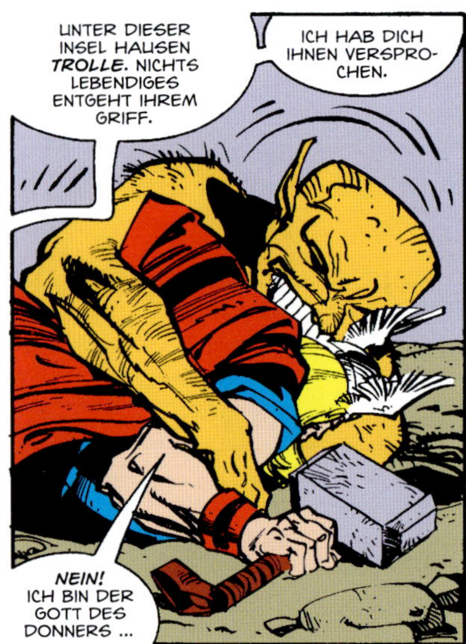
UNTER DIESER INSEL HAUSEN TROLLE. NICHTS LEBENDIGES ENTGEHT IHREM GRIFF.
ICH HAB DICH IHNEN VERSPROCHEN.
NEIN! ICH BIN DER GOTT DES DONNERS ...

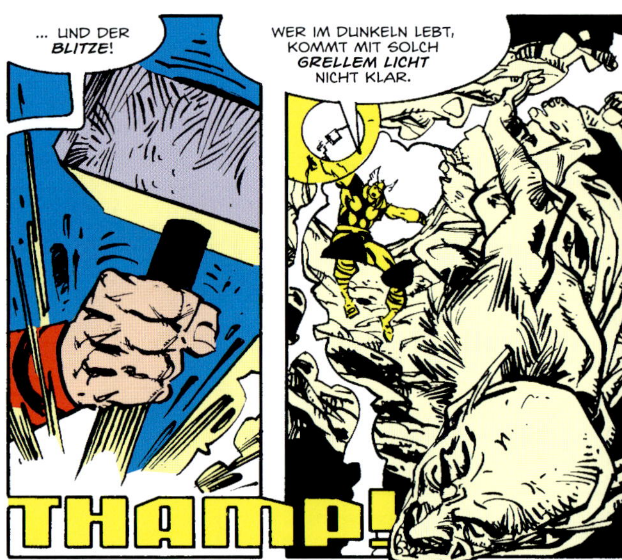
... UND DER BLITZE!
WER IM DUNKELN LEBT, KOMMT MIT SOLCH GRELLEM LICHT NICHT KLAR.
THAMP!

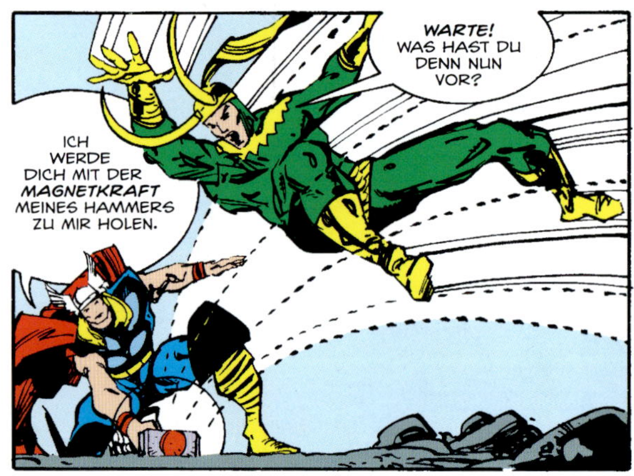
ICH WERDE DICH MIT DER MAGNETKRAFT MEINES HAMMERS ZU MIR HOLEN.
WARTE! WAS HAST DU DENN NUN VOR?

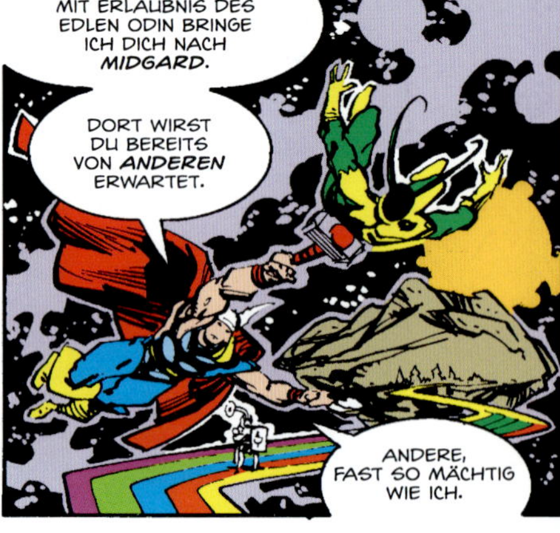
MIT ERLAUBNIS DES EDLEN ODIN BRINGE ICH DICH NACH MIDGARD.
DORT WIRST DU BEREITS VON ANDEREN ERWARTET.
ANDERE, FAST SO MÄCHTIG WIE ICH.

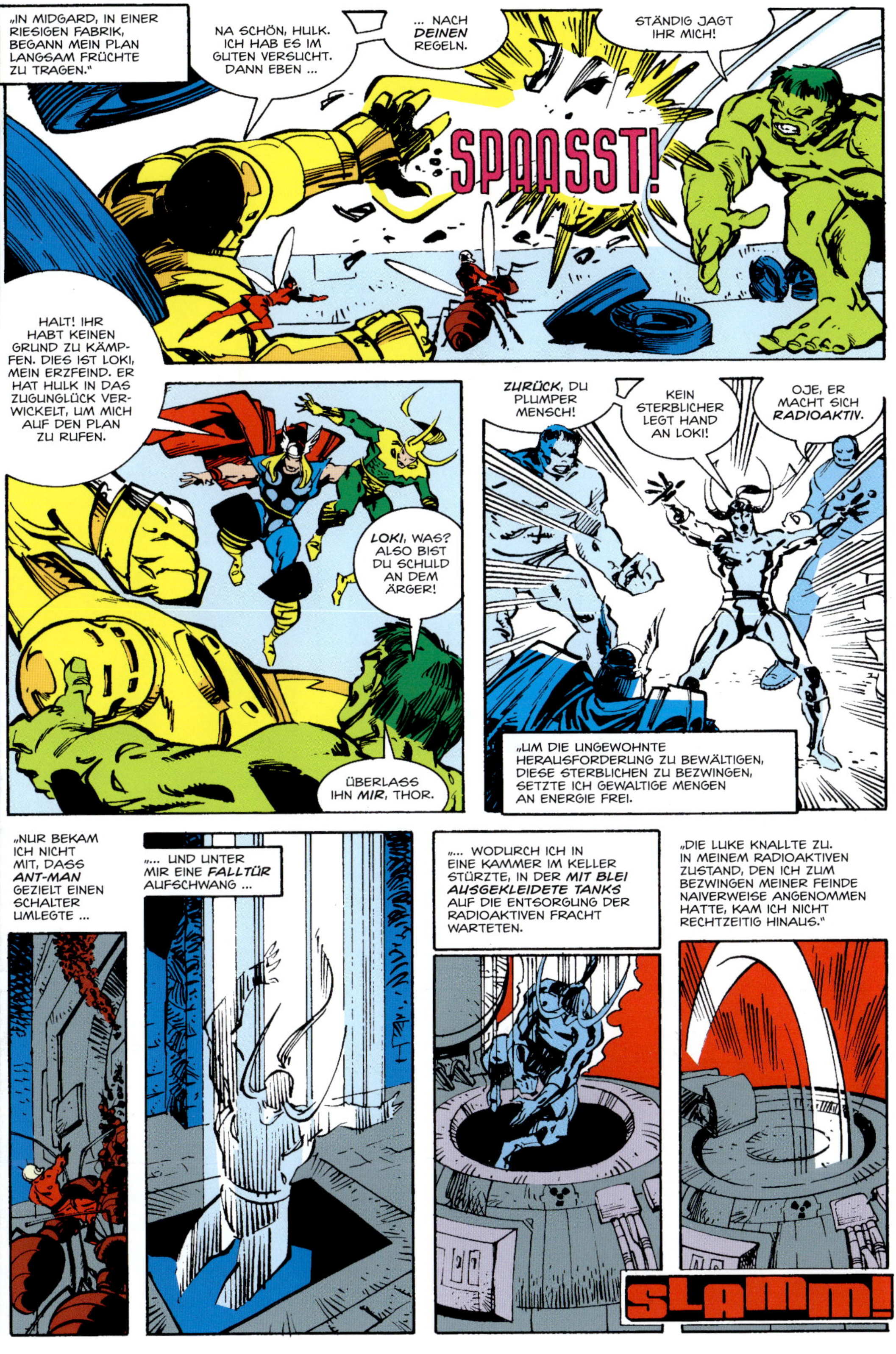

„IN MIDGARD, IN EINER RIESIGEN FABRIK, BEGANN MEIN PLAN LANGSAM FRÜCHTE ZU TRAGEN.“

NA SCHÖN, HULK. ICH HAB ES IM GUTEN VERSUCHT. DANN EBEN ...

... NACH *DEINEN* REGELN.

STÄNDIG JAGT IHR MICH!

SPAASST!

HALT! IHR HABT KEINEN GRUND ZU KÄMPFEN. DIES IST LOKI, MEIN ERZFEIND. ER HAT HULK IN DAS ZUGUNGLÜCK VERWICKELT, UM MICH AUF DEN PLAN ZU RUFEN.

LOKI, WAS? ALSO BIST DU SCHULD AN DEM ÄRGER!

ÜBERLASS IHN *MIR*, THOR.

ZURÜCK, DU PLUMPER MENSCH!

KEIN STERBLICHER LEGT HAND AN LOKI!

OJE, ER MACHT SICH *RADIOAKTIV*.

„UM DIE UNGEWOHNTE HERAUSFORDERUNG ZU BEWÄLTIGEN, DIESE STERBLICHEN ZU BEZWINGEN, SETZTE ICH GEWALTIGE MENGEN AN ENERGIE FREI.

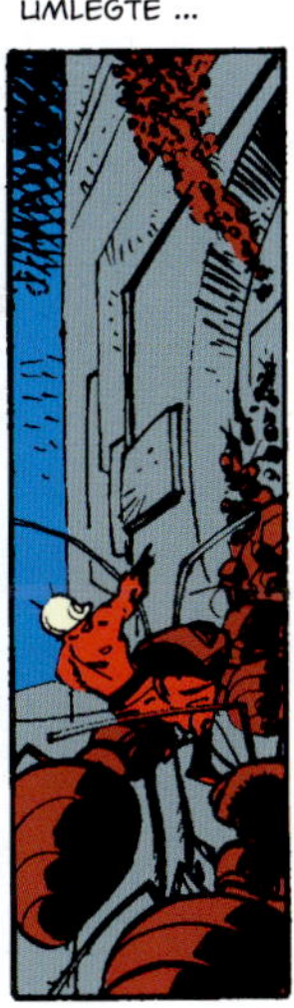

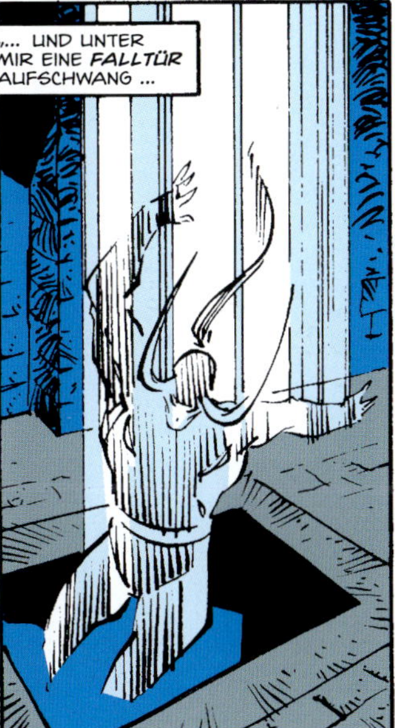

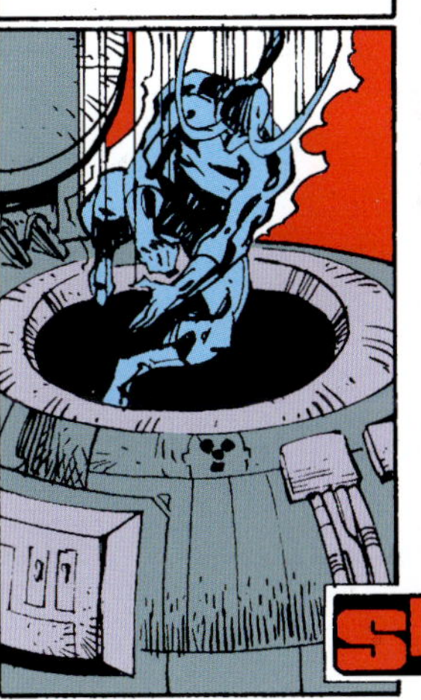

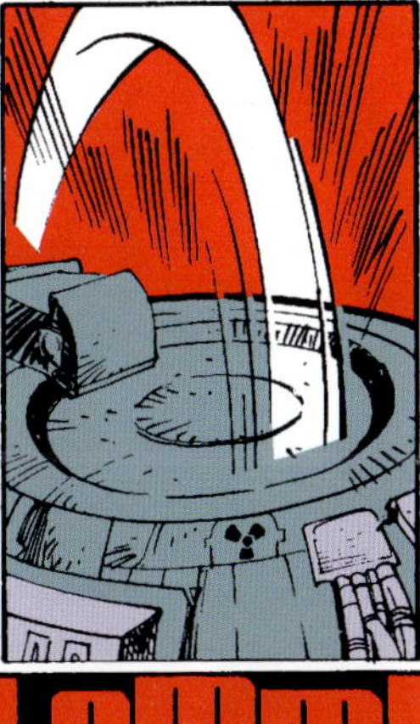

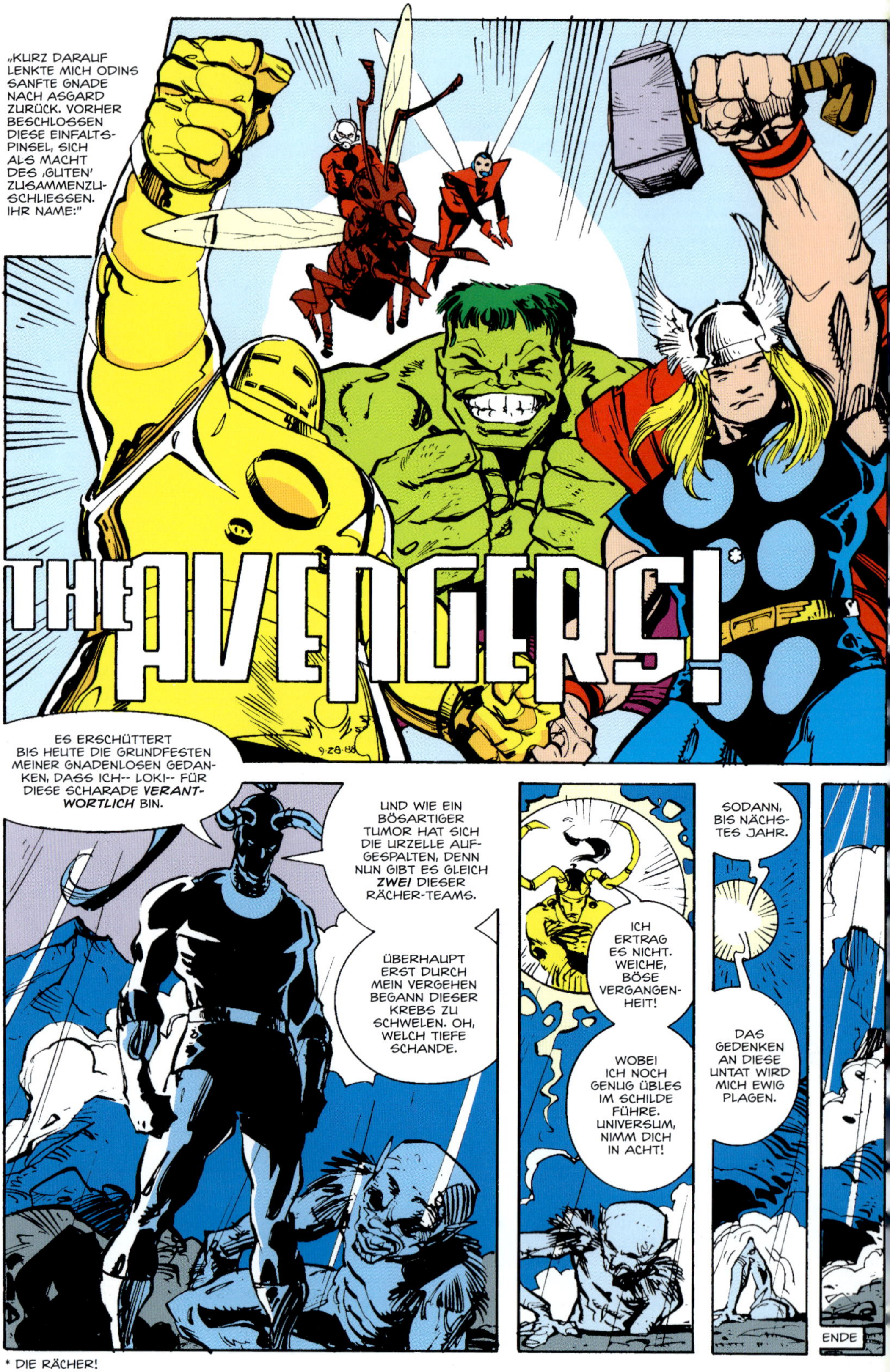

„KURZ DARAUF LENKTE MICH ODINS SANFTE GNADE NACH ASGARD ZURÜCK. VORHER BESCHLOSSEN DIESE EINFALTSPINSEL, SICH ALS MACHT DES ‚GUTEN' ZUSAMMENZUSCHLIESSEN. IHR NAME:"

THE AVENGERS!*

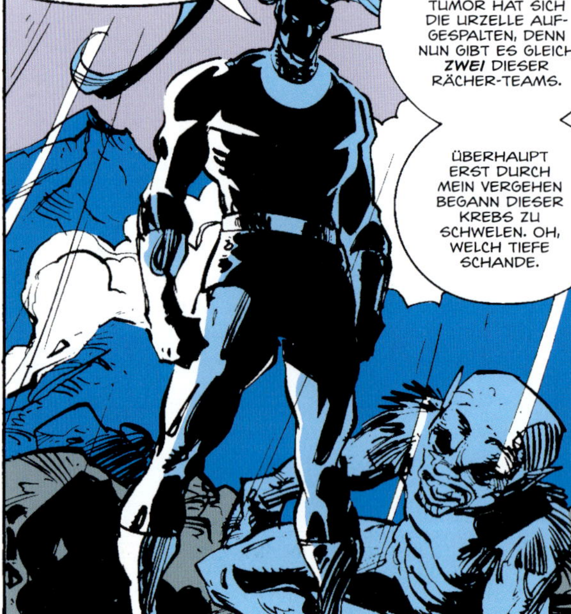

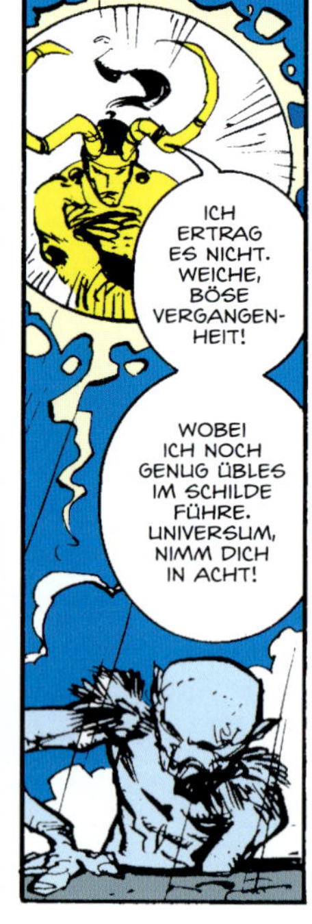

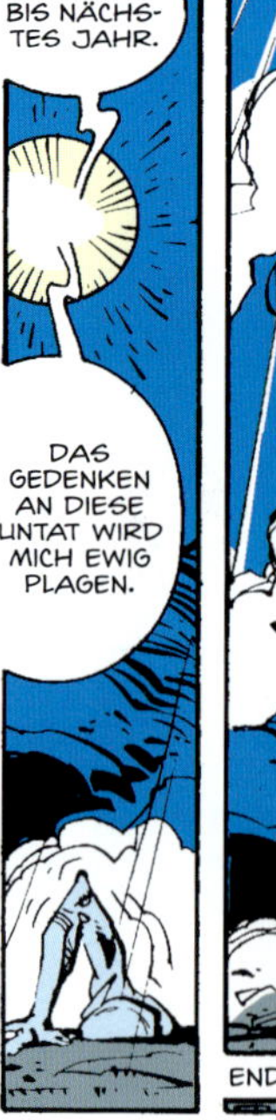

* DIE RÄCHER!